LA RÉPUBLIQUE DES VANITÉS

Petits et grands secrets du capitalisme français

DU MÊME AUTEUR

Avec Nadège Forestier :

BERNARD ARNAULT OU LE GOÛT DU POUVOIR, Orban, 1990.

NAZANINE RAVAÏ

LA RÉPUBLIQUE DES VANITÉS

Petits et grands secrets du capitalisme français

BERNARD GRASSET
PARIS

« Il y a dans le monde plus d'idoles que de réalités : c'est ce que m'apprend le " mauvais œil " que je jette sur le monde, et aussi la " méchante oreille " que je lui prête... »

Friedrich Nietzsche,
Le Crépuscule des idoles

INTRODUCTION

Cinq cents milliards de francs. Voilà approximativement ce que l'élite française a coûté à la nation depuis 1981. Et encore, il ne s'agit là que d'une évaluation basse calculée à partir des dotations versées aux entreprises publiques déficitaires, des pertes réalisées par des entreprises privées et des engagements pris par l'Etat sur les pertes futures de certains groupes publics.

Certes, cet argent n'a pas été perdu pour tout le monde. Il y a eu, ici ou là, des malversations, des abus, des détournements, plus ou moins importants. Mais ils n'expliquent pas tout, loin de là. Mis bout à bout, du scandale Elf-Aquitaine aux affaires de Bernard Tapie, seule une infime partie de ces pertes relève de l' « indélicatesse » de certains.

La crise économique qui a frappé les pays occidentaux au début des années 90 a, également, eu son rôle. Mais ses effets ont été ressentis plus brutalement en France qu'ailleurs. Les grandes entreprises françaises, publiques ou privées, étaient déjà trop fragiles pour encaisser les chocs. Au fond, la crise aura été le catalyseur d'une réaction qui avait trop tardé à apparaître.

Mais, en France, la crise a bon dos. Et c'est, plutôt l'establishment des affaires qui aura coûté quelque 25 milliards par an à la collectivité. Il apparaît ainsi comme le principal responsable de cette déroute.

Une question vient alors à l'esprit : pourquoi ces hommes, pour la plupart diplômés des meilleures écoles de la République, ont-ils à ce point failli à leur mission ?

Pour y répondre j'ai choisi de retracer le parcours d'une quinzaine de dirigeants d'entreprises parmi les plus importantes, ou les plus influentes, dans un monde en mutation. Habitués au capitalisme fermé d'avant 1981, ils se sont retrouvés d'un seul coup au milieu d'un vaste champ de bataille où les combats ne répondaient plus à aucun type de rituel. C'était, de mon point de vue, la période idéale pour observer l'évolution du capitalisme français. Une période riche en événements où, après la vague des nationalisations de 1981, l'Etat s'est rendu à la raison sous la pression des faits et de leur irréductible principe de réalité. Les affaires ont repris dès 1984, relayées par les privatisations de 1986, les grandes OPA de 1988, la crise de 1993 et les restructurations de 1995.

L'histoire des personnalités que j'ai choisi de suivre est parfaitement significative des relations floues entretenues entre l'argent et le pouvoir. Leur parcours illustre le concubinage de la puissance publique et de l'entreprise à la française. Bien sûr il a fallu procéder à un choix, par définition arbitraire. Il exclut des personnalités importantes qui ont marqué leur temps. Je n'ai retenu que les personnages qui ont contribué d'une manière ou d'une autre à la transformation de ce capitalisme. Pour la plupart financiers, ils collent aussi tous à cette époque d'argent roi. Ils en sont, à la fois, les créateurs et les produits.

Je me suis interdit de les juger. Il ne s'agissait pas de faire de la morale, mais d'observer leur comportement au fil des années. J'ai écouté ce qu'ils ont dit. J'ai tenté de comprendre leurs motivations et de les mettre en scène avec leurs grandeurs et leurs petitesses.

Certains ont admirablement réussi. Affranchis de la tutelle publique, ils se sont constitué des fortunes colossales sur les décombres des entreprises publiques, avec la complicité de l'Etat français.

Bernard Arnault, François Pinault, André Rousselet ou encore Claude Bébéar, pour ne citer qu'eux, sont peut-être les seuls vrais capitalistes français. Consacrés sur le tard, ces corsaires d'hier sont désormais des gloires nationales.

Mais tel n'est pas le cas de la majorité de notre élite. Elle s'est acharnée à perpétuer le capitalisme d'avant 1981. Celui qui liait l'Etat à l'entreprise dans un système de dépendance réciproque, mêlant, jusqu'à la confusion la plus fatale, intérêt général et intérêts particuliers. Cette élite-là a ainsi dépensé beaucoup de temps et une quantité impressionnante d'énergie, dans le souci d'exister, et de briller, en mettant un point d'honneur à n'être qu'une doublure mimétique du pouvoir politique. Issue de la caste administrative, elle ne peut concevoir le pouvoir sans la proximité de ses emblèmes d'Etat. Retranchée sur elle-même, refusant obstinément de s'adapter, elle a dans sa grande majorité raté le coche.

Et rien n'indique que cela va changer. Il y a peu, Jean-Marie Messier, le président de la Compagnie générale des eaux, groupe privé, a pris la précaution de consulter la Présidence de la République sur une opération qu'il envisageait de réaliser avec une autre entreprise privée, alors qu'un capitalisme adulte s'émancipe volontiers de cette tutelle. Le même Jean-Marie Messier n'a pas hésité à recruter un juge d'instruction, personnalité proche du RPR et un ancien ministre réputé de gauche comme chargés de mission... Il n'est pas le seul, loin de là, à procéder de la sorte. Evoluant en vase clos, presque autiste, la noblesse d'Etat n'a de comptes à rendre à personne.

Enfin, l'élite politique n'est guère en reste. De droite ou de gauche, elle a toujours considéré les entreprises comme des sinécures. Pour prendre l'exemple de l'UAP, depuis 1981 jusqu'à sa privatisation en 1993, l'entreprise a vu défiler quatre présidents différents chaque fois proches du pouvoir en place. Même constat pour Suez. C'est que les hommes politiques français ont toujours géré le patrimoine public avec légèreté et insouciance.

A cela, il convient d'ajouter que le contexte politique de ces quinze dernières années – qui a vu la gauche enrichir les riches et réconcilier le pays avec l'entreprise et le profit tout en tenant un discours collectiviste, tandis que la droite luttait pour la redistribution sociale et sacrifiait à sa culture colbertiste invoquant une rhétorique libérale – n'était pas, loin s'en faut, propice aux grands éclaircissements idéologiques. De cette bataille à fronts renversés, l'économie française et les Français eux-mêmes n'ont pas fini de subir les conséquences.

En 1981, François Mitterrand voulait restaurer la primauté de l'Etat sur le capital. Ce fut l'âge d'or de l'Inspection des Finances. En 1986, Edouard Balladur a voulu restaurer le capitalisme pompidolien et cela se traduisit par des mariages incestueux entre les entreprises qui se trouvaient liées les unes aux autres de manière si étroite que, lorsque la crise a éclaté, la quasi-totalité des grands groupes en ont payé le prix. En 1988, le deuxième Mitterrand a voulu figer le paysage avec le dogme du Ni-Ni (ni privatisation-ni nationalisation). Mais l'histoire s'est accélérée et les grands capitalistes ont véritablement émergé.

Revenu au pouvoir en 1993, Edouard Balladur a continué à suivre la vie des entreprises dans la perspective des élections de 1995.

Jusqu'aux dernières élections législatives, aucune opération importante ne pouvait se réaliser sans l'aval de l'Elysée...

Certes le discours a changé. Mais les faits ne suivent toujours pas. Jacques Chirac a beau vilipender l'incompétence de l'élite des affaires, cela n'empêchera pas son Premier ministre Alain Juppé de tenter de placer en vain un membre de son cabinet à la tête du CIC, banque privatisable...

Les hommes politiques ont ainsi réussi à contaminer la vie des affaires en France par cet esprit littéraire qui selon Tocqueville « consiste à rechercher ce qui est ingénieux et neuf plus que ce qui est vrai, à aimer ce qui fait tableau plus que ce qui sert, à se montrer très sensible au bien jouer et au bien dire... ».

C'est pourquoi à l'heure où la France découvre le capitalisme, il lui manque furieusement des esprits capitalistes avec ce que cela suppose d'audace, de réalisme, d'indépendance. La particularité de ce livre tient à ce que je me suis fait une règle de ne citer ou de ne décrire que des individus que je connais, et avec lesquels je me suis souvent entretenue. Avec le temps, j'en admire beaucoup et j'en plains d'autres. Que les uns et les autres me pardonnent ce portrait de groupe sans complaisance.

PROLOGUE

En attendant l'orage...

7 mai 1981. Pré-Catelan, bois de Boulogne

« Le sursaut dans l'isoloir, ça existe. »

L'homme qui parle, en ce jour de mai 1981, affiche une mine sombre. Intervenant devant une assemblée de notables, réunis par un hebdomadaire parisien, Jean-Yves Haberer, le directeur du Trésor, est aussi circonspect que son prestigieux auditoire. C'est que se précise la perspective de la victoire des socialistes dans quelques jours. Et cela n'a rien de rassurant, si l'on en juge par leur programme.

Pour la première fois de sa vie, Jean-Yves Haberer doute. Cet homme plein de sérieux et de vanité ne sait plus où il va. Premier partout, dès le jeune âge, trop conscient de ses capacités intellectuelles, il a traversé le gaullisme, le pompidolisme et le giscardisme en suivant une trajectoire quasi parfaite. Il connaît bien les arcanes du pouvoir. Il a servi tous ceux qui ont compté. Il a acquis une solide réputation ainsi qu'un carnet d'adresses suffisamment puissant pour la suite de sa carrière. Mais la vague rose balaie toutes ses espérances. Quelles sont ses chances ? La nouvelle équipe va-t-elle le maintenir à son poste ? Rien n'est moins sûr.

A quelques jours du second tour de l'élection présidentielle, chacun s'interroge sur son avenir personnel, et le devenir de son portefeuille. L'assemblée est composée d'hommes et de femmes qui ont entre 40 et 50 ans, un âge difficile où il est dur de tout recommencer à zéro. L'inquiétude rôde dans l'assistance.

A lui seul, Jean-Yves Haberer résume les angoisses de cet auditoire de « décideurs », farouchement hostile à la gauche. Ceux-là mêmes qui avaient pris l'habitude de se retrouver entre eux pour débattre des affaires de la cité sont conscients qu'ils vivent les derniers jours de leur règne. Bientôt, ils seront privés de leurs fauteuils et donc de leurs moyens d'influence. Ils s'apprêtent à laisser la place aux « barbus » socialistes.

Certains d'entre eux, les Worms, Rothschild, Vernes, vont être dépossédés de leurs entreprises par les nationalisations ; d'autres, comme Ambroise Roux, le grand ordonnateur du capitalisme français, Pierre Moussa, le bouillant président de Paribas, ou encore Jacques Friedmann, l'œil et l'oreille de Jacques Chirac, vont perdre leur poste en raison de leur proximité avec l'« Ancien Régime », c'est-à-dire le personnel politique gaulliste et giscardien ; d'autres enfin, tel Alain Chevalier, PDG de Moët-Hennessy, se verront tout simplement retirer l'illusion d'un pouvoir qu'ils n'ont jamais véritablement détenu.

C'est sans doute pourquoi le directeur du Trésor est sorti de sa réserve habituelle en appelant de ses vœux un « sursaut ». Peu lui importe. La France vit à l'heure d'un grand chambardement et ce sont là des circonstances qui peuvent justifier l'écart de langage d'un haut fonctionnaire qui devrait s'astreindre à la neutralité. De toute façon, les personnalités devant lesquelles il a pris la parole ne souhaitent pas entendre autre chose, même si au fond d'elles-mêmes elles savent que les jeux sont faits.

10 mai 1981. Rue de Solférino, au siège du Parti socialiste

Pour les décideurs de l' « Ancien Régime », une page est tournée. Le pouvoir bascule. A peine arrivé à Paris, le futur président de la République distribue les rôles. C'est l'heure de la revanche pour beaucoup de personnages en exil de la République. C'est aussi l'heure d'un nouveau départ pour beaucoup d'autres.

Comme Pierre Bérégovoy. Cet employé d'EDF, d'origine ukrainienne, a dû, il y a peu, solliciter auprès de René Monory, ministre des Finances du gouvernement Barre, sa nomination au Conseil économique et social pour arrondir ses fins de mois. Voilà que dans quelques jours il occupera le poste de secrétaire général de l'Elysée, où il pourra faire et défaire les carrières. Lui et lui seul !

Ou encore Jean Peyrelevade qui s'ennuie au Crédit lyonnais où il est en charge des financements aéronautiques. Ce polytechnicien de 41 ans, fils d'un éminent professeur agrégé qu'il présente, par coquetterie socialiste sans doute, comme un modeste instituteur, a des idées sur tout. Il a travaillé pendant de longs mois avec son ami Pierre Mauroy, le futur Premier ministre de Mitterrand. C'est logiquement lui qui devrait être son directeur de cabinet. Mais Mitterrand déteste trop sa liberté d'esprit. Aussi se contentera-t-il du poste de directeur adjoint.

Ou enfin André Rousselet. Intime entre les intimes du futur chef de l'Etat, cet ancien sous-préfet est l'une des rares personnes au courant des secrets de François Mitterrand. Du moins les plus importants. Dans le passé il a dirigé, à plusieurs reprises, son cabinet et a assuré la gestion financière des campagnes présidentielles. A côté, il s'est bâti aussi un petit empire en rachetant la compagnie de taxis G7, après avoir été caissier, pompiste, veilleur de nuit et mécano, selon sa légende personnelle. De tous les hommes de Mitterrand, c'est le moins à gauche, le moins socialiste, et le plus provocateur !

10 mai 1981. Rue de Lille, au siège du RPR

De ce côté du boulevard Saint-Germain, l'ambiance est bien moins morose que l'on ne pouvait s'y attendre. La droite a certes perdu l'Elysée, mais aussi un chef embarrassant en la personne de Valéry Giscard d'Estaing. Ce qui, il faut en convenir, ne gêne pas les gaullistes réunis autour de Jacques Chirac. Celui-ci, avec l'assurance feinte des gens qui ont roulé leur bosse, crie haut et fort que tout se jouera avec les élections législatives, que provoquera le nouveau Président.

Autour de lui, Jacques Friedmann et Edouard Balladur s'activent depuis quelque temps. Le premier est un copain d'enfance. Tout en rondeur, il occupe pour encore quelques jours le fauteuil du président de la Compagnie générale maritime, qui a perdu ses paquebots depuis belle lurette. En marge de cette activité, il tient aussi auprès de son ami le rôle du conseiller de l'ombre, mais uniquement dans le secret des tête-à-tête. C'est lui qui repère pour Chirac les jeunes loups appelés à assurer la relève. Parmi ses dernières trouvailles : Alain Juppé.

Le second est un étrange personnage. Très apprêté, très content de lui aussi, il préside une filiale de la Compagnie générale d'électricité, après avoir été secrétaire général de l'Elysée sous Georges Pompidou. Pour des raisons obscures, Giscard l'a en horreur. D'ailleurs, il n'aura de cesse de lui barrer la route des belles sinécures. Résultat : Balladur rumine une haine froide à l'encontre du Président sortant. Presque autant que son ami Jacques Chirac. Cette unité de vues sur Giscard les rapproche beaucoup. Balladur est devenu le nouveau conseiller du maire de Paris.

Ensemble, Friedmann et Balladur, dont les caractères sont aux antipodes, seront chargés de préparer le programme économique de Jacques Chirac dans la perspective d'un retour au pouvoir.

10 mai 1981. Rue de la Chaise

Loin du brouhaha du boulevard Saint-Germain, niché dans une minuscule artère, la rue de la Chaise, outre une antenne de l'Institut d'études politiques, abrite un immeuble neuf sans charme particulier dans l'enceinte d'un vieil hôtel XVIIIe.

Les ascenseurs ne cessent de fonctionner ce soir-là. Beaucoup d'occupants reviennent chez eux, après s'être acquittés de leur devoir civique.

Dans l'un des appartements, un jeune promoteur immobilier a les yeux rivés sur l'écran de télévision. Bernard Arnault découvre, médusé, les résultats de l'élection présidentielle. Ce jeune homme qui vient d'avoir à peine 30 ans avait prévu, comme beaucoup, l'issue des élections. Péremptoire, il avait même expliqué à son père que les affaires étaient finies en France. Mais il s'inquiète. L'écrasante victoire de Mitterrand lui permettra de mettre en œuvre la totalité de son programme. C'est décidé, Arnault quittera la France pour aller tenter sa chance aux Etats-Unis.

Dans l'appartement d'à côté, François Pinault, un industriel breton à la tête d'une fortune confortable, regarde les informations avec plus de calme. Il ne s'inquiète pas outre mesure. Il n'a aucune raison d'être agacé. Ses affaires sont prospères, mais pas suffisamment aux yeux des combattants du grand capitalisme. Persuadé qu'il ne se passera rien, il prend sa BMW pour faire un tour dans Paris et observer la liesse de ce que certains appellent le « peuple de gauche ».

10 mai 1981. Bruxelles

Albert Frère retient son souffle. L'ancien ferrailleur belge reconverti en homme d'affaires ne quitte pas des yeux cet écran de télévision sur lequel apparaît lentement le portrait du vainqueur. Le crâne chauve ne donne aucune indication. Mitterrand et Giscard sont tous deux dégarnis. Pour Frère l'enjeu est colossal. Partenaire de Paribas, il craint pour ses intérêts en France. Lorsque le visage de Mitterrand se dessine, un de ses amis lui tend malicieusement un mouchoir. « Tu es ruiné, Albert. Sèche tes larmes », lui dit-il. Frère ne répond pas. Il est tétanisé.

Ce sera le début de sa fortune.

10 mai 1981. Rue de Rivoli

Alors que le peuple de gauche déserte par petits groupes la place de la Bastille, quelques-uns des fonctionnaires du ministère des Finances continuent de bavarder. Michel Pébereau, chef de service au Trésor, cache mal son désarroi. Ce brillant polytechnicien, à qui Giscard avait promis la direction du Trésor, voit d'un seul coup ses rêves se briser. Ses affinités avec le Président sortant constitueront de solides freins à son avancement administratif. Il entre dans le bureau de Jean-Yves Haberer, et laisse tomber, l'air las : « On a perdu. »

« Vous avez perdu [1] », s'entend-il répondre à sa grande surprise.

Jean-Yves Haberer a déjà basculé. Il veut se rendre incontournable. Le gouvernement socialiste aura besoin de lui. Il entend aussi marquer la continuité de l'Administration. Plus encore, pour ce haut fonctionnaire il n'y a qu'un seul pouvoir qui compte : celui de l'Etat. Et, pour ce qui concerne le directeur du Trésor, l'Etat c'est lui !

---

1. Eric Leser, *Crazy lyonnais,* Calmann-Lévy, 1995.

PREMIÈRE PARTIE

1981-1983

Le grand chambardement

1
Les premiers pas d'un novice

Mai 1981. Paris, Hôtel Matignon

« C'est maintenant que les conneries vont commencer... »

Jean Peyrelevade n'a pas exactement ce qu'on appelle le sens de l'humour. Les propos qu'il tient à son épouse, en ce lendemain de victoire socialiste, ne sont d'ailleurs pas teintés d'ironie. Ils expriment le plus sincèrement du monde ce qu'il redoute.

L'homme a du bon sens. Le programme de la gauche l'effraie. Il n'a cessé de seriner, tout au long de la campagne présidentielle, ses objections à l'encontre de la politique économique des socialistes, ce qui explique la vindicte de Mitterrand et de ses hommes à son endroit. Mais Peyrelevade a aussi de l'ambition. Malgré ses craintes, il n'est pas question de ne pas participer à la mise en œuvre des « conneries » de la gauche. Il a 41 ans, et il veut « écrire l'Histoire », comme il dit.

L'Histoire commence, pour ce Marseillais au patronyme corrézien, à l'Hôtel Matignon. Lorsque Peyrelevade franchit le seuil du 57 rue de Varenne, il a l'impression d'avoir posé les pieds sur la planète Mars. Dans cet hôtel bâti en 1721 et doté du plus grand jardin de la capitale (près de 20 000 mètres carrés), il assiste à une bataille serrée pour le choix des bureaux. C'est un rite républicain. Quelques jours avant la prise de pouvoir, il est d'usage d'envoyer des éclaireurs pour repérer les bonnes et les mauvaises pièces. Les premières donnant sur le jardin, les secondes sur la cour. Commence alors une foire d'empoigne pour leur distribution, sous les regards las des huissiers habitués depuis longtemps à ce manège ! Rusé comme un diable, Peyrelevade jette son dévolu sur l'une des plus belles pièces du bâtiment. C'est bien connu : on ne peut écrire l'Histoire que confortablement installé. Le bureau est vaste, les plafonds hauts, les murs lambrissés et la vue exceptionnelle. Couvert en son milieu d'une pelouse rectangulaire, le jardin est bordé de chaque côté par des rangées de rosiers régulièrement plantés à l'ombre des vieux chênes. L'espace est entouré d'immeubles d'habitation de part et d'autre. D'un côté la rue Vaneau, de l'autre la rue du Bac, le tout s'étendant jusqu'à la rue de Babylone.

Peyrelevade occupe le poste de directeur adjoint de cabinet du Premier ministre, chargé des questions économiques et financières. Le titre est ronflant, bien qu'un peu écorné par l'adjectif adjoint. Mais c'était cela ou rien d'autre.

A peine assis dans son fauteuil, le jeune conseiller découvre les usages en cours dans l'appareil d'Etat. Il réalise vite que les centres névralgiques du pouvoir administratif et économique sont occupés quasi exclusivement par les membres de l'Inspection des finances. Ils ne sont pas nombreux. Deux cents tout au plus. Mais ils sont partout.

Longtemps, Peyrelevade avait pensé que cette omnipotence était l'apanage des seuls « corpsards » de l'Ecole polytechnique, c'est-à-dire des trente meilleurs éléments d'une promotion de trois cents élèves qui intègrent chaque année le corps des Mines, le corps des Ponts et le corps des

Télécom et dont la carrière est prise en main par leurs aînés. Sous prétexte d'une scolarité exemplaire, ceux-ci se prennent pour les maîtres de l'univers. Il en sait quelque chose, lui qui a raté sa sortie de l'X. Mais en comparaison des inspecteurs des finances, les corpsards de l'X finissent par lui apparaître comme des êtres d'une grande humilité !

Il lui suffit d'observer les faits et gestes de Robert Lion, le directeur de cabinet de Pierre Mauroy. Cet inspecteur des finances inaugure son séjour à Matignon en réclamant immédiatement la liste complète des membres de l'Inspection en activité dans les administrations centrales et les entreprises publiques. C'est qu'aux yeux du supérieur hiérarchique de Peyrelevade, seuls les inspecteurs des finances sont des interlocuteurs valables. Les autres ne sont que des moins que rien. Robert Lion, qui assume parfaitement cet état d'esprit, n'hésite pas à traiter ostensiblement le Premier ministre comme un subalterne. Mauroy en est bien sûr conscient. Mais dans ces premières heures de prise de pouvoir, il a voulu jouer la prudence. A l'origine, il souhaitait avoir à ses côtés Jean Deflassieux, un ami banquier. Celui-ci avait décliné l'invitation et lui avait suggéré le nom de Peyrelevade pour diriger son cabinet. Mais le jeune polytechnicien n'était pas assez mitterrandien pour prétendre à une telle responsabilité. D'où le choix de Robert Lion.

C'est difficile à avaler pour Peyrelevade. Cela fait vingt ans que le Marseillais travaille pour la gauche. Il a distribué une quantité impressionnante de tracts du côté de la prison de Fresnes, il a animé un nombre important de réunions de cellules, il a rédigé des tonnes de notes et de rapports. Et le voilà, à l'heure H, sous les ordres d'un technocrate bon chic bon genre dont le seul mérite est d'avoir été assez bien placé aux examens de sortie de l'Ecole nationale d'administration (Ena) pour intégrer l'Inspection.

Heureusement, à Matignon il y a de quoi se consoler. Tel un néophyte, le conseiller économique de Mauroy découvre ainsi rue de Varenne tous ces petits plaisirs qui agrémentent l'exercice du pouvoir. Le directeur adjoint de cabinet dispose de beaucoup de « privilèges » : chauffeur et voiture mobilisables à toute heure du jour et de la nuit, primes d'essence, primes de cabinet remises en liquide à la fin du mois et donc non imposables, usage de l'appartement du permanencier rue Vaneau avec intendance fournie, etc.

Autant de pratiques curieuses dont il était à mille lieues de soupçonner l'existence. Naturellement, elles heurtent sa conscience d'homme de gauche. Pour peu de temps. Peyrelevade est fasciné par ces signes extérieurs du pouvoir. Il les exhibe d'ailleurs ostensiblement.

Dans le contexte particulier de ce printemps, ce genre de comportement ne lui vaut pas toujours la sympathie des foules. Il lui arrive même de s'attirer les remarques acerbes des bourgeois qu'il croise dans la rue. Peu lui importe. Les signes extérieurs de la puissance le ravissent. Seulement voilà : le Pouvoir, le vrai, lui échappe. Celui qui veut écrire l'Histoire doit constamment revoir sa copie. Ce n'est pas tant Robert Lion qui lui met les bâtons dans les roues. Le directeur de cabinet soutient même son adjoint. Peyrelevade doit affronter les conseillers de Mitterrand.

Dire que ceux-ci l'exècrent est un euphémisme.

Intelligent et pragmatique, roublard et habile, manœuvrier et compétent, le conseiller de Mauroy exaspère Mitterrand. Froid, plus par timidité que par nature, faussement distant, une pointe d'accent marseillais, le regard hautain, Peyrelevade insupporte le chef de l'Etat qui a décrété qu'il était un incompétent et s'en méfie. De toute façon, il n'a jamais pu le souffrir. En 1977 déjà, le premier secrétaire du PS, le classant dans la catégorie dangereuse des « rocardiens », avait décidé de l'écarter des réunions préparatoires aux élections législatives.

Pour Mitterrand, Peyrelevade n'est qu'une addition de travers. Insensible à la séduction mitterrandienne, il n'a ni le brio mirobolant d'un Jacques Attali, ni l'art de la flagornerie d'un Alain Boublil, ni la classe ambitieuse d'un Laurent Fabius, c'est-à-dire tous ces « quadras » en cour à l'Elysée. Plus encore, il a une manie, rédhibitoire aux yeux du chef de l'Etat : il désassemble méthodiquement les grandes constructions idéologiques du Président. C'est le grain de sable qui grippe constamment la mécanique.

L'une de ses batailles les plus homériques, il la livre à propos des nationalisations. Sans les remettre en question dans leur principe, Peyrelevade milite pour une démarche sélective, prudente et surtout peu coûteuse pour les finances de l'Etat.

Pour le conseiller de Mauroy, il est incohérent d'étatiser le crédit. L'Etat contrôle déjà les principaux établissements financiers. A travers la BNP, le Crédit lyonnais, la Société générale et le Crédit agricole, il maîtrise plus de 70 % des crédits et dépôts bancaires. Il lui paraît donc stupide de dépenser de l'argent pour racheter des petites banques à la situation incertaine !

En outre, Peyrelevade, comme quelques autres ténors du PS, juge inutile de racheter à 100 % les entreprises nationalisables. Cela coûte cher. Et puis, un tel procédé n'apporte rien aux entreprises. Il vaut mieux, pense-t-il, s'assurer le contrôle à 51 % de ces groupes, pour la plupart malades, en leur apportant de l'argent frais. C'est-à-dire en augmentant leur capital. L'argumentation est limpide. Elle n'en reste pas moins incompréhensible pour le chef de l'Etat. Celui-là a l'esprit logique et le sens des chiffres. Celui-ci, l'esprit « littéraire ».

Mitterrand veut rompre avec le passé. Il veut déposséder les riches. Peu importe si ses nationalisations les enrichiront avantage. L'homme ne supporte pas la contradiction. Les mises en garde répétées de Peyrelevade ne portent aucun fruit. Au contraire. Elles finissent par irriter sérieusement le Président qui demande sa tête à Mauroy, lequel fait semblant de ne pas entendre. Cette disgrâce royale n'embarrasse pas le jeune directeur adjoint.

Malgré son jeune âge, Peyrelevade maîtrise à la perfection l'art du risque. Dans le passé, il avait commis avec son camarade Jacques-Antoine Kosciusko-Morizet un ouvrage intitulé *La Mafia polytechnicienne*, où il dénonçait notamment la discipline militaire de l'Ecole. Cela ne l'avait pas empêché de donner des cours à l'X, ayant courageusement refusé de cosigner le livre.

En ce printemps, il tâchera d'« accepter les contraintes tout en restant cohérent » avec lui-même. Une jolie façon d'avouer que, cette fois, il avalera son chapeau. L'essentiel est de consolider sa position à Matignon et d'exercer une parcelle, serait-ce minime, du pouvoir. Il sait qu'en prêchant la bonne parole, il n'arrivera à rien. Donc, il se taira.

C'est en observant ce qui se passe à l'Elysée qu'il prend conscience du parti qu'il peut tirer des nationalisations. Il comprend vite que la rupture prônée par Mitterrand comporte ses exceptions. Les groupes d'armement, par exemple, ont droit à un traitement sur mesure. Les enjeux, il est vrai, sont colossaux et les liens qui unissent les marchands d'armes, grands brasseurs d'argent, aux politiques, sont impénétrables. D'où l'indulgence de l'Elysée à leur égard. Dassault nationalisé restera, dans les faits, la propriété de la famille, et Matra étatisé restera présidé par Jean-Luc Lagardère, réputé pourtant pour ses affinités giscardiennes !

La banque Lazard parviendra aussi à passer à travers les mailles du filet, grâce à l'intervention de Jacques Attali. Celui qui vient d'être nommé « conseiller spécial » du Président s'est transformé depuis quelque temps en recours suprême pour les élites de l' « Ancien Régime ». Il goûte ce pouvoir. Il est souple avec ses amis et raide avec les autres.

Alors que Jean-Maxime Lévêque, le président du CCF, se fait rembarrer, les associés-gérants de la banque Lazard seront traités comme des princes. Attali ne ménage pas ses efforts pour sauver des nationalisations la grande marieuse d'entreprises qu'est la banque du boulevard Haussmann. Il a ses raisons. D'abord, il est très lié à Félix Rohatyn, le puissant associé-gérant de la banque aux Etats-Unis, très proche des milieux démocrates américains. Ensuite, les dirigeants de cette maison plus que centenaire ont une vertu : la gratitude. Ils n'oublient jamais les services rendus et renvoient toujours l'ascenseur. François Polge de

Combret, secrétaire général de l'Elysée sous Giscard, vient ainsi d'entrer dans la banque. Pourquoi pas, le moment venu, Attali lui-même ? Enfin, cet homme qui déclare non sans fierté : « appeler par leur prénom quarante-sept chefs d'Etat et de gouvernement [1] » ne peut rien refuser aux grands de la planète. De ce point de vue, Lazard est la quintessence même du prestige transnational. La banque échappera donc au couperet des nationalisations.

Peyrelevade assiste à ce spectacle, rêveur sans doute, envieux certainement. Sans avoir de prétentions planétaires, il aimerait bien jouer le même rôle qu'Attali, en tout cas dans son aspect mondain et urbain. Le conseiller de Mauroy est impressionné par les grands capitalistes. Il ne s'est toujours pas remis de sa première rencontre avec Marcel Dassault. En 1969, alors que la France se relevait lentement de sa « révolution de printemps », l'homme à l'écharpe rouge avait demandé à voir en personne l'obscur fonctionnaire de la Direction de l'aviation civile qu'était alors Peyrelevade. L'entretien l'avait marqué. « C'est la première fois que j'ai flairé l'odeur du pouvoir », avait-il alors confié [2].

Pour la flairer à nouveau, Peyrelevade demande à gérer personnellement, depuis l'Hôtel Matignon, la mise en œuvre des nationalisations, qu'il n'a cessé de combattre. Dans ce rôle, le jeune conseiller verra défiler dans son bureau toutes les têtes d'affiche de la république des affaires. Des hommes qui, il y a encore quelques mois, ne lui auraient même pas adressé la parole.

Et en ce printemps, l'élite des affaires ne se porte pas bien. Inquiète, elle assiste aux dernières heures de sa gloire. Dans quelques mois, à cause des nationalisations ses éminents membres risqueront d'être poussés vers la porte, comme des condamnés à mort qu'on emmène au peloton d'exécution. La situation est intenable. Pour s'en sortir,

1. Franz-Olivier Giesbert, *Le Président*, Seuil, 1990.
2. *L'Expansion*, 15 avril - 5 mai 1988.

certains comptent sur les dissensions internes dans le gouvernement. D'autres, en revanche, savent que leur sort est scellé depuis belle lurette. Les enjeux ne sont pas les mêmes pour tout le monde. Il y a d'un côté les salariés de luxe qui craignent, à juste titre, pour leur position sociale, et de l'autre les propriétaires, les capitalistes. Ceux-ci, bien qu'affichant une mine d'enterrement, se réjouissent en leur for intérieur de la perspective des indemnisations qu'ils vont recevoir après les nationalisations. Pour la plupart, ils troqueront des actifs peu rentables contre des espèces sonnantes et trébuchantes.

Curieusement, tous ces grands « talents » économiques n'avaient rien vu venir. Ou plutôt n'avaient rien voulu savoir. A l'exception notable des propriétaires de la banque Rivaud qui avaient opportunément transféré le siège social de leur groupe dans des contrées lointaines, les autres n'avaient pris aucune précaution. Il est vrai que régnait le plus grand flou. Personne ne connaissait l'ampleur du programme ni ses modalités. Pas même Peyrelevade. En attendant la liste définitive des nationalisées, le directeur adjoint du cabinet de Pierre Mauroy se contente d'observer d'un œil amusé les réactions en rangs dispersés de ces princes bientôt déchus des affaires.

Il y a les jusqu'au-boutistes revanchards, comme Jean-Maxime Lévêque, président du CCF. Cet inspecteur général des finances, grand croix de la Légion d'honneur, sera victime des nationalisations. La banque qu'il préside sera étatisée, et il sera remercié, sans autre forme de procès. De toute évidence, il ne peut se résoudre à son sort. Il ne trouve rien de mieux que de provoquer une faillite d'envergure dans le fief du Premier ministre à Lille. Le CCF, qui a financé méthodiquement les frères Willot, propriétaires de Boussac, depuis 1974, refuse un beau jour d'honorer un chèque de 250 000 francs émis par eux, conduisant de facto le groupe Boussac au dépôt de bilan. Bien sûr, la situation de cette entreprise textile était déjà tangente. Mais nombreux sont ceux qui pensent que Lévêque a quelque peu accéléré l'issue fatale.

Il y a ceux qui se laissent abattre sans sourciller. C'est le cas des hauts fonctionnaires. Michel Pébereau, chef de service au Trésor, en tête. Celui qui devait prendre la succession de Jean-Yves Haberer à la tête de cette puissante administration est totalement dépité. D'un coup, sa carrière administrative, si bien commencée, s'arrête. Impuissant devant les événements, il se voit chargé, au Trésor, de la mise en œuvre des nationalisations, malgré son opposition à ce programme. Mais il n'a guère de choix. Il est fonctionnaire et doit exécuter les ordres de l'Etat. De même, Jacques Friedmann, grand ami de Jacques Chirac et président de la Compagnie générale maritime, comprend vite qu'il n'a guère de chances de s'en tirer. Il ne se bat donc pas. Il rejoindra son corps d'origine et travaillera pour Chirac.

Il y a ceux qui souhaitent négocier. Ce sont essentiellement des banquiers, à l'instar d'Antoine Jeancourt-Galignani, pour Indosuez, et Pierre Moussa pour Paribas. Ils tentent d'obtenir la scission de leur groupe pour mettre à l'abri leurs actifs internationaux.

Il y a enfin ceux qui optent pour la résistance mondaine. Ambroise Roux par exemple. Le puissant patron de la Compagnie générale d'électricité (CGE), qui régente depuis une dizaine d'années la vie des affaires à partir des nombreux conseils d'administration où il siège, est un fin politique. Le chef de l'Etat l'apprécie. Il souhaite même qu'il reste aux commandes d'une entreprise. N'importe laquelle. Mais Roux est trop sioux pour se laisser convaincre. Il refusera pour le principe, mais avec élégance. Cet homme, qui a eu naguère le loisir de rencontrer François Mitterrand, anticipe, non sans raisons, un changement de cap dans la politique pure et dure de la gauche. Il sait que malgré leurs beaux discours, les socialistes n'ont en rien préparé la mise en œuvre de leur programme. Aussi préfère-t-il se réserver pour l'avenir. Tout en préparant minutieusement sa sortie, Ambroise Roux jette les bases de son futur rétablissement. Il envisage de créer un club de réflexion réunissant les patrons rescapés des nationalisations, afin de disposer d'un levier. Ce faisant, il s'imposera comme l'unique représentant du patronat, au grand dam du CNPF, et comme l'unique interlocuteur du chef de l'Etat.

Il a un fonds de commerce à défendre. Cela fait dix ans qu'il a porte ouverte à l'Elysée. Il n'est pas question pour lui de se fermer l'accès au Château aujourd'hui.

Le personnage fascine Peyrelevade. Le jeune conseiller est impressionné par l'entregent, les réseaux, l'influence et les facilités du président de la Compagnie générale d'électricité, de loin la personnalité la plus riche qu'il a rencontrée depuis son arrivée à Matignon. Ambroise Roux a construit sa carrière à partir d'un cabinet ministériel. Peyrelevade fera de même. Le jeune conseiller sait désormais que dans la République, le moyen le plus sûr de « participer à l'Histoire », c'est-à-dire d'exister, est de lier son destin à celui de l'Etat. C'est pour cette raison qu'il a voulu devenir le maître d'œuvre de l'une des plus monumentales « conneries » de la gauche.

2

La galette de Charleroi

Septembre 1981. Gerpinnes, Belgique

A quelques encablures de Liège, près de Charleroi, se dresse un manoir au milieu d'un bois de trois cents hectares. Nous sommes à Gerpinnes. La bâtisse, construite dans les années 1960, est imposante. Au rez-de-jardin, une série ininterrompue de salons en enfilade conduit vers le bureau du maître des lieux dont les fenêtres s'ouvrent sur une immense pelouse en lisière du bois. Albert Frère s'y sent bien. Il voulait la plus belle propriété de la région. Il l'a eue. Elle l'émerveille autant qu'il y a une vingtaine d'années, lorsqu'il y a mis les pieds pour la première fois. Depuis, il a enrichi sa collection de belles demeures à Saint-Tropez, Knokke-le-Zoute, Bruxelles, Courchevel, ou encore Paris. Mais Gerpinnes représente beaucoup plus qu'une simple propriété pour lui. C'est sa vie.

Frère n'est pas un fils de famille dans le sens classique du terme. Il vient d'un milieu que les sociologues classent dans la catégorie moyenne. La vie l'a posé un hiver de

1926 sur cette ligne de crête où le destin peut basculer du côté des riches et des puissants, comme du côté des pauvres et des démunis. Lui, il a décidé du sien, très jeune. Il voulait s'enrichir. Il y est parvenu.

Résumé ainsi, l'exploit paraît facile. Mais cet homme qui refuse obstinément la fatalité a plus d'un atout dans son jeu : l'instinct, la chance et surtout la détermination.

L'instinct, c'est cette force intérieure qui conduit, on ne sait pas trop comment ni pourquoi, sur les chemins tortueux de la réussite. L'instinct, c'est ce qui a mené Frère, à 20 ans, à reprendre pour une bouchée de pain des tonnes de ferrailles abandonnées au sortir de la guerre dans le bassin de Charleroi, avant de les revendre aux quatre coins de l'Europe alors en pleine reconstruction. L'instinct, c'est ce qui a poussé Frère à recycler une partie de ses recettes en rachat d'usines de production d'acier.

La chance, c'est un don du ciel. Elle frappe à sa porte en 1975 avec la crise de la sidérurgie. Conscient qu'un Etat ne peut laisser en déshérence tout un pan de son industrie, il laisse « généreusement » aux contribuables belges ses aciéries, mais en contrepartie exige un contrat d'exclusivité pour la commercialisation des produits. « Les pertes pour l'Etat, les gains pour moi », se gausse-t-il alors.

La détermination, enfin, c'est cette vigilance de tout instant, cette conscience aiguë que la partie est loin d'être terminée, cette volonté insatiable de gagner toujours plus d'argent et toujours plus vite.

Assis derrière son bureau, tournant le dos à une somptueuse tapisserie des Flandres, Frère réfléchit à toutes les batailles qu'il a ainsi gagnées. En comparaison de celle qu'il va bientôt mener, elles apparaissent d'une simplicité enfantine. Car cette fois, il s'est engagé sur l'autre rive du Quiévrain. Son adversaire est l'Etat français. Ni plus, ni moins.

Le prétexte : les nationalisations. L'enjeu : Paribas, dont il détient plus de 3 % du capital. L'objectif : s'enrichir !

Or, en cet automne, la situation semble tangente. Mais il ne se laisse pas abattre. C'est lorsqu'on le croit mort, qu'il ressuscite. C'est sa force. Même s'il ferme la porte aux doutes, il ne peut s'empêcher de s'interroger sur l'issue de cette nouvelle bataille. Ça passe ou ça casse. Pour Frère, cela doit passer.

Tout a commencé au début de l'été. Ses amis de Paribas le sollicitent pour participer à une opération dont le nom de code est « l'Arche de Noé ». Sans doute une invention de Pierre Moussa, le vibrionnant patron de Paribas. Il s'agit de soustraire à la nationalisation les prospères filiales étrangères du groupe en les transférant à Pargesa, une société suisse contrôlée par les partenaires étrangers de Paribas, dont Albert Frère.

L'idée en avait depuis longtemps germé dans l'esprit de Pierre Moussa. Il y avait déjà pensé en 1978, lorsque tout le monde pariait sur une victoire socialiste aux législatives. Mais à l'époque, il était dans l'impossibilité de prendre une telle initiative. D'abord, c'était l'année de son accession à la présidence de Paribas. Ensuite, Valéry Giscard d'Estaing, le président de la République, le détestait. Moussa n'avait d'ailleurs jamais compris les raisons de l'hostilité que lui vouait VGE. Lorsqu'il dispensait des cours à Sciences-Po, Giscard était le seul de ses élèves à qui il avait décerné un 20 sur 20 !

Trois ans plus tard, le revoilà à nouveau sur le qui-vive. A priori, Moussa n'a pas de raison de s'inquiéter. François Mitterrand apprécie ce normalien, inspecteur des finances, brillantissime, érudit et cultivé. Celui-ci a ses entrées partout et connaît bon nombre des têtes d'affiche du PS. Il sait que ses amis socialistes feront tout pour le préserver. Mais il sait, également, qu'ils ne pourront s'empêcher de nationaliser Paribas, cette cathédrale des puissances de l'argent. Une perspective à laquelle il ne peut se résoudre.

Aussi Moussa ne baisse-t-il pas la garde. Le président de

Paribas use de toute son habileté pour demander à ses amis une opération sur mesure : « Nationalisez la partie française du groupe, mais ne touchez pas aux filiales étrangères », répète-t-il à tous les visiteurs, nombreux, qui défilent dans son somptueux appartement du quai d'Orsay. Vaine tentative. « Vous auriez dû scinder votre groupe avant. Ce n'est plus possible aujourd'hui », s'entend-il répondre. Beaucoup se seraient résignés. Pas lui.

Moussa fait partie de ces gens pour qui la recherche du prestige justifie toute une vie. Depuis qu'il s'est installé rue d'Antin, il n'est habité que par une seule obsession : faire de Paribas une maison de réputation internationale. Or, voilà que la gauche a décidé de lui faucher ses rêves. Paribas, ce bastion de l'argent, figure en tête de liste des entreprises qui rejoindront le giron de l'Etat. Une telle opération entraînera l'effondrement d'un édifice qu'il a construit pièce par pièce à travers le monde. Le rayonnement international de Paribas s'éteindra et le sien avec. Quel intérêt aura-t-il à conserver la direction d'une entreprise étatisée ? Cela équivaudrait à prendre en charge une administration.

Hautain, comme toutes les personnes de son espèce, profondément naïf aussi, Moussa tente alors la manière dure. Dans le plus grand secret, il met au point l'opération « Arche de Noé ». Sans doute se prend-il alors pour quelque patriarche investi d'une mission divine. Peu importe si la démarche ne répondait avant tout qu'à des motifs relevant de sa seule vanité. Il fallait sauver Paribas et sa gloire personnelle.

Si le nom de baptême de cette mission fut trouvé par Moussa, sa conception et sa réalisation ont été l'œuvre de Gérard Eskénazy, son héritier présumé. Réputé pour être le plus brillant financier de sa génération, le numéro deux de Paribas est un homme jeune, pragmatique, et surtout ambitieux. Il est tout autant opposé aux nationalisations que Pierre Moussa. Mais pas pour les mêmes raisons. Cet ancien élève de HEC, de par sa formation, est condamné à demeurer à la lisière de cet establishment français fort méfiant à l'égard des intrus. Il sait de toute façon que son avenir à Paris risque d'être quelque peu handicapé par sa non-appartenance à l'Inspection. Jean Reyre, le seul président de Paribas dont le parcours présentait des similitudes avec le sien, a dû jeter l'éponge au bout de quelques mois.

Plus encore, Eskénazy est un homme de coups. Mais il lui manque le capital financier de départ. En reconstruisant un Paribas hors des frontières, il disposera du bon levier et de suffisamment de liberté pour mener à bien sa carrière.

Fin juillet, il présente donc son plan à Moussa. Il se déroule en trois temps : d'abord, Paribas vend ses participations dans ses filiales belge et suisse à Pargesa ; ensuite, Pargesa lance une offre publique d'achat sur ces deux sociétés cotées en Bourse, de manière à s'en assurer le contrôle absolu. Enfin, une fois Paribas nationalisée, les associations d'actionnaires s'insurgeront dans le monde entier et demanderont la mise sous séquestre de la totalité des actifs étrangers du groupe, lesquels seront rachetés par Pargesa.

Ainsi Paribas sera reconstitué à l'échelle internationale, avec comme dirigeants le tandem Moussa-Eskénazy et comme principal actionnaire Albert Frère.

A Gerpinnes, le prince de Charleroi se frotte les mains. Il connaît bien les Français de Paribas. Il les a observés depuis qu'ils ont décidé de l'épauler en 1968. Leur coquetterie l'amuse. Contrairement à eux, il ne cherche ni le prestige, ni un levier d'intervention. Il ne comprend d'ailleurs pas bien leurs motivations, ou plutôt il s'en moque. Ce qui l'obsède, c'est « la galette » comme il dit. Frère cherche le moyen de rentabiliser au mieux sa participation dans Paribas. Il n'a pas l'intention de se laisser exproprier de ses actions à bas prix. Voilà que le tandem Moussa-Eskénazy lui apporte sur un plateau la solution. Peu lui importe si l'opération échoue ou réussit dans son ensemble. Il veut reprendre les filiales suisse et belge de Paribas. Au mieux, elles serviront de moyens de pression dans les négociations qui s'ouvriront sur les indemnisations des actionnaires des groupes nationalisés. Au pire, il se consolera avec les juteux dividendes des filiales étrangères de la banque. C'est sa méthode : s'assurer une position de vainqueur à tous les coups.

Au creux de l'été, l'opération « Arche de Noé » se met donc en route. Dans la plus grande légalité, Paribas demande à la direction du Trésor l'autorisation de céder ses participations dans les filiales belge et suisse à Pargesa. La direction du Trésor donne le feu vert. Les protagonistes, rassérénés par le succès de cette première phase de l'opération, prennent alors quelques vacances, tous dans le midi de la France.

Un répit de courte durée.

Car l'Histoire a de ces ruses qui échappent, hélas, souvent à la vigilance des beaux esprits. A Genève, au moment même où Frère peaufine le lancement de la deuxième phase de l'opération, deux cadres de Paribas-Suisse déjeunent dans l'un des restaurants les plus huppés de la vieille ville. Pendant ce tête-à-tête, les deux convives parlent abondamment du plan de marche de la scission de Paribas. Sans doute par inadvertance. Leur voisin de table, un ami de Jacques Attali, surprend la conversation et s'en va faire son rapport sur-le-champ au conseiller spécial de Mitterrand.

Le pot aux roses est découvert.

Averti, l'Etat socialiste est très embarrassé. Ce qu'il est convenu d'appeler l'affaire Paribas, tombe au pire moment. Dans quelques jours, le Conseil des ministres va adopter le projet de loi sur les nationalisations. Légalement, le gouvernement n'a pas les moyens d'agir. Tant que la loi n'a pas été votée, Paribas demeure une société de droit privé. Politiquement, il ne peut pas fermer les yeux. Sinon, cette affaire risque de donner des idées aux autres. Que faire ?

C'est Jean Riboud, patron de Schlumberger et administrateur de Paribas, qui trouve la parade. Cet ami intime du Président, qui ne craint pas pour sa propre entreprise, domiciliée aux îles Vierges, suggère qu'on convoque les administrateurs de la compagnie et qu'on démette Moussa de ses fonctions. Lui, n'a rien à perdre. L'accession de son ami à la présidence de la République lui a donné des ailes. Comme beaucoup d'hommes d'affaires, il recherche le pouvoir. Il a porte ouverte à la présidence, est au courant de tout et veut intervenir sur tout.

Son idée intéresse l'Elysée. Mais elle comporte des risques. Rien n'indique en effet que les membres du conseil d'administration vont approuver le limogeage de Pierre Moussa. Qu'à cela ne tienne. Jean Riboud, qui se prend pour le commissaire du gouvernement chez Paribas, s'en chargera. Il suffit de faire passer aux administrateurs un message clair qui se résume en une phrase : « Si vous voulez avoir la paix dans vos entreprises, obtempérez. »

Reste à désigner un successeur à Moussa. Là aussi, la solution est toute trouvée. Ce sera Jacques de Fouchier, prédécesseur de Moussa, président d'honneur de Paribas, fondateur de la Compagnie bancaire et inspecteur des finances. Celui-ci accepte sans hésiter. Il craint que Paribas vidé de sa substance ne conserve, entre autres actifs, que sa chère Compagnie bancaire, laquelle sera à coup sûr nationalisée. Et cela, Fouchier ne peut l'admettre. La Compagnie bancaire, c'est son enfant. C'est sa patrie. Remercié par un ministre communiste, et appuyé par un banquier suisse, cet inspecteur des finances a monté, dès 1946, l'édifice de ce qui deviendra le premier groupe français de crédit à la consommation. En 1966, déjà, craignant pour l'indépendance de la Compagnie bancaire, il l'a arrimée à Paribas. Et pour dissuader le groupe de la rue d'Antin de toute velléité hégémonique sur sa chère compagnie, il en a pris la présidence. Depuis, Paribas est devenu le premier actionnaire de la Compagnie bancaire avec 34 % du capital.

Quinze ans plus tard, l'Histoire se répète. Revoilà Jacques de Fouchier en première ligne. Il est d'autant plus déterminé à revenir sur le devant de la scène qu'il veut la peau de Moussa. Fouchier ne peut le souffrir. Les rapports entre les deux hommes avaient toujours été complexes. Le côté « stratège international » de Moussa agaçait prodigieusement Fouchier. Et le côté « épicier » de Fouchier énervait Moussa. Si Fouchier avait pourtant adoubé Moussa, il ne manquait aucune occasion de le contrarier, comme en cette journée d'avril 1978 où Moussa, tout juste promu à la présidence de Paribas, s'entend dire en substance : « Il serait bien que vous pensiez d'ores et déjà à votre succession, en faisant appel à Jean-Yves Haberer par exemple. » C'est cruel. C'est Jacques de Fouchier.

Début octobre, il convoque donc Pierre Moussa pour lui signifier sa mise à mort. Le discours de Fouchier est édifiant d'hypocrisie.

« Vous êtes le patron ici depuis trois ans, mon cher Pierre. Et vous êtes témoin du fait que je n'ai rien négligé pour vous installer dans cette position. N'auriez-vous pas dû, avant de vous lancer dans une aventure aussi folle, consulter un homme toujours soucieux de vos intérêts, à qui le métier de patron est familier depuis plus de trente ans ? »

Moussa sortant de ses gonds : « En somme vous m'exposez qu'on ne doit pas faire de ces coups-là au maréchal Pétain.

— Pensez-vous sérieusement que l'uniforme du général de Gaulle ait été taillé à vos mesures [1] ? »

Ambiance.

C'est sans doute avec une délectation particulière que, vers la mi-octobre, le président d'honneur de Paribas invite officiellement Pierre Moussa à présenter sa démission. Celui-ci refuse d'abord. Il pense pouvoir encore compter sur son conseil d'administration. Hélas, les administrateurs, pour certains des amis intimes de Moussa, ont autant peur que lui pour leur avenir personnel et professionnel. Pour la plupart, ils se murent dans un mutisme calculé. Après avoir constaté qu'il est lâché par tout le monde

1. Jacques de Fouchier, *La Banque et la Vie*, éd. Odile Jacob, 1989.

ou presque, Moussa finit par jeter l'éponge. Il ne remettra plus jamais les pieds rue d'Antin.

Eskénazy, quant à lui, se terre en attendant des jours meilleurs.

Devant les collaborateurs de Paribas, dépités, traumatisés, désespérés, c'est en anglais que Fouchier se justifie : « *Right or wrong, it's my country.* » Emouvante scène où le nouveau patron de Paribas dispense une grande leçon de civisme qui ne s'apprécie qu'à l'aune de l'avenir de la Compagnie bancaire.

L'establishment est ainsi. Toujours à la recherche d'idoles historiques.

L'Arche de Noé coule ainsi, lentement. Tout n'est pourtant pas perdu pour tout le monde. Frère s'est désormais assuré une position confortable dans Paribas-Suisse et la Cobepa (la filiale belge). Il refait surface. En cette journée d'automne, il reçoit même un coup de téléphone de Jacques de Fouchier. Celui-ci a pris le soin de contacter tous les partenaires-actionnaires de Paribas. Il est nécessaire d'arrondir les angles et de ne pas couper les liens avec eux. A demi-mot, il rassure Albert Frère et lui promet de défendre au mieux les intérêts des actionnaires de la Rue d'Antin.

Ainsi, réfugié à Gerpinnes, Frère qui se réveille tous les matins à 6 heures sonnantes, est tenu au courant, heure par heure, des négociations sur les indemnisations. Au fur et à mesure que l'estimation du montant du dédommagement monte, il ramasse des titres Paribas sur le marché. En toute légalité.

Judicieux calcul. L'Etat français décide de financer le rachat des titres des groupes nationalisés par un emprunt portant un intérêt annuel de 16,75 %. Au même moment, les Belges dévaluent leur monnaie de 20 %. Frère a gagné sur toute la ligne.

Jovial et spirituel, il respire à nouveau, revigoré par cette nouvelle victoire. Le « patron », ainsi qu'on l'appelle dans ses bureaux, retrouve sa bonne humeur. Ses petits yeux brillent de malice, le visage s'égaie, la tête s'épanouit, et les plaisanteries fusent. Il y a de quoi en effet : le gouvernement français lui verse au bas mot plus de 200 millions de francs d'indemnités, le tandem Moussa-Eskénazy lui apporte sur un plateau la plus prospère des filiales de Paribas, enfin, les nationalisations conduisent vers lui l'un des plus brillants financiers parisiens. Gérard Eskénazy rejoint Frère pour s'occuper de Paribas-Suisse.

C'est maintenant que les choses sérieuses commencent. D'autant que la chance continue à lui sourire. Le Groupe Bruxelles-Lambert (GBL), le deuxième holding du royaume, est au plus mal. Fort de sa tirelire, Frère, avec l'appui d'Eskénazy, se lance donc à l'assaut de GBL. L'ancien ferrailleur entre ainsi par la grande porte dans le fief de l'aristocratie belge.

GBL est un conglomérat aux intérêts multiples, de l'assurance (Royale Belge) à la banque (Bruxelles-Lambert), en passant par le pétrole (Pétrofina) et enfin l'audiovisuel, avec la Compagnie luxembourgeoise de télédiffusion (CLT). Naguère contrôlée par Havas, cette prospère société qui possède la station de radio RTL avait été transférée dans le giron de GBL en 1973 par les bons soins des gouvernants de l'époque. Le motif : encore une fois soustraire ce groupe de communication à la mainmise des socialistes au cas où...

Décidément, Albert Frère aime beaucoup les Français. Comme le résume joliment un de ses amis : « Pendant que les Français réfléchissent, lui, il compte. »

3

La race des seigneurs

Octobre 1981. Paris, palais de l'Elysée

« Vous avez devant vous un homme sur une corde raide, une pile d'assiettes dans chaque main. C'est une position dont il attend que vous le tiriez bientôt[1]. »

Le ton est déférent, l'accent implorant, l'élocution lente. En prononçant ces mots devant le président de la République, Jacques de Fouchier sait qu'il négocie l'un des virages les plus délicats de sa vie. Son anxiété est telle, qu'il remarque à peine le nouvel aménagement des lieux. Le grand salon où il est reçu au petit déjeuner est très dépouillé. Les chaises aux formes géométriques, signées Starck, le décorateur à la mode, sont inconfortables. Aucune note de couleur n'égaie la pièce.

Ces détails n'accrochent pas l'attention de notre homme. Pour cet aristocrate, représentant parfait des puissances de l'argent, le Président socialiste est, en cet automne, avant tout l'homme du dernier recours. Il a réussi à obtenir ce rendez-vous grâce à Robert Mitterrand. En ce temps-là, le frère du Président est l'une des personnalités les plus conviées et les plus sollicitées dans les dîners en ville. C'est

1. Jacques de Fouchier, *op. cit.*

d'ailleurs à l'occasion de l'une de ces mondanités, que Jacques de Fouchier l'a rencontré. Grâce à son entremise ainsi qu'à celle de Jacques Attali, il se trouve aujourd'hui au Château. Une aubaine inespérée. Alors que le gouvernement s'apprête à annoncer la première dévaluation du franc, le président de la République a accepté de lui accorder un entretien, sur un sujet, somme toute, nettement moins primordial ! Aussi concentre-t-il toute son énergie à soigner la mise en scène de cette entrevue. Jacques de Fouchier ne laisse jamais rien au hasard.

Brièvement, il expose les motifs qui l'ont conduit à solliciter cette audience. Son récit est dénué de toutes ces précisions techniques qui agacent tant le Président. François Mitterrand n'aime pas les chiffres. Fouchier le sait. Il rappelle les grandes lignes de l'affaire Paribas, et prie le chef de l'Etat de nommer une personnalité digne de présider le groupe. Il suggère enfin que le choix du Président s'arrête sur le nom de Jean-Yves Haberer, le directeur du Trésor.

Grand amateur de litote, le président de la République saisit bien la portée du message de Fouchier. Celui-ci ne réclame rien d'autre qu'un renvoi d'ascenseur. L'Etat étant dans l'impossibilité légale de limoger Moussa, Jacques de Fouchier s'est acquitté, volontairement, de cette tâche. Le pouvoir lui doit donc sa gratitude.

Mais François Mitterrand sent bien que la requête de Fouchier vise d'autres buts. L'arrivée d'Haberer à la tête de Paribas devrait certainement servir aussi les desseins personnels de Fouchier, dont la nature lui échappe encore. Taquin, le chef de l'Etat tente alors de chatouiller son interlocuteur, dans le secret espoir de percer le mystère. Tout en déplorant la situation, il se montre contrarié, avant de lui dire qu'il envisageait de nommer Jean-Yves Haberer à la tête de la Banque de France. Pure tactique, le mandat du gouverneur de la Banque centrale ne devant arriver à échéance qu'en 1984 ! Pas démonté pour autant, Fouchier évite le piège en lançant : « Pour la Banque de France, j'ai dix noms à vous proposer, pour Paribas un seul, c'est Jean-Yves Haberer. »

Le Président refuse de se prononcer dans l'immédiat. Il lui promet de réfléchir. Mais Fouchier vient de marquer un point. Il a plu au premier personnage de l'Etat.

C'est que Fouchier est double. Diablement charmeur, il cache derrière un physique ingrat, un tempérament de tueur. Moitié voyou, moitié aristocrate, franc-tireur tout autant que membre à part entière de l'establishment, c'est un provocateur-né impénétrable et mystérieux. Mitterrand l'a tout de suite aimé et compris.

Fouchier est insistant et pressé. La maison de la rue d'Antin est sens dessus dessous. Les cadres sont virtuellement en rébellion. Il faut agir vite avant que Paribas ne se délite. Sinon, il n'y restera que la Compagnie bancaire, laquelle sera automatiquement nationalisée. Fouchier ne peut tolérer cela.

Pour mener à bien son plan, Fouchier a besoin d'un homme providentiel qui devra être nommé avant la promulgation de la loi sur les nationalisations. Il sera ainsi légitimé par le conseil d'administration en exercice, ce qui devrait rassurer les esprits. Accessoirement, il barrera la route à toutes velléités hostiles de la part des personnalités socialistes. D'où l'énergie dépensée par Fouchier pour obtenir la nomination de Jean-Yves Haberer.

Dans son esprit, seul le directeur du Trésor a un poids suffisant pour ramener l'ordre dans la maison. A cela il y a plusieurs raisons. Jean-Yves Haberer a connu un parcours brillant : directeur de cabinet de Michel Debré à 35 ans, directeur du Trésor à 48 ans, il a une stature nationale et internationale. Il connaît l'Administration sur le bout des doigts. Surtout, il est un membre éminent de l'Inspection des finances, comme Pierre Moussa d'ailleurs. Ce qui présente un avantage certain. Dans le contexte particulier de l'époque, il fallait un inspecteur des finances à la tête de Paribas pour couvrir tous les faits et gestes de ses prédécesseurs, eux-mêmes inspecteurs. On l'a bien vu, en France, l'Inspection des finances est au-dessus des lois.

Et cette situation ne date pas d'hier. L'Inspection est statutairement un simple service du ministère des Finances. Mais, au fil des ans, elle a réussi à s'affranchir de cette tutelle pour s'imposer comme l'un des grands corps de l'Administration.

L'inspecteur des finances, quant à lui, est une espèce à part dans la nomenklatura française. On l'est à la naissance, ou on ne l'est pas. On ne le devient pas en cours de route.

Jadis, on entrait dans ce prestigieux club par cooptation. Ses membres soumettaient à un concours autonome les jeunes gens désireux d'intégrer l'Inspection. Pure formalité, leur choix s'arrêtait sur des personnalités généralement issues de milieux aisés et dotées du tempérament idoine, propre à faire honneur à leurs condisciples.

Depuis 1945, l'inspecteur des finances se fabrique à l'Ena, cette institution destinée à doter la France de « gestionnaires de talent ». Le procédé de fabrication est long. Il dure plusieurs années.

Le parcours initiatique du futur inspecteur commence rue Saint-Guillaume, à l'Institut d'études politiques, où les meilleurs éléments, vite repérés, sont entraînés pour présenter le concours d'entrée à l'Ena. Une fois reçus, ces brillants sujets se lancent dans une course d'obstacles où tous les coups sont permis, avec en ligne de mire le sacro-saint « classement » de sortie qui ouvre plus ou moins grands les accès à la gloire.

Les douze premiers d'une promotion de cent cinquante sont l'objet de toutes les sollicitudes de la part des grands corps de l'Etat. D'où l'importance du classement.

Ce « rang de sortie » sur l'autel duquel ces jeunes gens sacrifient tout, est établi selon une méthode savamment subtile qui mesure non seulement les facultés quantitatives de travail de chacun, mais aussi leur aptitude à s'adapter à n'importe quelle situation et surtout leur degré d'habileté.

Dès leur entrée à l'Ena, les heureux impétrants qui touchent leur premier salaire de fonctionnaire sont affectés à une préfecture ou une ambassade. Là, ils découvrent les charmes de la vie de haut fonctionnaire et les fastes du service de l'Etat : voiture avec gyrophare, logement de fonction, banquets, remises de décorations, etc. C'est au préfet ou à l'ambassadeur que revient ensuite la tâche de décerner une note à l'issue de ce stage qui dure neuf mois. Epreuve délicate s'il en est, tant les personnalités de ces notables sont diverses. L'obtention d'une bonne note requiert donc, selon les cas, un doigt d'obséquiosité ou beaucoup de corvéabilité. Les élèves les plus déterminés ne ménagent pas leurs efforts. Il n'est pas rare de voir un énarque se proposer pour aider la « préfète » à faire ses courses !

Après ce baptême de feu, les futurs hauts fonctionnaires retournent à l'école. Si leur évaluation dans les matières enseignées n'a rien d'original, le système d'appréciation du rapport rendu dans le cadre des séminaires est en revanche très sophistiqué. Réalisés collectivement, les dossiers sont en effet défendus individuellement. Les plus malins pratiquent la rétention d'informations pendant la durée du séminaire. Les plus retors agissent devant le jury : ils lâchent les copains et se démarquent du travail effectué ensemble, sans aucun scrupule !

Le jour du classement, les douze premiers sont courtisés soit par le Conseil d'Etat, soit par l'Inspection des finances. Celle-ci réserve cependant sa sollicitude aux seuls éléments qui présentent un potentiel prometteur, c'est-à-dire à ceux dont la denture est particulièrement allongée. De tels sujets ont alors droit à tous les honneurs. Les membres les plus influents de l'Inspection n'hésitent ainsi pas à annuler un rendez-vous ou une réunion pour recevoir comme il se doit leurs futurs cadets.

Quant aux autres énarques, ils doivent se contenter des corps du « dessous », c'est-à-dire la Cour des Comptes, le Trésor, la Préfectorale, le Quai d'Orsay... Ce qui a fait dire à l'un d'entre eux que les élèves de l'Ena, ce sont 90 % de frustrés et 10 % de privilégiés !

Les heureux inspecteurs des finances, qui font partie de ces privilégiés, commencent alors un nouveau périple. Regroupés en brigades, ils partent en tournée pendant quatre ans, pour vérifier d'abord les percepteurs, ensuite les services fiscaux, enfin la comptabilité publique. La compétition fait rage. Car, à l'issue de leur tournée, les jeunes inspecteurs d'une même promotion sont à nouveau soumis à un concours, avec là encore un classement vital pour la suite de leur vie professionnelle.

Ces rites d'initiation font entrer ces jeunes gens, dix ans après le début de leurs études, dans une société secrète régie par des usages spécifiques et pour le moins curieux. Comme la noblesse d'antan, l'Inspection dispose de son propre annuaire. Rangé soigneusement dans le bureau de chacun des membres, il est régulièrement mis à jour. A l'instar de certaines confréries, la vie des inspecteurs des finances est soumise à un protocole strict : les membres de l'Inspection se tutoient et s'appellent « camarade » entre eux, sauf lorsqu'ils s'adressent aux inspecteurs généraux des finances, un titre qu'on accorde en fonction de l'ancienneté. Ceux-ci ont droit à l'appellation de « général ».

Bien sûr, il y a des exceptions à la règle. Lorsque Valéry Giscard d'Estaing, inspecteur des finances, a été élu président de la République, il a prié tous les autres inspecteurs de sa génération de s'adresser à lui à la deuxième personne du pluriel. Tous s'y sont soumis. A l'exception notable de Jacques Mayoux, directeur général du Crédit agricole, qui, lui, a préféré user de la troisième personne du singulier dans ses conversations avec le chef de l'Etat !

De même, dans les relations épistolaires, il est d'usage d'envoyer ses sentiments respectueux aux seuls « généraux », les autres se contentant des sentiments cordiaux.

Enfin, comme les grandes familles siciliennes, les inspecteurs se doivent mutuellement respect et protection. Tout en gérant leur propre carrière, ils doivent ainsi veiller au devenir de leurs pairs. Grâce à cette discipline stricte, ce qui n'était à l'origine qu'un simple service du ministère des Finances s'est transformé en un organe vital dans le fonctionnement de l'appareil de l'Etat. L'ambition dévorante de cette caste a ainsi éliminé progressivement les membres des autres grands corps, des administrations financières de la République donnant naissance à une « mouvance » au sens féodal du terme. Il est de tradition que les grandes directions du ministère des Finances échoient aux inspecteurs : Trésor, Douanes, Budget, Comptabilité publique... De même, le gouvernement de la Banque de France, comme d'ailleurs la direction du secteur bancaire public ou privé, tombent dans l'escarcelle de l'Inspection.

Mais l'inspecteur des finances n'en est pas moins homme. Il lui arrive de commettre des erreurs. Dans ce cas, l'Inspection tout entière est frappée d'une amnésie opportune. Ce corps d'élite ne peut souffrir l'échec. Dès lors, ses membres bénéficient d'une impunité à toute épreuve. L'affaire de l'emprunt Giscard est à cet égard édifiant. Cette émission, conçue par Jean-Yves Haberer lorsqu'il était simple chef de service au Trésor, a coûté très cher aux finances publiques : l'Etat, qui avait levé 6,5 milliards de francs en 1973, a dû par la suite rembourser plus de 90 milliards de francs en intérêts cumulés et capital ! Pour autant, cet épisode n'a pas nui à l'avancement de cet inspecteur des finances, qui a été promu directeur du Trésor en 1978 !

Cet automne-là, c'est donc sur Haberer que Fouchier jette son dévolu. Il connaît bien le personnage avec ses défauts et ses qualités. Ces dernières sont nombreuses. Mais ce qui fait de Jean-Yves Haberer le président idéal de Paribas, relève moins de ses capacités intellectuelles que de son admiration sans bornes pour Jacques de Fouchier. Le directeur du Trésor ne peut rien lui refuser. Avec Haberer à la tête de Paribas, le fondateur de la Compagnie bancaire n'aura plus de soucis à se faire pour son « enfant ».

Début novembre, le président de la République donne son accord de principe. Jacques de Fouchier n'aura plus qu'à convaincre Jean-Yves Haberer.

L'homme est-il banquier ? Pas vraiment. De toute façon, cela importe peu. Il est inspecteur des finances.

4
Un homme exceptionnel

Octobre 1981. Cancún, Mexique

« La présidence de Paribas vous intéresse-t-elle ? »

C'est en plein milieu de la conférence de Cancún, où les chefs d'Etat et de gouvernement devisent sur le sort des pays pauvres et démunis, que Jacques Attali propose officiellement à Jean-Yves Haberer de prendre les rênes du groupe de la rue d'Antin. Impérial, le directeur du Trésor répond : « Paribas est trop petit. »

L'échange est rapide et révélateur. L'un, persuadé de son pouvoir dans le microcosme, dirige les affaires parisiennes depuis le Mexique, l'autre, convaincu de sa supériorité, se permet de faire la fine bouche. Les deux hommes ne peuvent que se comprendre.

Attali a faim de reconnaissance. Haberer se veut un homme exceptionnel. En sept mois, il a réussi à se rendre indispensable à l'Etat socialiste. Dès lors, c'est lui et lui seul qui décidera de sa carrière.

Exceptionnel, Haberer ? Il le croit en tout cas. Il appartiendrait plutôt à la race des mégalomanes réalistes. A force de se complaire dans ses illusions, cet homme finit presque toujours par prendre ses rêves pour des réalités. Qu'il soit un directeur de Trésor compétent, c'est un fait. Qu'il soit désormais dans les petits papiers des socialistes, c'est également vrai. Que Jacques de Fouchier ait besoin de lui, c'est une évidence. Mais que l'Etat et Paribas ne puissent survivre sans sa personne, c'est une conséquence hâtivement tirée de la situation. Car ce que Jean-Yves Haberer semble vouloir oublier, c'est la part de la tactique dans son irrésistible ascension. La tactique, ce sont ces trésors d'amabilités qu'il prodigue le moment venu pour s'attirer les bonnes grâces des maîtres de la République.

Avant 1981, il ménageait les personnalités promises à un bel avenir. « Il faut être particulièrement aimable avec untel... Il pourrait être ministre », disait-il en substance à ses collaborateurs. Dès le lendemain du 10 mai, c'était au tour des nouveaux gouvernants d'être choyés. Lorsque, en pleine crise du franc, Pierre Mauroy, fraîchement nommé à Matignon, signe les décrets instaurant le contrôle des changes, Haberer lui dit : « Cela faisait trois semaines que je proposais à Raymond Barre de durcir le contrôle des changes, en attendant les résultats des élections. Mais il n'a rien voulu entendre. Je me réjouis de constater que vous avez suivi mes suggestions. » La remarque était d'autant plus superflue qu'il devait au même Raymond Barre son accession à la direction du Trésor.

Coup de pouce rapidement oublié. Tout ne lui est-il pas dû ?

Dans cette amnésie sélective, Haberer est particulièrement encouragé par le système. Cet homme qui a couru toute sa vie derrière les diplômes, a achevé son personnage à l'Ecole nationale d'administration. Là il a tout appris, l'art de la manœuvre, l'art de la conversation, l'art de la compétition et celui de la suffisance. Exaspérés par sa condescendance, ses camarades de classe lui en ont voulu. Jacques Chirac, notamment. Depuis longtemps, le député de la Corrèze lui voue une haine féroce. Jean-Yves Haberer incarne tout ce qu'il déteste : la certitude de tout savoir affichée par ces « experts » qu'il a toujours abominés. A l'Ena, Haberer réussissait très bien en travaillant très peu. Chirac, lui, réussissait moins bien en travaillant plus.

Epatés par son intelligence, ses professeurs l'ont porté aux nues. Lorsque à la sortie de l'Ena, Haberer se classe deuxième derrière son camarade Philippe Rouvillois, il s'attire cette remarque de son maître de conférences : « Quand on s'appelle Jean-Yves Haberer, on sort premier, pas deuxième. » A l'Inspection, il rectifie le tir. Il sort premier du concours autonome devant Rouvillois, renversant l'usage qui veut que l'Inspection respecte le classement de l'Ena. Bref, entré à l'Ena pour apprendre à servir l'Etat, il sort de l'Inspection ayant appris à s'en servir. Jusque-là, cela lui a réussi.

Pour la suite, ce grand commis de l'Etat rêve de la Banque de France ou à la rigueur du Crédit lyonnais. Porté par ses succès, il est sûr de pouvoir y parvenir.

Au demeurant, solidement installé à la direction de la puissante administration du Trésor, Haberer n'a aucune raison de troquer sa place contre la présidence du groupe de la rue d'Antin. Le directeur du Trésor est la quintessence même du pouvoir. Il veille sur les finances publiques, gère la dette de l'Etat, décide des dotations aux entreprises publiques, participe aux grandes restructurations, représente la France dans les réunions internationales, etc. Et comme si ce n'était pas suffisant, il est toujours à la recherche de nouvelles zones de conquête. D'ailleurs, au Trésor, Haberer est rangé dans la catégorie des directeurs « parano », vocable désignant dans le langage maison les autocrates expansionnistes par opposition aux démocrates pacifistes vivant en bonne intelligence avec l'extérieur et appelés aimablement « schizo ».

Ainsi le directeur du Trésor est-il le personnage le plus redouté, le plus fascinant et parfois le plus détesté de l'Etat. Compte tenu de son importance, la République lui a d'ailleurs réservé le plus beau de ses palais.

Son bureau, situé dans le Pavillon royal du Louvre, embrasse le musée d'un côté et regarde les jardins des Tuileries de l'autre. Pour y accéder il faut grimper un majestueux escalier de pierre, traverser une antichambre et attendre que l'huissier ouvre la porte à doubles battants. Dès son accession, Haberer a pris en charge la réfection et la décoration de cette pièce longiligne, tapissée d'une moquette bleu nuit et égayée par les dorures des meubles et secrétaires. Tout y est neuf à l'exception du parchemin encadré où sont inscrits les noms de tous les directeurs qui se sont succédé à la tête du Trésor, depuis le XIXe siècle.

Le directeur du Trésor concentre sur sa personne autant de pouvoirs que le ministre des Finances et les conseillers économiques du gouvernement réunis. Parfois plus. Bien que non légitimé par le suffrage populaire, il réussit presque toujours à imposer sa loi aux gouvernants du moment.

Pour ce faire, il dispose d'une quantité impressionnante de subterfuges dont Haberer use à l'envi : un article discret glissé au coin du texte de la loi de finances, ou encore un arrêté faufilé à la sauvette dans la pile de papiers que le ministre doit signer, ou enfin les notes administratives, grande spécialité d'Haberer. Lorsque le ministre risque de s'opposer à une décision du directeur du Trésor, celui-ci le bombarde de missives avec en bas de page une note indiquant : « Sauf instruction contraire dans les quarante-huit heures, la décision sera appliquée. » Ces notes n'arrivent pas toujours dans les temps.

Haberer se livre d'autant plus volontiers à ces pratiques qu'au fond de lui-même il méprise la classe politique. D'ailleurs, selon ses humeurs, il se prend tantôt pour un ministre, tantôt pour le Premier ministre et sans doute parfois pour le président de la République. Jean-Yves Haberer aura ainsi été le premier directeur du Trésor à se faire seconder par un « directeur de cabinet », comme s'il détenait un portefeuille ministériel ! Son adjoint ne dispose naturellement pas d'autant de pouvoirs que celui du ministre. L'essentiel aux yeux du directeur du Trésor est que son collaborateur direct porte le même titre que celui d'un ministre. Un homme de cette trempe ne peut naturellement pas trouver son plein épanouissement à Paribas !

C'est compter sans le don de persuasion de Jacques de Fouchier. Fin psychologue, le président par intérim de Paribas a saisi depuis fort longtemps les contours du tempérament d'Haberer. Il saura utiliser les arguments qui feront tomber les résistances du directeur du Trésor.

Il prétend d'abord que la Banque de France est une coquille vide : « En dehors du titre pompeux de gouverneur, vous n'y trouverez rien. » Il insiste ensuite sur la situation particulière de Paribas : « Dans la banque, c'est ce qui se fait de mieux (...). » Il flatte enfin la vanité d'Haberer : « Dans la situation actuelle, vous seul êtes en mesure de sauver cette maison. »

Voilà Haberer qui se prend pour le maréchal Lyautey, le célèbre résident général au Maroc qui ramena l'ordre et restaura l'autorité sur les terres de naissance du jeune Jean-Yves. Tout un symbole. Le voilà à nouveau porté par ses rêves de puissance.

Bien sûr, il a compris que la décision de l'Etat était bel et bien prise et qu'il ne pouvait s'y opposer sous peine de briser son propre envol. Bien sûr, il s'est rappelé qu'avant l'élection présidentielle, en vertu d'un accord secret signé avec le tandem Jacques de Fouchier-Pierre Moussa, il devait rejoindre Paribas en tant que directeur général, au cas où la gauche décidait de se passer de ses services. Aujourd'hui on lui en offre la présidence.

Fidèle à lui-même, il occulte la part de calcul dans sa prise de décision. L'essentiel à ses yeux, c'est qu'à ce moment précis de l'Histoire, lui, Jean-Yves Haberer, est la seule personne à pouvoir sauver Paribas.

Tel est Jean-Yves Haberer.

Il finit donc par accepter la présidence de Paribas. Mais, le directeur du Trésor n'en demeure pas moins vigilant. Un personnage tel que lui ne peut pas être nommé à la tête d'un groupe nationalisé comme un « vulgaire socialiste ». Il ira donc à Paribas, mais en assurant ses arrières.

Jean-Yves Haberer pose dix conditions, comme les dix commandements. Toujours les symboles.

Il souhaite ainsi être coopté par le conseil d'administration de Paribas, le même qui a naguère porté Pierre Moussa à la présidence du groupe, le même qui l'a poussé dehors, et le même qui va disparaître avec les nationalisations. Une manœuvre subtile signée Fouchier et destinée à calmer les esprits à l'intérieur de la maison de la rue d'Antin. En se faisant adouber par l'ancien conseil d'administration, émanation des anciens actionnaires, Haberer gagne en légitimité. Il ne sera pas l'homme des socialistes, mais le garant de la continuité de la maison. Ainsi, tant que ce conseil reste en activité, c'est-à-dire jusqu'au vote de la loi sur les nationalisations, Haberer ne doit de comptes qu'aux anciens actionnaires de Paribas. Au-delà de cette date, le président de Paribas, groupe nationalisé, redeviendra l'employé de l'Etat. Cas unique !

Il dessine aussi les contours du groupe qu'il veut bien présider. Paribas ne changera pas de périmètre. Mais à l'avenir le groupe doit « devenir le pôle de regroupement en cas de remembrement du paysage bancaire ». Comme si Paribas était une administration.

Il exige enfin une totale liberté dans la manière dont il administrera le groupe. Liberté de choisir ses collaborateurs, liberté de fixer les rémunérations, liberté enfin d' « apprécier le risque bancaire ». Il n'est pas question qu'il réponde de ses actes aux futurs membres du conseil d'administration, pour la plupart des représentants de l'Etat qui ont jadis travaillé sous ses ordres.

Jacques Attali, consulté, lui donnera satisfaction sur tous les points. Pourtant, le conseiller spécial, qui ne connaît rien aux affaires, sait qu'Haberer non plus « ne connaît rien à la banque d'affaires ». Mais l'homme « a du panache [1] », juge-t-il. Une qualité suffisante pour en faire un cas exceptionnel.

A homme « exceptionnel », traitement exceptionnel.

1. Jacques Attali, *Verbatim I, Chronique des années 1981-1986*, Fayard, 1993.

5

L'ami du Président

Juillet 1982. Palais de l'Elysée

Cela fait quelques jours que l'été a pointé le bout de son nez dans la capitale. Les terrasses sont bondées, les avenues peuplées de jolies femmes aux robes légères. Paris est de toute beauté. D'habitude, à cette époque de l'année, André Rousselet déserte la capitale pour se reposer dans sa propriété de Beauvallon. Une immense maison qui surplombe la côte des Maures et où une chambre est spécialement réservée, depuis toujours, à François Mitterrand.

Mais cette année, Rousselet bouleverse ses habitudes. Il doit ranger ses derniers effets à l'Elysée avant de s'occuper des choses sérieuses. Celui qui était, il y a encore quelques jours, le directeur de cabinet du président de la République, fait ses bagages. A 62 ans, il accède enfin à la présidence d'un grand groupe. Et pas n'importe lequel : Havas.

C'est une entreprise mythique. Ce n'est pas tant ses milliards de chiffre d'affaires, sa centaine de sociétés, ses 13 000 salariés, qui consacrent sa place à part dans l'Etat. Havas fascine par les pouvoirs qu'on lui prête. A travers le contrôle des régies publicitaires, le groupe a servi, tout au long de la IVe République et au début de la Ve, de vecteur d'influence de la presse écrite. Grâce à ses filiales de publicité, il s'est assuré le monopole des campagnes publicitaires des entreprises nationales, ce qui lui permet de brasser des sommes considérables d'argent public, dont une partie est acheminée, dit-on, vers des destinations occultes... Via sa position dans la nébuleuse de la Compagnie luxembourgeoise de télédiffusion (CTL), il veille sur la politique éditoriale de la station de radio RTL.

Compte tenu de son caractère stratégique, la présidence de cette maison échoit toujours à un fidèle du chef de l'Etat. Sous la présidence de Valéry Giscard d'Estaing, Havas était présidé par Yves Cannac, ancien secrétaire général adjoint de l'Elysée. C'est une tradition française que François Mitterrand est décidé à perpétuer.

Depuis bien avant son élection, il avait promis ce poste à André Rousselet. Mais dans l'immédiat après-10 mai, il avait besoin de son ami à ses côtés. Le Président ne pouvait se passer des services du trésorier de ses campagnes électorales. Le dépositaire des secrets du premier personnage de l'Etat était, il est vrai, la personne idoine pour installer le pouvoir. Nommé directeur du cabinet présidentiel, Rousselet a donc dû attendre quinze mois avant de toucher au but.

Quinze mois longs et difficiles qui lui ont paru des années.

Sa fonction était pourtant prestigieuse. Sur le papier du moins. Le directeur de cabinet du président de la République est par définition l'un des hommes les mieux informés du pays. Il dispose d'importantes prérogatives. Et il travaille dans un cadre somptueux. C'est peut-être la seule chose que cet esthète regrettera en quittant le Château. Pendant un an, Rousselet avait occupé l'ancien bureau de Valéry Giscard d'Estaing : un salon d'angle éclairé par quatre fenêtres, tendu de tissu bleu. L'endroit l'avait séduit. Il n'y avait rien changé, à l'exception des toiles modernes de Picasso et de Masson qu'il avait fait accrocher aux murs.

Seulement voilà : la vie de tous les jours se révèle vite pénible. Travailler avec le chef de l'Etat n'est pas facile.

Rousselet le sait d'autant mieux qu'il a naguère dirigé son cabinet, lorsque Mitterrand était ministre de l'Intérieur. Mais les défauts de cet ami de quarante ans ne cessent de s'aggraver depuis qu'il est président. Sa manie de cloisonner sa vie et ses affaires, déjà exaspérante dans le passé, devient carrément insupportable à l'Elysée. D'ailleurs, dès son installation au Château, il a prévenu ses troupes : « Le cabinet n'existe pas. Chacun de vous est mon collaborateur direct [1] ». Ce qui revient à faire de Rousselet un directeur de cabinet fantoche. Or, le rôle de pantin ne lui sied guère. Il n'a donc fallu que quelques mois, pour que le futur PDG d'Havas épuise les charmes de son séjour à l'Elysée.

En attendant, Rousselet s'attribue des domaines d'intervention bien précis. Il se charge des affaires policières et de la communication. Il se lance alors, corps et âme, à la découverte de ce nouveau secteur. Et comme le personnage est entier, il s'impose d'emblée comme le vrai ministre de la Communication. Il consacre ainsi son temps à rappeler à l'ordre les éditorialistes, à couper des têtes, au point de devenir un vrai « Terminator » de l'audiovisuel. Il gère aussi Havas depuis son bureau rue du Faubourg-Saint-Honoré. Il n'y connaît rien. Mais rien ne lui fait peur.

Vaniteux, Rousselet ? Plutôt moins que les autres. Il est de la race des insoumis. Quand il n'a pas d'adversaire, il s'insurge contre lui-même ! Tout est tranchant chez lui, de son profil taillé en lame de couteau, à son regard d'acier pénétrant comme des aiguilles. Elégant, racé, mêlant volontiers l'ironie et le cynisme, il a en plus le goût et un talent certain pour la provocation. Il suffit de regarder son parcours.

Insolent, ce fils de magistrat nancéien, jeune sous-préfet à la Guadeloupe, s'attire les foudres du sénateur de ce département d'outre-mer qui arrête net son envol administratif. Anticonformiste, il répond aux appels de Mitterrand, ministre sous la IVe, épaté par son aplomb. Rebelle, l'ancien directeur de cabinet de François Mitterrand préfère entrer chez Simca comme attaché de presse plutôt que

1. Jacques Attali, *op. cit.*

de traîner ses guêtres dans le monde politique. Orgueilleux, supportant mal le titre d'ancien préfet de son supérieur hiérarchique, il risque sa maigre fortune pour racheter une petite filiale du constructeur qui deviendra la société de taxis G7.

Un tel tempérament s'accommode mal de l'univers élyséen, peuplé de flagorneurs balançant leurs encensoirs devant le Président. Son ami, il l'estime et l'apprécie. Il l'initie au golf. Les deux hommes s'entendent bien. Mais Rousselet n'a pas l'âme d'un second.

Ce rebelle se sent à l'étroit au Château. Il a certes ses propres affaires. Elles sont même prospères. Seulement, elles demeurent désespérément petites et manquent de prestige, ce frein à l'efficacité qui fait le tri entre ceux qui appartiennent à l'establishment et les autres. Contrôler la G7 c'est bien, posséder la Galerie de France dans le Marais c'est chic, détenir des intérêts dans la chaussure et l'assurance, cela peut être judicieux. Il n'empêche. Rousselet a encore un sévère retard à rattraper par rapport à un Ambroise Roux, ou encore un Jean Riboud. Il les envie d'autant plus qu'il refuse d'admettre ses complexes de petit patron. D'où sa volonté et son empressement pour changer de dimensions. Depuis quarante ans, il a soutenu infailliblement François Mitterrand, il est temps qu'il recueille les fruits de cette fidélité.

En cet été 1982, l'heure des comptes sonne enfin. A 62 ans, l'ami du Président entre chez Havas pour s'accomplir à une plus grande échelle.

Le bâtiment en brique rouge qui s'érige à l'extrémité de l'avenue Charles-de-Gaulle à Neuilly est laid. Très laid. L'endroit ne plaît guère à Rousselet. Son sens esthétique est mis à mal par l'architecture vieillie de l'immeuble, et son sens pratique, par la distance qui sépare le siège du centre de Paris.

L'accueil qui lui est réservé est plutôt réfrigérant. Les mines sombres, les visages longs, tout le monde, ou presque, est inquiet. Depuis juin 1981, la maison était dirigée par Pierre Nicolaÿ, un proche de François Mitterrand. Avec lui, les barons du groupe étaient tranquilles. Le profil de ce conseiller d'Etat était aussi adapté à diriger Havas que celui d'une carmélite l'est pour diriger l'Olympia. Celui-ci supervisait, alors que Jacques Douce, directeur général du groupe, gérait. Mais en cet été 1982, la situation est différente. Nicolaÿ est parti pour le Conseil d'Etat. Jacques Douce, emporté par la maladie, n'est plus de ce monde. Aussi, l'atmosphère s'est-elle quelque peu tendue.

Les équipes ont peur du nouveau venu. Ils craignent qu'il ne veuille démêler l'écheveau inextricable des circuits d'argent qui transitaient par Havas. Pure spéculation. Aucun homme politique n'a intérêt à toucher un système qui avait fait de cette entreprise le premier pourvoyeur de « gracieusetés » pour les partis politiques. Depuis longtemps Havas bénéficie d'un statut particulier béni par un accord tacite entre la gauche et la droite. Et Rousselet, pas plus que ses prédécesseurs, n'est disposé à mettre un terme à ce bel œcuménisme.

L'ancien directeur de cabinet de François Mitterrand connaît bien ce groupe. L'hostilité de l'équipe, il s'en fiche. Depuis longtemps, il a une propension certaine à prendre la moitié de l'humanité pour des imbéciles. André Rousselet est surtout capable de toutes les brutalités. Il ne lui faudra pas longtemps avant de mettre au pas les grands barons. Il réalise vite leurs limites et surtout celles de l'entreprise. Havas n'est qu'un percepteur de recettes. Or, Rousselet n'est pas arrivé chez Havas pour se transformer en trésorier-payeur général de luxe.

Il y a bien le dossier CLT. Cette société dont Havas partage le contrôle avec les Belges de GBL pose un vrai problème. Il faut la faire revenir au bercail hexagonal. Le moment est particulièrement propice. Elle vient de tomber dans l'escarcelle d'Albert Frère, qui ne connaît rien à l'audiovisuel. Mais cela n'enthousiasme guère Rousselet. Un temps, il a tenté de passer en force. Sans succès. De toute façon, c'est une affaire trop stérile au goût de Rousselet, plus désireux que jamais de déployer ses talents d'entrepreneur. Havas n'a aucune perspective d'avenir, si ce n'est, ô surprise, ce projet d'un nouveau concept de chaîne de télévision étudié par la direction du développement.

Lorsqu'il officiait à l'Elysée, il en avait vaguement entendu parler. L'idée l'avait intéressé. Chez Havas, elle le séduit. Elle consiste à créer une chaîne de télévision cryptée et payante. Ce qui revient à en assurer le financement par le seul biais des abonnements souscrits par les téléspectateurs intéressés. Le projet est d'autant plus facilement réalisable qu'il ne fera appel ni aux subventions publiques, ni à la redevance, ni davantage aux recettes publicitaires.

Pour le nouveau président d'Havas, passionné par les médias, c'est comme l'œuf de Christophe Colomb. Jusqu'à présent, ses tentatives d'intrusion dans la communication ont toutes échoué. Après le lancement raté de *Sport Magazine*, il a essayé de mettre la main sur *France-Soir*. Sans davantage de succès. L'écrit se refuse à lui. Mais pas encore l'image. Cette fois, c'est juré, il ira jusqu'au bout. Coûte que coûte. Il se doit d'exercer ses talents d'entrepreneur à grande échelle. Ce projet audiovisuel sera le sien, le tremplin qui le propulsera enfin dans le royaume des Grands des Affaires.

Il en est obsédé.

Le défi risque d'être difficile à relever. Car au même moment, l'Etat décide de lancer sa révolution audiovisuelle. Toute une série de projets va ainsi être mise en route. Des décisions prises soit par pure inconscience, soit par électoralisme.

En effet, la situation économique devient de plus en plus alarmante. Malgré la dernière dévaluation en juin, le franc continue d'être attaqué, les déficits se creusent, le chômage augmente et les esprits s'échauffent pour trouver une solution. Tout le monde est convaincu : il faut être plus économe des deniers publics. L'exercice est difficile. Les élections cantonales sont proches. Il faut une idée mobilisatrice. L'Etat a déjà réussi à libérer les ondes de la radio. Pourquoi ne pas faire la même chose avec la télévision ?

Au sommet de l'Etat, on réfléchit ainsi au lancement d'une quatrième chaîne de télévision aux côtés de TF1, d'Antenne 2 et de France 3. Sa mise en œuvre est facile. TDF dispose d'un réseau d'émetteurs hertziens qui couvre tout le territoire. On les utilisera pour acheminer la future chaîne.

Dans le même temps, il est prévu de lancer le plan câble. Pour quelle finalité ? Le Président n'en a pas vraiment une idée précise. Mais cela fait moderne. C'est dans l'air du temps. Il n'y a qu'à voir les Allemands. Ils sont aussi en train de réfléchir à un tel projet. Dans l'entourage de Mitterrand, certains rêvent déjà d'utiliser ces réseaux souterrains pour faire véhiculer de l'image. Ce qui implique la naissance de multiples chaînes de télévision. Les téléspectateurs pourront ainsi avoir accès à une multitude de programmes, moyennant un abonnement payé mensuellement. D'autres, plus techniciens, trouvent en revanche qu'il faut utiliser ces fibres pour fournir d'autres services, comme ceux qui sont déjà disponibles sur le minitel. Commercialement cette dernière option est risquée. Rien n'indique qu'il y a une demande en face de ces futurs services. Raisonner en commercial dans un pays d'ingénieurs est un exercice hautement risqué. Alors, va pour la deuxième option. On câblera le pays en utilisant la meilleure des technologies, donc la plus coûteuse, et après on verra ce qu'on en fera.

Curieuse démarche. Personne dans l'entourage du chef de l'Etat ne souligne l'incongruité du lancement d'une quatrième chaîne de télévision concomitamment avec le plan câble. L'un des deux projets tuera l'autre dans un pays où le paysage audiovisuel est relativement pauvre. Qu'importe. Dans l'esprit de François Mitterrand, la volonté de réformer et de moderniser le pays prime toute autre considération. De toute façon, il est autant fâché avec les nouvelles technologies qu'avec les chiffres.

Naturellement, Rousselet est tenu au courant de ces dernières évolutions, presque heure par heure. Dès qu'il a pris possession de son bureau au huitième étage d'Havas, il a fait installer l'interministériel. Cette ligne de téléphone providentielle qui relie les palais nationaux entre eux est en théorie l'apanage des seuls fonctionnaires. Mais dans la Mitterrandie, les amis du chef de l'Etat ont droit de facto à toutes les dérogations.

Fidèle à ses habitudes, Rousselet a mis en outre un soin particulier à entretenir ses rapports privilégiés avec le Président. Chaque lundi, les deux hommes se retrouvent au Golf de Saint-Cloud, et plusieurs fois par semaine, le PDG d'Havas se rend au Château pour s'entretenir, en compagnie des autres proches de François Mitterrand, de la situation. Il s'impose ainsi comme l'un des piliers des « visiteurs du soir », ce groupe informel que celui-ci consulte sur les grands sujets.

Au-delà de son amitié réelle pour le président de la République, Rousselet a aussi compris que rien ne vaut un contact direct avec le sommet de l'Etat. Or, il en a plus besoin que jamais. Il souhaite en effet être choisi comme l'opérateur de cette quatrième chaîne que le Président appelle de ses vœux. D'autant plus qu'à Neuilly, l'idée de la chaîne à péage prend forme. Rousselet a même embauché toute une équipe de l'extérieur pour superviser la mise en œuvre de ce projet dont le nom de code est Canal +.

Il obtiendra gain de cause. A l'heure où France Télécom se lance dans la coûteuse aventure du câble, le gouvernement de Pierre Mauroy charge officiellement Havas de concevoir une nouvelle chaîne de télévision.

Les yeux malicieux de Rousselet retrouvent leur éclat. Le sourire redevient carnassier. L'homme tient son projet.

6

La métamorphose du novice

Janvier 1983 : Hôtel Matignon

« Jean, le groupe Suez, ça t'intéresse ?
— Comme numéro deux ?
— Non. Je te parle de la présidence. Georges Plescoff va bientôt avoir 65 ans. François Mitterrand refuse de proroger son mandat au-delà, pour éviter de faire un précédent. Le poste est donc à pourvoir.
— Oui. Bien sûr que cela m'intéresse. »

Troublé, Jean Peyrelevade raccroche le combiné. Comme à chaque fois, dans pareil cas, le jeune directeur adjoint de cabinet de Pierre Mauroy brûle ses angoisses en allumant un cigare. Depuis qu'il officie à Matignon, c'est devenu une habitude chez lui.

En ce début d'année 1983, le jeune conseiller du Premier ministre sent que quelque chose va changer dans sa vie. La proposition qui vient de lui être faite par son ami François-Xavier Stasse, le seul conseiller de François Mitterrand avec lequel il entretient de bons rapports, lui ouvre de nouvelles perspectives. Il est enfin sollicité pour commander. C'est plus qu'il n'en a jamais rêvé.

Depuis l'été, Peyrelevade sait que ses jours sont comptés. Sa cote de popularité, loin de remonter, se perd dans l'abîme des disgrâces mitterrandiennes. Après le départ de Robert Lion à la direction générale de la Caisse des dépôts et consignations (CDC), Mauroy avait certes envisagé de nommer son conseiller à la direction de son cabinet. Mais il s'était vite ravisé. François Mitterrand, qui ne cessait de demander la tête de ce collaborateur du Premier ministre, n'allait tout de même pas donner sa bénédiction à sa promotion.

Déjà, Jean Peyrelevade s'était tourné vers Jean Deflassieux, le président du Crédit lyonnais. Il souhaitait rejoindre la direction générale de la banque publique. « Tu es encore vert pour une telle responsabilité [1] », s'était-il vu sèchement répondre. Sur le coup, cet orgueilleux fut chagriné par l'accueil de celui qui pendant longtemps l'avait littéralement couvé. Deflassieux l'avait repéré, accueilli au Crédit lyonnais, puis soutenu auprès de Mauroy. C'est un peu grâce à ce mentor que Peyrelevade était entré à Matignon.

Histoire ancienne.

Pour l'heure, Peyrelevade est tout excité à l'idée de présider Suez. Il ne connaît rien à la vieille institution nichée rue d'Astorg. Est-il vraiment nécessaire d'être compétent et de tout savoir pour diriger une grande entreprise ? En France, la question appelle une réponse négative. Peut-être ailleurs aussi !

Ce n'est pas le problème qui préoccupe Jean Peyrelevade. Déterminé à obtenir ce poste, il s'inquiète des obstacles qui seront érigés sur sa route. Car le chemin qui mène à la présidence de Suez passe par la rue du Faubourg Saint-Honoré : rien ne peut être décidé sans l'aval du chef de l'Etat.

Les présidents des entreprises publiques sont nommés en Conseil des ministres. Mais pour que leurs noms soient

1. Renaud de La Baume, *Les Socialo-Capitalistes, portrait et métamorphose des élites roses*, Albin Michel, 1993.

enfin prononcés dans cette instance, il faut vaincre toutes les hostilités. Et, en l'espèce, elles sont nombreuses.

L'entreprise publique correspond à une fonction bien précise dans la République. Chasse gardée pour les grands corps d'élite qui se partagent les secteurs d'activité comme on choisit des pâtisseries – l'énergie pour le corps des Mines, l'électricité pour le corps des Ponts, la banque et l'assurance pour l'Inspection des finances... –, l'entreprise sert aussi de service d'accueil pour les brillants commis en fin de carrière, ou encore de tremplin pour les amis du pouvoir, ou les amis des amis quand elle est vraiment très petite. Lorsqu'un poste se libère, les candidats potentiels actionnent les lobbies qui s'acquittent de leur tâche de manière plutôt efficace. Mais lorsqu'on ne fait partie d'aucun réseau d'influence, il faut suivre un rituel particulier avec des résultats plus ou moins heureux. C'est alors l'occasion pour les prétendus amis et conseillers du Pouvoir de déjeuner et dîner aux meilleures tables de la capitale afin de faire plus ample connaissance avec les candidats aux postes à pourvoir. L'exercice ne manque pas de charme. Enivrés par les torrents de compliments qui se déversent sur eux – et qu'ils prennent très souvent au sérieux –, ils dégustent à la fin des repas le havane généreusement offert par leur hôte avant de lancer en guise de remerciement, l'air entendu et pénétré, un « j'en toucherai un mot au Président... » Des paroles qui en principe délivrent le candidat potentiel de ses angoisses, mais dont l'effet ne dure que le temps d'une bouffée.

Jacques Attali, et dans une moindre mesure Alain Boublil, adorent cet exercice, il est vrai agréable. Avec un secteur public fort de près de huit cents sociétés, grâce aux nationalisations, il y a de quoi s'amuser. Pour les deux factotums de François Mitterrand, ce protocole représente la quintessence du prestige. « Nommer, ivresse du seul vrai pouvoir [2] », reconnaîtra Jacques Attali.

Jean Peyrelevade ne bénéficie ni du parrainage d'un grand corps d'élite, ni davantage de la bienveillance du

2. Jacques Attali, *op. cit.*

personnel politique de gauche, ni enfin des faveurs des conseillers du chef de l'Etat. Malgré tout, il n'est pas si démuni qu'il en a l'air. Il tient une carte maîtresse en la personne du Premier ministre.

Prévenu, celui-ci est enchanté. Non seulement il trouve là le moyen de recaser honorablement un collaborateur qu'il aime bien, mais surtout il sera débarrassé d'un conseiller perpétuellement aux prises avec l'équipe de l'Elysée. Il met tout son poids à convaincre le Président qui finit par signer le décret de sa nomination. Et ce, malgré l'hostilité de Jacques Attali qui tente désespérément d'y faire obstacle, en dépit des résistances de l'Inspection des finances qui n'accepte pas que ce bastion lui échappe et au grand dam de Georges Plescoff, qui ne se résout pas à jeter l'éponge.

A 43 ans, Jean Peyrelevade commence ainsi une nouvelle vie. Il va tâter d'une nouvelle forme de pouvoir. Bien sûr, il ne s'agit pas d'un pouvoir absolu. Il faut compter avec le conseil d'administration. Mais que peuvent les administrateurs face à un personnage qui tutoie le Premier ministre ? La proximité avec le pouvoir ne constitue-t-elle pas la meilleure garantie de la sérénité d'un chef d'entreprise ?

De toute façon, Peyrelevade est suffisamment armé pour affronter n'importe quelle situation humaine. Il a vécu de l'intérieur la comédie du pouvoir, en a étudié toutes les facettes et a observé les forces et les faiblesses de tous ses acteurs. Pendant la première moitié de sa vie, il a été, lui-même, manipulé comme une marionnette. A l'avenir, c'est lui qui tirera les fils des passions et des vanités des autres. De tous les autres.

Trois ans à peine après avoir pris possession de l'Etat, les socialistes ont fini par devenir populaires dans le monde des affaires. Au nom d'une doctrine dépassée, ils ont enrichi les riches et appauvri les pauvres. Les nationalisations ont ainsi été une aubaine pour les capitalistes d'avant 1981. Le gouvernement socialiste ira même jusqu'à sauver certains d'entre eux. La nationalisation de la banque Rothschild, symbole du grand capital, va tirer non seulement une épine douloureuse du pied de la célèbre famille, mais contribuera au maintien de cette fortune tricentenaire. Même si, pour la forme, Guy de Rothschild fera publier dans un grand quotidien du soir une tribune intitulée « Juif sous Pétain, paria sous Mitterrand ». On dit même que lorsque le signataire reçut ses indemnités de nationalisation, son cousin Edmond, domicilié en Suisse, lui aurait fait cette remarque cinglante : « C'est la meilleure affaire que tu as jamais réalisée de ta vie. » Le gouvernement socialiste distribuera ainsi une quarantaine de milliards de francs pour indemniser les anciens propriétaires. Lesquels les réinvestiront sur le marché boursier.

François Mitterrand voulait restaurer la primauté de l'Etat sur les puissances de l'argent pour mieux maîtriser la croissance. Il n'y est pas parvenu. Tout juste a-t-il tenté de changer les règles du jeu. Ce mini-bouleversement n'a eu qu'un seul résultat : élargir la communauté d'affaires à de nouveaux venus.

Les plus malins comprennent vite que les affaires n'ont pas plus de couleur que d'odeur. Elles peuvent marcher sous tous les régimes. Grâce à l'Etat socialiste, puis chiraquien, ils bâtiront des fortunes colossales et finiront par imposer leur loi.

Les technocrates suivront les traces de leurs aînés. Ils donneront libre cours à leurs ambitions personnelles, au prix parfois de gigantesques désastres.

Les résignés sortiront de la scène du pouvoir en vivant tout simplement sur leur rente de situation.

DEUXIÈME PARTIE

1983-1986

Quand la gauche découvre le capitalisme

7

Qu'est-ce qu'un socialo-capitaliste ?

Mai 1983. Paris, chez Prunier

Jean Peyrelevade est fébrile. Chez Prunier, le célèbre restaurant de fruits de mer, il attend l'arrivée de son hôte Jack Francès. Celui-ci n'est pas n'importe qui. C'est un mythe. Discret et puissant, ce polytechnicien, inspecteur des finances, est redoutable. C'est le contrepoids de Jacques de Fouchier à Suez. Ils ont tous deux plus de 70 ans, ils ont tous deux créé des sociétés de crédit aux particuliers, ils ont tous deux apporté leurs affaires aux deux compagnies. Et tous deux continuent de garder un œil vigilant sur le devenir de ces deux cathédrales que sont Suez et Paribas. Mais contrairement à Fouchier le solitaire, Francès, qui ne boit pas, ne fume pas et ne prend jamais l'avion, est un chef de bande. Il gouverne une poignée de capitalistes au nom des liens sacro-saints qui régissent les communautés d'intérêts.

C'est à l'instigation de Peyrelevade que ce déjeuner a lieu. Non seulement, tout patron de Suez qui se respecte se doit de rencontrer Francès, mais en ce printemps, Peyrelevade veut mettre fin à une guerre de tranchées qui dure depuis bientôt deux ans.

En effet, lorsque Peyrelevade est entré rue d'Astorg, il y

a découvert, à côté du buste de Ferdinand de Lesseps, une nébuleuse invraisemblable. Suez est un empire composé de vraies filiales, comme la banque Indosuez contrôlée à 100 %, et d'une myriade de petites participations minoritaires où l'on ne sait pas très bien qui tient la main : ainsi le groupe d'assurances Victoire, dont Suez possède environ 20 % du capital à travers deux holdings, ou encore la Banque industrielle et commerciale du Marais (BICM), détenue à moins de 10 % via sept sociétés différentes dont Victoire.

Vestige d'un passé glorieux, cette toile d'araignée avait été tissée par accident, grâce notamment aux indemnités versées à l'occasion de diverses nationalisations. Celle du canal de Suez, en 1956, a rapporté un milliard au total, ce qui permit aux patrons de la compagnie d'entamer une reconversion dans la banque ; celle des Charbonnages de France en 1946 a substantiellement enrichi Jack Francès, lequel a lié immédiatement son destin à celui de la compagnie en recyclant une partie de cette manne dans les sociétés de Suez. Enfin, celle de la période 1981 remet en selle le banquier Jean-Marc Vernes qui lorgne une des banques du groupe Suez.

Proche du RPR, ce fils de famille protestant, courtois et aimable, est l'une des figures qui poussent à l'ombre de Francès. L'ancien propriétaire de la banque Vernes souhaite recréer une banque. Il sait qu'il n'obtiendra pas le feu vert des autorités, indispensable pour une telle aventure. Dès lors, il veut prendre le contrôle de la BICM, le seul établissement disponible sur le marché. La proie est a priori facile à avaler. Le secteur des assurances ayant échappé aux nationalisations, Jean-Marc Vernes, comme Jack Francès, conserve son fauteuil d'administrateur au conseil de Victoire, la clé de voûte de contrôle de la BICM. Il tente donc de racheter la banque par l'entremise de l'assureur. Mais la manœuvre est repérée par le prédécesseur de Peyrelevade chez Suez et le dossier est resté bloqué. Georges Plescoff siège aussi au conseil de Victoire en sa qualité de président de Suez. Cet inspecteur des finances, ancien président des AGF, le groupe d'assurances public, saisit l'occasion pour entamer de vastes négociations sur le contrôle de Victoire. Il sait, mieux que quiconque, que cette riche société est un formidable réservoir financier. Aussi propose-t-il au tandem Vernes-Francès un marché équitable : BICM à eux, Victoire à Suez. Impensable pour Francès. Les négociations piétinent.

Ce sera le premier dossier que réglera Jean Peyrelevade. Il est urgent pour lui de préparer l'avenir de la maison, traumatisée, non pas tant par la nationalisation – le tour de table de la compagnie était déjà composé de groupes publics –, que par des lendemains incertains. Depuis 1980, Suez en est à son quatrième président. Michel Caplain est mort subitement en 1981, laissant son fauteuil à Philippe Malet, lequel a été remplacé par Plescoff qui à son tour a cédé la place à Peyrelevade.

Ce dernier doit, surtout, pacifier les relations avec les partenaires historiques de Suez. Il saisit tout autant que son prédécesseur la valeur tactique de Victoire. Seulement, après avoir étudié le dossier, examiné les forces et les faiblesses de tous les intervenants, il comprend vite que la partie est perdue d'avance. Ou plutôt, il s'aperçoit vite qu'il n'a pas les reins suffisamment solides pour supporter une épreuve de force face à des capitalistes aussi aguerris que Jack Francès ou Marcel Dassault. Car cette vieille connaissance de l'ancien directeur adjoint de cabinet de Mauroy est à son tour entrée en scène. Le célèbre constructeur d'avions, très proche de Jean-Marc Vernes, pèse de tout son poids auprès de ses amis socialistes, en faveur de ses amis capitalistes.

Peyrelevade ne tente donc pas la manière forte. Il préfère avancer progressivement. Son souci est de ménager à Suez une sortie honorable. D'où le déjeuner avec Francès.

C'est un homme élancé, grand, un tantinet original, les bras chargés d'un petit coussin, qui se présente au rendez-vous.

« Je suis impressionné, dit d'entrée de jeu le président de Suez pour amadouer ce grand seigneur.

— Moi aussi », répond celui-ci en posant doucement son inséparable coussin sur sa chaise, principal remède à ses douleurs dorsales.

Suivant un régime régulier et austère, il commande un turbot grillé et de l'eau minérale. Peyrelevade adopte le même menu.

Le PDG de Suez a une idée précise de la manière dont il va attaquer la discussion :

« Pourquoi n'avez-vous pas contre-attaqué Georges Plescoff ? » La question est censée déstabiliser l'interlocuteur. Peyrelevade connaît déjà la réponse à cette question. Francès et Vernes ne pouvaient pas s'offrir le luxe d'affronter l'Etat socialiste par Plescoff interposé. Mais en conduisant son interlocuteur à l'admettre devant lui, il pense pouvoir avoir l'avantage. C'est compter sans la ruse de Francès.

« Vous êtes là aujourd'hui. Je n'ai pas eu tort », lui dit-il, les yeux brillants de malice.

Les deux convives, désormais à égalité, abordent la question clé.

« Je souhaiterais un traitement convenable pour Suez. Dans mon esprit, cela veut dire que la compagnie doit avoir 34 % de Victoire, en échange de quoi vous aurez la BICM, dit en substance Peyrelevade.

— Je soumettrai vos propositions à mes amis. Nous reviendrons vous voir », acquiesce Francès.

Quelques jours après cette rencontre, de nouvelles discussions s'engagent. Suez obtiendra 34 % de Victoire, une participation certes importante, mais pas majoritaire. La compagnie recevra aussi quelques compensations, en reprenant le contrôle de petites sociétés comme la Scac ou la banque Franco-Libanaise. Quant à la BICM, elle tombe comme prévu dans le giron de Vernes appuyé par Dassault et Francès. Le protocole d'accord sera signé un an plus tard.

Ironie de l'Histoire, Peyrelevade fait ainsi ses premières armes dans les affaires en facilitant le rétablissement de Jean-Marc Vernes. Le banquier, qui se targue de tutoyer tous les grands, entame dès lors une rapide convalescence. Grâce à la nationalisation de la banque Vernes, un établissement qui gagnait officiellement de l'argent avant sa prise de contrôle par l'Etat, mais qui en perdra tout de suite après, Jean-Marc Vernes s'était déjà fait une santé. Il pesait quelque 300 millions en 1982, il vaudra 3 milliards en 1985.

Le cas de Vernes n'est pas singulier. La plupart des expropriés de 1981 se sont rétablis. Les juteuses indemnités de nationalisation ont été réinvesties sur le marché financier. Tout le monde ou presque repart à nouveau.

Pendant ce temps-là, l'Etat se débat avec ses 800 sociétés publiques. Certaines vont bien, d'autres beaucoup moins. Pour la seule année 1982, les pouvoirs publics ont dû apporter plus d'une dizaine de milliards à ces entreprises. Et comme cela ne suffit pas, on encourage les groupes publics à se refinancer en revendant leurs petites participations sur le marché. Finalement, l'arrivée de la gauche aura été une aubaine. Les affaires reprennent. Et les grands capitalistes d'antan se réveillent.

Peyrelevade réalise-t-il alors le résultat paradoxal des nationalisations ? Sans doute. Le patron de Suez est beaucoup trop intelligent pour ne pas le constater. Mais, consciencieux, il continue à penser que les entreprises nationalisées peuvent encore appuyer l'Etat dans ses desseins. Il déborde d'idées. Par exemple, il propose un jour au gouvernement de réfléchir sur un système de subventions mixtes pour le soutien de l'investissement : une partie des fonds serait apportée par les pouvoirs publics, et le solde par les entreprises nationalisées. Il se fait tout bonnement envoyer sur les roses.

Revenu de ses grands rêves, il tente de gérer la maison de la rue d'Astorg avec une rigueur exemplaire. Il renforce la direction générale en faisant appel à des hommes neufs. C'est ainsi que Gérard Worms, un X-Mines, son ancien professeur à l'Ecole polytechnique, ou encore Patrick Ponsolle, un énarque conseiller technique de Laurent Fabius, ou enfin Gérard Mestrallet, un X-énarque, jadis élève de Peyrelevade, entrent chez Suez. Bien sûr, ils sont tous trois diplômés des grandes écoles de la République, mais le patron de Suez met un soin particulier à ne pas recruter dans le prestigieux corps de l'Inspection. Il y a déjà Antoine Jeancourt-Galignani, un inspecteur des finances, aux commandes de la banque Indosuez. C'est suffisant, décrète Peyrelevade.

Son ambition est de faire de la compagnie un grand groupe, d'abord français ensuite international, un groupe rentable et donc un groupe puissant.

Calculateur, il n'hésite pas à donner des gages de bonne volonté à Jérôme Monod, le président de la Lyonnaise des eaux dont Suez détient près de 20 % du capital. L'ancien trésorier du RPR est un homme important dans tous les sens du terme. Et Peyrelevade sait qu'à l'heure où tout le monde l'attend au tournant, il lui faut calmer ses partenaires avant d'exercer ses talents de gestionnaire.

Très vite, il se pique au jeu du capitalisme. Il rêve déjà de grandes OPA et de grandes batailles boursières. Les cibles sont nombreuses. Le groupe Rivaud par exemple. Mais, pour cela, il devra attendre un peu.

8
Et Haberer devint banquier...

Septembre 1983. Rue d'Antin, siège de Paribas

Jean-Yves Haberer consacre toujours ses vacances à la méditation. Il ne travaille pas, il réfléchit. L'été, dans sa maison des Alpes, il s'offre des balades en montagne, souvent seul, quelquefois accompagné de ses voisins, comme Jacques Friedmann. Le reste du temps, il se met aux fourneaux et se transforme en confiturier.

Sans doute, cet été, comme tous les autres, ses pensées sont pleines de lui-même. Que de chemin parcouru depuis ce jour de février où devant une assistance médusée il avait déclaré : « Mon nom est Haberer, patronyme trisyllabique. Je suis inspecteur des finances, et inspecteur général des finances, je suis venu sauver la situation !... » Il a fait bien plus que cela.

A peine installé rue d'Antin, il s'est occupé d'abord de l'essentiel. Et l'essentiel, pour un patron de banque venu de l'Administration, est de rendre son dû à la confrérie de l'Inspection des finances. La banque n'est-elle pas un fief de ce prestigieux corps d'Etat ? Lucide quand cela l'arrange, Haberer sait qu'il doit sa nomination à la tête de cette grande maison, en grande partie, au soutien sans faille des membres de l'Inspection. Aussi, avant toute décision stratégique, doit-il rembourser ses dettes à son corps d'origine.

Le premier chantier ouvert sera ainsi celui de la Compagnie bancaire, cette entreprise si chère à Jacques de Fouchier. Contrôlée à 75 % par des groupes publics, la société de crédit à la consommation devait logiquement rejoindre le giron public. Mais une loi providentielle, inspirée par le tandem Haberer-Fouchier, tombe à point nommé. La loi sur la démocratisation du secteur public prévoit en effet que les participations détenues par les institutions nationalisées ou publiques ne pourront être assimilées au capital contrôlé par le secteur public, dès lors qu'elles revêtent un caractère provisoire. Il suffit donc de constater que les actionnaires publics de la Compagnie bancaire ne sont là qu'à titre circonstanciel, pour que le groupe ne porte pas l'étiquette d'entreprise publique. La ficelle est un peu grosse. Mais cela passe. Jacques de Fouchier respire.

Paribas sera nationalisé le 30 juin 1982, sans la Compagnie bancaire et sans ses filiales suisse et belge. C'était bien plus que n'en voulait Pierre Moussa. Mais moins talentueux que Jacques Fouchier, il a été écarté sans ménagement. Il faut savoir parler à l'Etat ! Jacques de Fouchier ne dit pas autre chose lorsqu'il répète l'adage latin : *Culpa, sed felix culpa* (Une faute, mais une faute heureuse), chaque fois qu'il pense aux erreurs commises par Moussa. Des erreurs aux conséquences très satisfaisantes.

Cette affaire réglée, Haberer se plonge dans la gestion de Paribas. Sauver la maison revient, dans son esprit, à préserver la réputation de Pierre Moussa, un inspecteur des finances qu'il admire. Il faut savoir s'occuper de ses pairs, apprend-on à l'Inspection. Alors que l'Etat trouve le moyen de sanctionner Pierre Moussa en le poursuivant en justice sous prétexte d'une vieille affaire d'exportations illicites de capitaux des clients de Paribas, Haberer transige avec les Douanes. Paribas ne comparaît pas devant les tribunaux. Et Moussa ne sera pas condamné.

De la même manière, son sens de la solidarité empêche Haberer de se départir de la stratégie suivie par son prédécesseur à la tête de la maison. L'oser serait contraire à tous les usages de l'Inspection des finances. Il n'y pense même pas. Cette dévotion ira loin. Pour maintenir le prestige de l'ancien PDG, Haberer est prêt à tout. Ainsi, lorsque éclate l'affaire Becker, cette banque américaine rachetée par Pierre Moussa et tombée en faillite, Haberer use de toute son imagination pour en limiter l'impact financier dans les comptes. Il finira par vendre Becker. Mais l'honneur sera sauf.

Paribas est une chose. Son avenir personnel en est une autre. Face à des perspectives électorales incertaines, il faut aussi savoir ménager les membres de l'Inspection proches de l'opposition. Dès sa prise de fonction, le PDG de Paribas propose donc à son ami Jacques Friedmann, inspecteur général des finances et ami intime de Jacques Chirac, la présidence de la Société commerciale de l'Ouest africain (SCOA). Celui-ci, débarqué comme un malpropre de la Compagnie générale maritime par les socialistes, saute sur l'occasion et accepte l'offre de son camarade. Il est tellement ravi qu'il recrute même un directeur général, pour être opérationnel de suite.

Mais voilà qu'à la dernière minute, l'Elysée s'insurge. Au Château, Guy Penne, le dentiste reconverti en spécialiste des affaires africaines, bloque la nomination. Considérant la SCOA comme une entreprise stratégique pour la politique africaine de la France, il s'y oppose formellement. Friedmann retourne à l'Inspection. Haberer avale son chapeau.

Il se lance alors dans la conquête des provinces perdues de Paribas. Le nouveau PDG rétablit ainsi les contacts avec les filiales belge et suisse. Paribas-Suisse, qui avait quasiment disparu de la nébuleuse des participations du groupe, se rapproche de la Rue d'Antin. Haberer se porte acquéreur d'un gros bloc de minorité (48 % exactement), ce qui fait désormais de Paribas le deuxième actionnaire de cette prospère ex-filiale. Dans les faits, cette position ne lui procure aucun pouvoir. Mais par un jeu complexe de holdings superposés, Haberer peut donner l'impression d'avoir recouvré les fiefs perdus. C'est bon pour la galerie.

La galerie justement. L'hôtel de Mondragon, qui abrita il y a deux cents ans la mairie du IIe arrondissement, et où se niche aujourd'hui la compagnie, est certes imposant. Il occupe toute la rue d'Antin, entre l'avenue de l'Opéra d'un côté et la rue Danielle-Casanova de l'autre. De larges escaliers de pierre mènent à l'étage noble, où, sous une immense verrière logeant, jadis, des orangers séchés, trône le buste de Louis XIV. L'orangerie de Paribas, comme on l'appelle à l'intérieur de la maison, s'ouvre de chaque côté sur de larges couloirs qui distribuent les bureaux. Mais voilà, l'architecture intérieure n'est pas du goût d'Haberer.

Le nouveau maître des lieux transforme donc la Rue d'Antin en un vaste chantier. Le faste du siège social de Paribas doit être à la mesure de la personnalité qui en assure la présidence. C'est une question de principe. Les grands commis de l'Etat ont de tout temps travaillé dans des palais nationaux. Il leur est difficile de s'habituer à l'austérité. Pendant plusieurs mois, une armée de maçons et de peintres s'anime dans les galeries de la maison. On rénove, repeint, redécore à tout va. Paribas s'offre ainsi une vingtaine de salons dont certains avec antichambre, destinés à recevoir les différents hôtes à déjeuner ou à dîner. Jean-Yves Haberer veille personnellement aux plus petits détails. Il prend très au sérieux cette responsabilité. Le président ne manque aucune occasion de consulter des spécialistes sur le choix des couleurs. Il multiplie les acquisitions de toiles de maîtres et prend en charge la distribution et la décoration des différents bureaux.

Son intérêt ne dépasse cependant pas les portes de la Rue d'Antin. Lorsque la compagnie lui propose l'usage d'un logement de fonction somptueux situé sur le Champ-de-Mars, il refuse, préférant demeurer dans son modeste appartement du XVIe arrondissement. Sa vie à lui se résume à sa carrière.

Soucieux de sa propre autorité, le président n'oublie pas d'imposer un nouveau protocole. Contrairement à son prédécesseur, ouvert et chaleureux, Haberer demeure distant. Il n'accorde ses audiences que si elles sont impérativement motivées par voie écrite. Paribas fait ainsi connaissance avec le charme discret des notes administratives.

Confortablement installé dans son bureau, une pièce historique où fut célébré le mariage de Napoléon Bonaparte et Joséphine de Beauharnais, Haberer ne néglige pas les affaires d'Etat. Dans le fond, gérer une banque n'est pas plus sorcier que diriger le Trésor. Il n'y a qu'à voir les attitudes respectueuses des représentants de l'Etat au conseil d'administration de la compagnie. Pour avoir servi sous ses ordres au Trésor, ceux-ci respectent tous Haberer. Si bien qu'ils n'osent même pas ouvrir la bouche en séance.

De toute façon, le nouveau président continue à négocier d'égal à égal avec les ministres. C'est qu'il se prend toujours pour le directeur du Trésor. Lorsque Pierre Bérégovoy, nommé au ministère des Finances en juillet, appelle à ses côtés Claude Rubinowicz, un énarque non-Trésor, comme conseiller technique, le PDG de Paribas proteste publiquement et fait connaître son hostilité à une telle nomination, contraire aux usages de la direction du Trésor. D'ailleurs l'Etat continue à le consulter. Depuis qu'il a quitté l'Administration, chaque fois que le gouvernement veut dévaluer ou défendre le franc, il sollicite l'avis de Jean-Yves Haberer, devenu spécialiste mondial de la monnaie. Il en est fier. Chaque fois qu'il convie ses camarades de l'Inspection à dîner chez Paribas, il fait placer à côté de leurs assiettes un papier où sont inscrites les dernières parités monétaires et il leur offre, en guise d'apéritif, un cours sur la monnaie.

Bref, le PDG de Paribas est content de lui.

Rue d'Antin, cependant, l'ambiance ne s'est pas apaisée. Les cadres de la maison voient d'un mauvais œil les recrues du nouveau patron, pour la plupart ses anciens collaborateurs à la direction du Trésor. Ils supportent assez mal la culture administrative d'Haberer. Du temps de

Moussa, tout le monde s'appelait par son prénom. On entrait dans les bureaux sans frapper, bref, le climat était celui d'une franche camaraderie. Depuis la nationalisation, le président ne reçoit que pour des motifs précis. La maison est choquée par les attitudes de ce nouveau patron.

Haberer ne comprend pas ces états d'âme. Lorsqu'un cadre de la maison finit par le voir pour lui présenter sa démission, il lui rétorque en substance : « Vous avez tort de quitter Paribas. J'ai dit au ministre de l'Industrie que, si un jour une bombe venait à tomber sur le ministère, il n'aurait pas de souci à se faire, Paribas est là, bien plus puissant, et pourrait assurer la continuité ! » Ce genre de remarque indispose tout le monde. Il n'en a cure. Paribas fait partie du patrimoine national.

En cette rentrée, Haberer déborde de projets. Il songe à créer une filiale spécialisée dans les activités de marché. Partout dans le monde, les Bourses montent. C'est le moment de saisir sa chance. Bien vu.

En dix-huit mois, il est devenu un vrai banquier. Les affaires l'amusent.

Décidément, Jean-Yves Haberer est épatant...

9

Un corsaire chez les grands

Janvier 1984. Paris, rue de la Baume, siège de l'Afep

Quarante-huit ans, de superbes yeux bleus, le menton volontaire, et une ambition sans limites, François Pinault n'aime pas les mondanités. C'est une corvée pour lui. Mais pour « Ambroise », il est prêt à faire une exception.

Car, depuis un an, François Pinault fait partie de la gent parisienne qui a le rare privilège d'appeler l'ancien président de la Compagnie générale d'électricité par son prénom. Une prérogative qui suffit à asseoir l'autorité d'un petit chef d'entreprise dans le milieu des grandes affaires.

Pour faire plaisir à « Ambroise », François Pinault doit donc assister aux réunions de l'Association française des entreprises privées (Afep). Celle qui a lieu ce jour-là est particulièrement importante. « Ambroise » vient de rencontrer le président de la République et souhaite rendre compte de son entretien aux membres de l'Afep. Exercice ô combien délicieux pour l'ego d'« Ambroise ».

Créée et animée par Ambroise Roux, l'Afep prétend défendre un capitalisme intégral. Avec le recul, cela fait sourire. La majorité des membres fondateurs de ce club n'est pas vraiment capitaliste au sens classique du terme. Ce sont des « salariés de luxe » comme Guy Dejouany, polytechnicien, patron de la Générale des eaux et tout petit actionnaire de cet immense empire ; Marc Fournier, patron de la Compagnie de navigation mixte dont il détient à peine 1 % du capital ; ou encore Alain Chevalier, énarque, PDG de Moët-Hennessy et minuscule actionnaire du groupe de vins et spiritueux ; ou enfin Claude Bébéar, président d'un groupe mutualiste d'assurances... Mais des capitaines d'industrie qui ont créé leurs entreprises de leurs propres mains, il n'y en a pas.

Cette association sert de levier à « Ambroise ». Il veut exister. Et exister, en France, exige le maintien d'un dialogue direct avec le chef de l'Etat. Ami personnel de Georges Pompidou, proche de Valéry Giscard d'Estaing, il se pose en interlocuteur privilégié de François Mitterrand. Pour cela, il a besoin de l'Afep.

Les réunions sont ternes. On s'y ennuie à mourir. L'assistance est composée d'hommes qui ont, pour la plupart, le visage compassé, le buste enflé et la prétention débordante. Elle devise sur les affaires. Des discussions stériles. On y reçoit des hommes politiques, de droite et de gauche. On parle aimablement de choses et d'autres. On fait des plans sur la comète dans l'hypothèse d'un retour de la droite. Jean-Marc Vernes lorgne le groupe Suez, Bébéar veut l'UAP, Moët-Hennessy ne veut pas être oublié dans la redistribution des cartes, Fournier jette son dévolu sur le CCF... Naturellement, il n'est pas question de prendre le contrôle de ces entreprises. Tout juste compter dans les tours de table et tirer les ficelles. Comme par le passé.

Pinault, lui, n'a besoin ni de compter, ni de tirer les ficelles. Il a envie de faire des affaires. Voilà tout. S'il a accepté d'être membre de l'Afep, c'est qu'il a ses raisons.

C'est Ambroise Roux en personne qui l'avait invité à participer à cette association. La proposition l'avait d'abord flatté. Il se souvient encore de son étonnement lorsque sa secrétaire lui a dit : « Monsieur le président, Ambroise Roux vous demande. » Sa surprise fut telle qu'il a un instant pensé qu'il s'agissait d'une plaisanterie. Un instant seulement. La légende avait bien une voix. « Ambroise » l'avait invité à venir le voir.

Pour François Pinault, cette invitation valait plus qu'une consécration. Certes, ses affaires sont prospères. Son groupe n'est plus une petite PME. Spécialisé dans la distribution du bois, il réalise 2 milliards de francs de chiffre d'affaires. Il est riche et collectionne tous les attributs d'un homme qui a réussi. Une seconde épouse, Maryvonne, landaise de père écossais, quatre enfants qui fréquentent les meilleurs établissements scolaires, des bolides puissants, des œuvres d'art, et un appartement bourgeois dans l'un des quartiers les plus huppés de la capitale où il compte parmi ses voisins, entre autres célébrités, Jérôme Seydoux, l'héritier des Schlumberger. Mais voilà. Le sentiment d'être reconnu par ce qui se fait de mieux dans les affaires est autrement plus satisfaisant. Il est loin le temps où, jeune écolier, ce fils de paysan se faisait narguer par ses camarades de classe. « Je venais de ma campagne, je parlais mal le français, et j'étais mal habillé. Les autres, fils de commerçants, se moquaient de moi. (...) Je m'en suis payé pas mal. Je n'étais pas plus fort, mais j'étais plus obstiné. Ma spécialité était le coup de boule. Bien fait, cela ne laisse pas de trace. »

Pas dupe, Pinault avait sans doute compris les motivations d'Ambroise Roux. A sa création, rares étaient les patrons qui voulaient entrer à l'Afep. A l'époque, les quelques « capitalistes » rescapés des nationalisations ne souhaitaient pas s'afficher ostensiblement dans l'opposition. L'association ne comptait alors que douze membres. Pour l'étoffer, « Ambroise » avait fait appel aux petits patrons aux parcours exemplaires.

Pinault a aussi compris tout le parti qu'il pouvait tirer de la caution d'un personnage aussi mythique et légendaire que Roux. Avec ses salaires mirobolants, ses propriétés multiples, ses douze semaines de vacances, ses goûts pour la bonne chère et surtout sa profonde connaissance des affaires, l'ancien président de la CGE est un personnage immense qui fait toujours autant fantasmer les capitalistes en herbe. Chacun rêve de peser un jour autant que lui dans la vie des affaires. Pinault plus que les autres.

D'autant que l'horizon s'éclaircit. Les résultats des élections municipales sont calamiteux pour la gauche. Après une période d'euphorie, les socialistes commencent enfin à revenir sur terre. Il y aura forcément des opportunités importantes à saisir.

Alors fréquenter l'Afep, aussi pénible que ce soit, est un exercice qui s'impose. Pour l'instant en tout cas. Il est indispensable de repérer les proies possibles. Car Pinault est décidé à s'imposer comme un grand patron. Celui qui a fait sienne cette devise de René Char : « penser en stratège et agir en primitif », sait que pour réussir, il faut d'abord amadouer l'establishment des affaires, dont la fine fleur siège à l'Afep : c'est son côté stratège. Après quoi, il pourra se lancer à l'assaut de ses futures victimes : c'est son côté primitif.

Entre les distingués membres de l'Afep et Pinault, c'est le choc de deux cultures. Deux versants d'une même France. L'un est policé, l'autre, rugueux.

La plupart d'entre eux ne connaissent même pas Trévérien. Cette bourgade de 450 âmes, située près de Saint-Malo, où François vit le jour un 21 août 1936. C'est là que tout a commencé. Une vie de Spartiate, une famille catholique pratiquante, un sens inné du commerce, un père marchand de bois, un oncle marchand de grains. Tout de suite, le jeune François, l'aîné de trois enfants, porte l'espoir de la famille. Les débuts sont chaotiques. Il faut qu'il fasse des études. Au sortir de la guerre, il va donc chez les religieux de Rennes. Mais l'expérience est de courte durée. Retour donc à la ferme de granit familiale qui surplombe un domaine d'une dizaine d'hectares. Il a 15 ans, et la rage au cœur. Il ne sait pas trop ce qu'il a envie de faire. Quatre ans et une crise d'adolescence plus tard, il s'engage pour la guerre d'Algérie. L'aventure dure trente mois. Pinault le rebelle sent alors l'horreur dans toutes ses tripes. A son retour, c'est un autre homme.

Plutôt joli garçon, il se marie rapidement avec la fille d'un scieur et commence à travailler avec ses beaux-parents. Le jeune homme se sent vite à l'étroit. Il n'aime pas être au service des autres. Il est temps de faire quelque chose de cette vie. C'est décidé : il va créer sa société. Pinault sera négociant en bois, comme son père. Aidé par ses proches, il loue un hangar à Rennes. Ce sera le premier siège social de Pinault Distribution.

Pour ses premiers pas dans les affaires, il déclare la guerre à ceux qui verrouillent le circuit de distribution du bois. A l'époque, les agents sollicitaient des importateurs, lesquels faisaient appel à des grossistes qui revendaient la marchandise à des négociants, qui à leur tour livraient les menuisiers. L'idée de Pinault est toute simple : acheter le bois directement aux fournisseurs pour le livrer directement aux menuisiers. Il est culotté et volontaire. Rien ne lui fait peur.

Pour trouver de quoi acheter le bois, il lui faut d'abord convaincre les clients de le payer d'avance. L'entreprise ne doit pas risquer une crise de liquidités. Aussi passe-t-il ses journées à faire le tour des artisans et menuisiers de la région pour les persuader de l'épauler. Une tâche ingrate, et pas toujours facile. Qu'importe. L'homme est déterminé.

Il doit aussi éviter les embûches. Et elles sont nombreuses. Lorsque les grossistes s'allient contre lui et demandent aux dockers de décharger en dernier la marchandise de Pinault, celui-ci rameute ses clients. Ensemble ils sortiront les grumes des cargaisons. Rien ne peut lui résister. Mais, lucide, il sait très bien jusqu'où il peut aller. Pour éviter de se mettre à dos les dockers, il leur offre une tournée au bistrot, se justifie et leur explique en substance qu'ils ont tout intérêt à marcher avec lui. Sinon, ils feront le jeu des grands. Habile, le jeune Pinault.

Au départ, ses concurrents ne prêtent qu'une attention distraite à ce petit entrepreneur. Mais avec le temps, le petit finit par devenir grand. A force de racheter les unes après les autres les sociétés rivales, Pinault Distribution finit par s'installer.

Au début des années 1970, son groupe réalise 75 millions de chiffre d'affaires. C'est beaucoup. Et il dégage

750 000 francs de bénéfices. Ce n'est pas encore assez. François Pinault choisit donc de faire ses premières armes de capitaliste. Il est temps de vendre sa société. Il en cède 80 % au groupe britannique Venesta au prix de 30 millions de francs, soit 40 fois les bénéfices. Une coquette somme pour l'époque. Et une transaction qui mériterait d'être inscrite dans le *Livre Guinness des records*. Même au plus fort de la fièvre financière, aucune opération ne s'est réalisée sur des bases similaires. Au mieux, les entreprises se négocient à un prix équivalant à 30 fois les bénéfices, mais 40 fois, jamais !

En bon paysan, Pinault ne mettra pas tous ses œufs dans le même panier. Il confie le produit de cette cession au courtier Maurice Nataf, qui lui fait gagner, prétend-il, 100 millions de francs en jouant sur le marché du sucre. Désormais, il est riche. Mais cela ne lui suffit pas. Il lui faut plus. Maintenant qu'il a gagné ses millions, il veut exercer ses talents d'entrepreneur. Comme il n'a pas envie de recréer une entreprise, il rachètera Pinault Distribution. Il conserve toujours 20 % des actions de cette société, dont il demeure directeur général. Pinault Distribution se lance, sous sa férule, dans une course effrénée aux acquisitions. En 1975, la société est au bord du dépôt de bilan et son propriétaire britannique asphyxié. Pinault propose de racheter la participation des Anglais. Voilà bien ce qu'on appelle du toupet. A bout de souffle, ses partenaires lui revendent leur part pour... 5 millions de francs.

De l'art de faire fortune. Pinault sait bien qu'on ne transforme pas le bois en or. Son coup sur Pinault Distribution est remarquable, mais exceptionnel : il a vendu très cher une société qu'il a rachetée par la suite une bouchée de pain. Une telle opération ne se réalise pas deux fois. En revanche, il peut très bien procéder dans l'autre sens : d'abord acheter pas cher, ensuite vendre très cher. Voilà Pinault transformé en négociant de sociétés.

Il rachète donc à tour de bras des entreprises en difficulté. Si possible sans bourse délier. Il les restructure, avant de les revendre au prix fort. Pour y parvenir, il faut des compétences. Ses lacunes académiques ne l'empêchent pas de tenter l'aventure. Avec une discipline de soldat, il potasse tous les ouvrages susceptibles d'améliorer ses connaissances. C'est aussi la période où il s'entoure d'« hommes plus brillants » que lui, pour « apprendre, à lire un bilan et à ne pas se tromper ».

La vie est belle. François Pinault en est déjà à son deuxième mariage. Il vient de s'offrir une Porsche. Mais il n'a aucune intention d'arrêter. Il continue à hanter les tribunaux de commerce de l'Hexagone à la recherche de « belles truffes ». Il rachète un bon nombre de petites sociétés en liquidation ou en dépôt de bilan, qu'il redresse flanqué de son équipe. A charge pour celle-ci de rendre l'entreprise rentable pour ne pas dire vendable... En quelques années, l'homme réussit à essaimer des petites sociétés au nom de Pinault un peu partout dans l'Hexagone, toutes spécialisées dans le négoce du bois.

Grâce à ses opérations, il se fait une solide réputation de sauveur d'entreprises chez les notables de province. Peu importe si le résultat n'est pas toujours à la hauteur des espérances, notamment sur le plan social. Pour l'élu local, l'essentiel est d'éteindre les incendies. De ce point de vue, Pinault fait merveille. C'est ainsi qu'il croise la route de plusieurs personnalités, dont certaines seront appelées à jouer des rôles de premier plan dans les années à venir. Alain Madelin bien sûr, l'élu de son département, mais aussi Michel Giraud et surtout Jacques Chirac. L'amitié du futur président de la République l'entraînera dans de grands chantiers d'investissements en Corrèze. A tel point qu'il doit être aujourd'hui l'un des tout premiers entrepreneurs de la région. La gauche n'est pas en reste non plus. La Nièvre de Pierre Bérégovoy tout comme l'Aquitaine de Gilbert Mitterrand bénéficient du « flair » de Pinault.

Rien ne semble plus l'arrêter. Et sûrement pas la victoire de la Gauche. D'ailleurs, juste avant le 10 mai 1981, cet amoureux de la vitesse s'est offert une BMW. Pense-t-il qu'avec les socialistes il va changer de taille ? Il n'aurait pas tort. Grâce à la gauche, Pinault vient d'être adoubé par un prince des affaires.

Naturellement, aux yeux des distingués membres de

l'Afep, Pinault semble venir d'une autre planète. En le cooptant, ils pensent sans doute l'avoir apprivoisé, et acclimaté. Erreur. Là où les défenseurs d'un capitalisme intégral cherchent à reconstituer leurs réseaux d'influence, et à retrouver leur place dans le paysage industriel et financier parisien, Pinault n'est poursuivi que par une ambition : faire des affaires, et les faire seul. Là où les grands des affaires cherchent encore les alliances plutôt que les façades imposantes de la réussite, le jeune patron breton rêve de bâtir un grand groupe. Là où les petits marquis de l'Afep jugent, pour paraphraser Cicéron, plus amusant de commander aux riches que d'être riche, Pinault n'a qu'une obsession : devenir immensément riche.

L'homme aime le jeu et tout ce qui va avec : l'excitation, le doute, les émotions, les colères, la mauvaise foi. Comme tous les joueurs, c'est un solitaire. Et comme tous les solitaires, il n'est pas partageux. Son monde se résume à un casino où il faut toujours miser plus gros. Ambroise Roux sera désormais sa caution. Grâce à lui, le jeune entrepreneur pourra enfin faire ses débuts à Paris.

Il continuera à fréquenter l'Afep. Tant que ses intérêts l'exigeront...

10

Le tigre du Nord

Juin 1984. Ministère des Finances, rue de Rivoli

« Je résoudrai le problème Boussac pour deux raisons : je suis le seul à pouvoir obtenir l'accord des Willot et le seul à avoir travaillé 24 heures sur 24 sur le dossier. »

C'est avec un aplomb invraisemblable que Bernard Arnault se présente au ministère des Finances. Vêtu d'un vieil imperméable et les bras chargés de cahiers à spirale, l'homme ne paie pas de mine. Ses interlocuteurs l'écoutent davantage par acquit de conscience que par intérêt. Au fond, ils s'amusent de l'audace pour ne pas dire la naïveté de ce type à l'allure provinciale. L'ensemble Boussac-Willot attise beaucoup d'appétits et non des moindres. Sont sur les rangs l'inévitable Bernard Tapie, spécialiste d'entreprises en difficulté, Prouvost, l'un des grands noms du textile, et enfin Maurice Bidermann un industriel de renom qui a beaucoup d'entregent et connaît le monde entier. Sans compter Pierre Bergé, l'influent patron d'Yves Saint-Laurent, qui lorgne la maison Dior, ou encore Alain Chevalier dont le groupe possède déjà les Parfums Dior.

Comment un jeune promoteur qui n'a même pas 40 ans peut-il entrer en concurrence avec ces poids lourds ? Bernard Arnault ne s'est pas embarrassé de cette question.

Bien sûr, il ne connaît personne, n'entretient aucune relation privilégiée avec les puissants du moment, et surtout n'a aucune expérience industrielle. Mais il est déterminé. Lucide à l'excès, l'homme ne se surestime pas, mais il ne se sous-estime pas non plus. Le discours qu'il tient devant les représentants de l'Etat est on ne peut plus franc. Il a passé de longues semaines à étudier le dossier Boussac. Il le maîtrise jusque dans ses plus petits détails.

Depuis ce jour où il a appris que Boussac était à vendre, Arnault ne tient plus en place. Ce jeune homme qui s'était installé il y a trois ans en Amérique, pour devenir le Donald Trump français, n'a depuis cette date qu'une seule hâte : quitter les Etats-Unis.

De toute façon, cela faisait longtemps que Bernard Arnault voulait revenir en France. Son expérience américaine n'a pas été convaincante. Il n'a rien perdu. Mais il n'a rien gagné non plus. Il a vite compris que Ferinel Inc., la filiale américaine de l'entreprise familiale, est trop petite pour s'imposer. C'est pourquoi il avait lancé ses collaborateurs à la recherche d'une entreprise à racheter. Dans quel secteur ? Il n'avait pas d'idée précise. Tout juste avait-il demandé à ses troupes de chercher dans la direction d'« une marque connue, un potentiel de développement et peu d'effectifs ».

Et voilà qu'on lui parle de Boussac. Si le nom est connu, le potentiel de développement est inexistant, et les effectifs surabondants. Mais une perle se cache dans le bric-à-brac de cet ensemble nébuleux : Christian Dior.

A 35 ans, Bernard Arnault trouve enfin avec Dior ce qu'il cherchait depuis si longtemps. Pour lui, Dior n'est pas seulement une maison de couture. C'est déjà une passion, un virus, une obsession. Rien qu'à l'évocation de ce nom, ses yeux s'allument. L'œil droit, souvent rêveur, se plisse légèrement, tandis que s'ouvre l'œil gauche, toujours vigilant, et le rêve s'installe dans le regard gris-vert du jeune homme, à l'ombre d'épais sourcils protecteurs. Tout

Arnault est là, fantaisiste et consciencieux, sensible et dur, ouvert et méfiant. Cet homme-là est un paradoxe vivant.

Cet ingénieur se prend déjà pour Gianni Agnelli. Le nom de Dior est plus connu que celui du président de la République française. Il se souvient encore des airs effarés de ses parents lorsqu'ils ont découvert qu'au palmarès des Français les plus célèbres à l'étranger, Dior devançait le général de Gaulle ! Posséder un tel joyau suffit à justifier toute une vie !

Seulement Boussac, ce n'est pas que Dior. C'est aussi une affaire explosive, qui en est à son troisième dépôt de bilan. En 1978, déjà aux prises avec d'importantes difficultés financières, le groupe était tombé en faillite. Pressé par les échéances électorales, le gouvernement de Raymond Barre l'avait alors revendu en toute hâte aux frères Willot, des industriels à la réputation pourtant sulfureuse qui avaient construit un groupe hétérogène où les grands magasins côtoyaient les usines de filature et le fabricant de couches-culottes Peaudouce. Le tout financé par des crédits généreusement octroyés par les banques qui, apparemment, ne se préoccupaient pas de l'absence de comptabilité dans ce conglomérat fortement endetté.

Rebaptisé Agache-Willot, le groupe est contraint à un deuxième dépôt de bilan le 26 juin 1981, mettant en péril 20 000 emplois dans le Nord, fief électoral du Premier ministre Pierre Mauroy. Cette fois, il n'est plus question de trouver un repreneur, d'autant moins que le gouvernement prépare les nationalisations. Il n'est pas davantage question de se débarrasser des frères Willot, juridiquement propriétaires d'Agache-Willot. Pour cela, il aurait fallu leur racheter leur part. Inconcevable politiquement. Face à l'enjeu social et aux considérations politiques, l'Etat français, toujours imaginatif, trouve le moyen de subvenir financièrement aux besoins de cette entreprise sans en avoir le contrôle juridique. Une société, baptisée CBSF (Compagnie Boussac Saint-Frères), est créée pour prendre en location-gérance les actifs industriels d'Agache-Willot. Contre l'avis de Pierre Mauroy, sa gestion est confiée à René Mayer, l'ancien président de l'Institut national de géographie. Un original. Si ce « géographe » n'a aucune expérience, en revanche il présente la particularité d'être un proche d'Alain Boublil, conseiller à l'Elysée. Sa « contribution » coûtera quelque trois milliards de francs aux finances publiques.

La donne change en 1984. Les résultats désastreux des élections municipales de 1983, la perspective peu réjouissante des cantonales de 1985 et la préparation des législatives de 1986 occupent alors tous les brillants esprits de l'Etat socialiste. Mitterrand nomme Laurent Fabius, un jeune bourgeois, énarque et normalien, à Matignon. La gauche populaire rend donc son tablier à la gauche caviar qui atténue sensiblement les grands discours idéologiques du début du septennat. Concepteur du programme de modernisation et de rassemblement qui se caractérisait par un désengagement économique de l'Etat, Fabius souhaite mettre fin à la politique débridée de distribution de subventions publiques, lesquelles ne servaient qu'à maintenir en survie artificielle des secteurs d'activité condamnés par avance. Sont visés principalement les charbonnages, les constructions navales, la sidérurgie et Boussac. Quant à La Chapelle-Darblay, son cas constitue une exception. Située dans le fief électoral du Premier ministre, sa survie continuera à être assurée sur les deniers publics.

Ainsi, au nom de la défense des intérêts du contribuable, Laurent Fabius décide d'en finir avec le dossier Boussac. Cette entreprise doit être vendue avant la fin de l'année, sinon elle sera mise en liquidation judiciaire. Agache-Willot, ex-Boussac, est officiellement mis en vente en 1984. La première privatisation française est lancée.

Bernard Arnault se met sur les rangs. Au départ, il tente de se porter candidat au rachat de la seule maison de couture. « C'est tout ou rien », s'entend-il dire. Qu'à cela ne tienne. S'il le faut, il rachètera l'ensemble.

Objectivement, il n'a pas beaucoup de cartes dans son jeu. Il cumule même les handicaps. Il est trop jeune, trop anodin, et trop petit. Ferinel réalise à peine 1 milliard de chiffre d'affaires alors que Boussac pèse douze fois plus lourd.

Mais Arnault a un atout maître : sa volonté. C'est un tigre. Il épiera en douceur sa proie avant de bondir. Son premier bond tombera si juste qu'il n'aura pas besoin de recommencer.

Son père est très inquiet. Que son fils ait quitté la France en 1981 au motif qu'« on ne peut plus faire des affaires », passe encore. Beaucoup partageaient ce raisonnement, en ce temps-là. Qu'il ait voulu revenir sous prétexte que « les affaires vont reprendre » on peut aussi le comprendre. Mais qu'il veuille risquer la fortune familiale dans l'aventure hasardeuse de Boussac, cela dépasse l'entendement. Il s'efforcera de ramener son fils à la raison. Sans succès. Il n'a guère de moyens de peser sur sa décision.

Longtemps, Jean Arnault crut qu'il avait un enfant modèle. Scolarité excellente, résultats brillants, discipline exemplaire, Bernard Arnault fut un garçon sage, dans tous les sens du terme. Cavalier émérite, pianiste prometteur, il affichait, au surplus, peu de propension aux distractions, ce qui ravissait ses parents, trop heureux de faire l'économie d'une crise d'adolescence. D'autant plus heureux qu'ils n'avaient guère le temps de s'occuper de lui. Le père, descendant d'une lignée de militaires alsaciens, diplômé de l'Ecole centrale, travaillait dur chez Ferret-Savinel, une société spécialisée dans la construction de bâtiments industriels créée en 1926 par son beau-père, Etienne Savinel, associé à un partenaire nommé Ferret. Quant à la mère, elle était tout absorbée par ses études de pharmacie.

C'est pourquoi dès sa naissance, le 5 mars 1949, le jeune Bernard avait été confié à sa grand-mère maternelle. La relation entre cette femme austère et son petit-fils sera si intense qu'à la disparition du grand-père, le jeune Bernard s'installera chez elle. N'ayant pas de fils elle-même, cette femme couvera plus que de raison ce petit-fils qu'elle considère comme l'héritier de la famille.

Courtois, travailleur, insensible aux sirènes de la révolte, d'un tempérament taciturne, le jeune homme a tout lieu de satisfaire ses parents. Il n'a apparemment qu'une ambition : réussir ses examens. Les événements de mai 1968 le laissent de marbre.

Pourtant, ce matheux ne sait pas trop ce qu'il a envie de faire. En attendant de trouver sa vocation, il veut entrer dans la plus prestigieuse des écoles, l'Ecole polytechnique. Il est reçu à l'Ecole des mines et seulement admissible à l'X. Un stupide accident l'empêche de passer les épreuves sportives, éliminatoires pour entrer à Polytechnique. Il rempile et intègre l'X l'année suivante.

Quatre ans plus tard, c'est un homme d'un mètre quatre-vingts à l'élégance racée, et à l'allure frêle de jeune héros romantique, revêtu du bel uniforme militaire de l'école, qui défile avec sa promotion sur les Champs-Elysées.

Jean Arnault déborde de fierté. En cette année 1972, il vient enfin de prendre le contrôle à 100 % de l'entreprise familiale en rachetant les parts de M. Ferret. Mieux, son fils se propose de venir travailler avec lui. Il est vrai que son rang de sortie ne lui permettait guère d'envisager une carrière administrative brillante. Encore qu'il aurait pu tenter l'Ecole nationale d'administration.

En ce temps-là, choisir de travailler pour une petite société provinciale au lieu d'entrer dans l'Administration relevait davantage de la provocation que du courage. Au reste, ses camarades de l'Ecole ne cessaient de le narguer. Bernard Arnault n'en a cure. Il a décidé de rejoindre la petite PME régionale de sa famille.

Mais le petit Bernard a grandi. S'il entre chez son père, ce n'est pas pour devenir son salarié. Il pose ses conditions : il veut une participation au capital. Rien de plus normal, estime son père. Et de lui proposer d'emblée le tiers du capital. Et plus s'il réussit par la suite. Admiratif, le père commence à mesurer la nature des ambitions de son fils.

Ce n'est pas un homme doux et courtois qui entre chez Ferret-Savinel, mais un patron de fer. A peine franchi le seuil de l'entreprise, le jeune polytechnicien provoque une véritable révolution de palais. Se mêlant de tout, vérifiant tout, il bouleverse tous les usages, se plaint perpétuellement de la timidité de la stratégie, qu'il trouve dépassée. Il n'a qu'une seule idée en tête : la diversification.

Il fait quelques intrusions dans la presse, ou encore dans l'achat et la revente de résidences de standing. Les opérations s'avèrent juteuses. Mais elles sont loin de le satisfaire. Jusqu'au jour où fort de sa position dans le capital de la société, il décide de la recentrer sur la promotion immobilière et de sortir du métier de la construction dont il mesure mal l'évolution.

Il se met ainsi à la recherche d'un acheteur pour cette branche d'activité. En 1977, il vend les filiales de construction au groupe Rothschild pour 40 millions de francs. Une coquette somme pour l'époque, et une décision ô combien judicieuse. Dans la foulée, il rebaptise Ferret-Savinel qui deviendra désormais Ferinel.

Jean Arnault est de moins en moins impliqué et de plus en plus sceptique. Dans le même temps, il ne peut rien reprocher à ce fils qui l'enrichit. Même si ses méthodes sont parfois un peu cavalières. Sans doute Bernard Arnault voulait-il s'imposer à son père et montrer que lui aussi était un entrepreneur. Quoi qu'il en soit, sous le visage tendre du jeune homme perce déjà une formidable volonté.

Le père sait cela mieux que quiconque. En cette année 1984, il comprend aussi qu'il ne peut rien pour arrêter son fils. Il suffit de l'observer. Cela fait trois mois qu'il travaille matin, midi et soir sur le dossier Boussac. Au point qu'il a purement et simplement abandonné ses affaires aux Etats-Unis, laissant à son épouse le soin de fermer la maison, et à ses adjoints celui de liquider ses affaires américaines.

Ne laissant jamais rien au hasard, le jeune promoteur s'est assuré l'appui de la maison Lazard. Aux Etats-Unis, il avait fait la connaissance de François Polge de Combret. L'ancien secrétaire général de l'Elysée sous Giscard, qui s'était déjà occupé du dossier Boussac en 1978, lui a été d'un grand secours. Non seulement il lui révèle les pièges et les difficultés de cette affaire, mais il lui suggère de faire appel à la maison Lazard. Arnault a besoin d'un tour de table. François Polge de Combret le met donc en contact avec Michel David-Weill, le patron de Lazard, qui l'envoie auprès d'Antoine Bernheim, l'associé vedette de la banque d'affaires.

Immense personnage qu'Antoine Bernheim. Au propre et au figuré. Bourru, brutal, c'est un redoutable banquier au « flair légendaire ». Les techniques financières n'ont pas de secret pour lui. Et comme il est plus inventif que d'autres, il réussit presque toujours ses coups. Il est très riche et tout autant méfiant. Lorsqu'il rencontre Bernard Arnault, le courant passe vite. Si le jeune promoteur n'a pas grand-chose à dire aux hommes de sa génération, il connaît en revanche admirablement le langage des anciens. Plus encore, il est particulièrement brillant dans l'exposé de son projet. Celui-ci comporte trois étapes : racheter les parts des frères Willot, juridiquement propriétaires de l'ensemble, négocier avec les créanciers le rééchelonnement des dettes, procéder à une augmentation de capital pour remettre l'entreprise sur les rails avant de la faire coter sur le marché. Quant au volet industriel, Arnault attend de faire les audits nécessaires pour dégager une véritable stratégie. Tout juste sait-il que Dior et les grands magasins sont des actifs rentables. Le reste, il verra plus tard.

Présenté ainsi, le projet semble intéressant. Les risques sont minimes : l'intervention des investisseurs est en effet soumise à l'accord des créanciers. Mais, toujours aussi craintif, Bernheim lui lance : « Mettez autant d'argent que vous pouvez, j'en mettrai autant et je me ferai fort de vous trouver le reste. » En ce temps-là, le soutien de Bernheim valait plus qu'une police d'assurance.

Bernard Arnault met ainsi toute la fortune de sa famille sur la table, c'est-à-dire 90 millions de francs. La banque Lazard avance la même somme et entraîne dans son sillage d'autres investisseurs, comme Nicolas Clive Worms, qui s'est refait une santé financière grâce aux 600 millions de francs d'indemnités qu'il a empochés à la suite de la nationalisation de son ancienne banque. Ils compléteront le tour de table.

Le volet industriel du dossier prend également forme. Arnault fait appel à Julien Charlier, président de DMC, pour l'aider dans la mise en œuvre de la stratégie. Charlier, dont le groupe est le concurrent de Boussac dans certains domaines, ne demande pas mieux que d'entrer dans l'affaire.

Sur le papier, tout est prêt. Sauf l'essentiel : l'accord des Willot. Juridiquement propriétaires de la société, ceux-ci ne cessent de s'opposer à tous les plans de reprise. Chaque fois qu'une solution est sur le point d'être trouvée, les quatre frères bloquent tout, en saisissant les tribunaux. Arnault n'échappe pas à la règle. Il s'est battu comme les autres pour mettre la main sur leurs actions. Sans succès. Mais là où beaucoup jettent l'éponge, il continue. Grâce à Pierre Godé, son collaborateur le plus proche et avocat hors pair, il trouve l'astuce qui lui permettra de convaincre les Willot. Il leur propose de racheter 20 % de leurs participations dans l'immédiat pour 26 millions de francs payables dans sept ans et s'engage à leur reprendre le solde plus tard lorsque l'entreprise sera cotée sur le marché. En contrepartie, il souhaite que les Willot lui prêtent les droits de vote attachés à leurs titres. Juridiquement, cette technique rare porte le nom de prêt de consommation. Après avoir refusé, les Willot, menacés de liquidation, se ravisent et scellent l'accord avec le jeune promoteur immobilier.

Virtuellement premier actionnaire d'Agache-Willot avec 30 % des titres, le tour de table réuni, la caution de Charlier obtenue, Arnault, président de Ferinel, société spécialisée dans la promotion immobilière, présente officiellement son offre de reprise de l'ensemble Boussac-Willot et s'engage à « maintenir la survie du groupe en évitant son démantèlement », à condition toutefois que l'Etat apporte 750 millions de francs afin de reconstituer les fonds propres du groupe. Quant au volet social, Ferinel ne prévoit pas d'autres réductions d'effectifs que celles déjà approuvées par les anciens dirigeants de l'ensemble c'est-à-dire 6 000 personnes. Face à lui, un autre candidat présente aussi son plan, il s'agit de Maurice Bidermann, président du groupe textile Bidermann, dont le projet est sensiblement le même que celui d'Arnault à la différence près qu'il coûte un peu plus cher à l'Etat.

A l'heure de l'arbitrage, Matignon pressé d'en finir avec cette affaire choisit Bernard Arnault. Pour éviter tout reproche, l'Etat lui demande une lettre signée par les Willot assurant qu'il n'opère pas comme leur faux nez. Curieuse demande ! Arnault, en revanche, s'inquiète auprès des représentants de l'Etat du risque d'une éventuelle demande de remboursement des subventions reçues par l'entreprise que la Commission de Bruxelles commence déjà à formuler. « Le dossier Boussac est bon, lui dit-on à Matignon. Quand bien même l'Etat serait contraint à demander le remboursement des aides versées, l'entreprise serait en toute hypothèse à l'abri de toute demande et de toute condamnation tendant à une restitution ». Belle promesse. Elle ne sera pas tenue. Arnault sera obligé de rembourser une partie des aides reçues par Boussac.

Le 17 décembre 1984, Laurent Fabius annonce à la télévision la vente de Boussac à Ferinel. Dès cette annonce, le microcosme parisien se déchaîne. Le président de Ferinel, n'étant pas connu, attire toutes les suspicions. Certains expliquent le choix d'Arnault par ses connexions, au demeurant inexistantes, avec Pierre Mauroy, le maire de Lille. D'autres vont jusqu'à prétendre que cette décision avait été prise à l'instigation de Serge Weinberg, l'ancien chef de cabinet de Laurent Fabius et neveu de Sammy Weinberg, principal concurrent de Bidermann. Pur fantasme.

Bernard Arnault dérange parce qu'il est jeune et peu connu. Sur le dossier Boussac, il a été meilleur que les autres. C'est tout. Dès lors qu'Arnault avait mis la main sur les actions des Willot, il devenait incontournable. L'Etat ne pouvait écarter Ferinel, sous peine de s'enliser dans de nouvelles batailles juridiques. Arnault pouvait bloquer toutes décisions alternatives.

Le tigre du Nord

Le soir même de sa victoire, Arnault invite ses collaborateurs chez Laurent, le célèbre restaurant des Champs-Elysées, pour célébrer la conquête de Boussac. Il a raison de pavoiser. C'est le début de sa fortune. En trois ans, l'Etat socialiste a perdu plus de 3 milliards de francs dans cette affaire. En trois ans, Arnault fera du groupe Willot, rebaptisé Financière Agache, une entreprise qui vaut 8 milliards de francs en Bourse. Bien sûr, à l'exception de Dior et des grands magasins (Bon Marché, Conforama, Belle Jardinière), celui qui s'était engagé à ne pas démanteler le groupe, a tout cédé.

« J'ai dévoré tous les ouvrages écrits sur l'industrie textile, mais j'ai dû déchanter. Je n'avais pas les moyens de redresser seul la branche textile », dira-t-il plus tard. Une manière élégante d'expliquer que les affaires ne relèvent ni du mécénat, ni des bons sentiments.

11
Rousselet plus

Mai 1985. Rue Olivier-de-Serres, siège de Canal +

C'est une bande déprimée qui rentre du Festival de Cannes, derrière André Rousselet, le teint éternellement bronzé, mais les yeux plus tombants que d'habitude. Le père de Canal + est anxieux. Le moral n'est pas meilleur chez Pierre Lescure, le directeur des programmes de Canal +. Son regard de brun ténébreux est plus noir que jamais. Il est comme assommé. Marc Teissier, le directeur financier, n'est pas non plus dans son assiette. Cet inspecteur des finances, qui s'était un peu débridé dans la joyeuse ambiance de la chaîne, a retrouvé son masque et sa réserve hiératique de haut fonctionnaire. Tout le monde est inquiet pour le devenir de la chaîne. Les nouvelles des derniers jours ne sont pas encourageantes. Chez certains, Canal est d'ores et déjà enterré.

C'est la Berezina. L'avenir de la chaîne est désormais suspendu à un chiffre : le taux de réabonnement des téléspectateurs qui avaient souscrit un abonnement de six mois. Dans quelques jours, Rousselet sera enfin fixé sur le verdict des abonnés. En fonction de ce chiffre, il saura si sa chaîne est viable ou pas.

Cela fait deux ans qu'il travaille d'arrache-pied sur le lancement de Canal +. Il est arrivé à l'heure des comptes.

Retour sur image. Tout a commencé fin 1983, lorsque André Rousselet trouve enfin le directeur des programmes de Canal +, clé de voûte de la réussite de sa chaîne. Ce n'était pas une tâche facile. Il avait cherché longtemps avant de sélectionner trois finalistes : Philippe Labro (présentateur sur Antenne 2), Christian Dutoit (chargé de la coordination des programmes d'A2) et Pierre Lescure (directeur de la rédaction d'A2). Il voulait le meilleur. Ne parvenant pas à se décider, il avait demandé l'avis de ses proches en leur montrant cette liste. A la vue du patronyme de Lescure, tout le monde avait crié : « Mais c'est l'enfant du rock ! » Ludique, et nerveux, le directeur de la rédaction d'A2 se retrouve donc dans le bureau de Rousselet chez Havas. L'ambiance est étrange. Les deux hommes se sentent, tout de suite, en confiance. Mais ils se méfient aussi l'un de l'autre.

« Seriez-vous intéressé par la conception des programmes de Canal ? lui demande le patron de Havas.

— Oui, je suis intéressé... » répond Lescure.

L'affaire est conclue illico. Juste avant de le raccompagner à la porte, le président d'Havas pose une dernière question à son visiteur.

« Comment voyez-vous cette chaîne ?

— Je n'en sais rien. On verra, dit-il.

— OK », conclut Rousselet, convaincu qu'il tient là son homme. Celui qui sera le futur patron de Canal +.

Début 1984, l'équipe de Canal + est enfin au complet. Techniquement, le projet est prêt. La programmation l'est aussi. La chaîne diffusera des longs métrages et des épreuves sportives. Il ne reste plus qu'à boucler les négociations sur le cahier des charges, c'est-à-dire sur toutes les obligations de la chaîne en matière de programmation et d'investissements dans l'audiovisuel. Des négociations serrées mais moins difficiles que ce qu'escomptait Rousselet.

Le contrat est plutôt satisfaisant : la future chaîne accepte de consacrer 25 % de son chiffre d'affaires à la production de fictions. En contrepartie, elle bénéficiera d'un régime spécifique pour la diffusion des longs métrages. Canal + pourra diffuser les films un an après leur sortie en salle, c'est-à-dire six mois avant les autres chaînes. Financé par les seuls abonnements, Canal + ne pourra avoir accès à la publicité. En revanche, la chaîne disposera de l'exclusivité dans le domaine du sponsoring. Enfin, le contrat accorde à la société d'exploitation de la chaîne la concession des fréquences hertziennes du quatrième réseau, le seul disponible, et le seul couvrant tout le territoire, pour une durée de douze ans renouvelable par tacite reconduction. Il prévoit également un système d'indemnisation dans l'hypothèse d'une remise en question des conditions d'exploitation.

Sur le papier, le texte peut paraître équitable. En réalité, il est extravagant. Dans tous les pays du monde, c'est le réseau câblé qui accueille les chaînes à péage. Raison de plus en France, où est lancé un coûteux programme de câblage du territoire et qui a besoin d'un produit d'appel pour inciter les téléspectateurs à s'abonner à cette nouvelle forme de diffusion !

Mais pour les représentants de l'État, l'enjeu est ailleurs. Ils sont persuadés que cette quatrième chaîne sera l'unique création audiovisuelle de l'ère Mitterrand.

Le contrat signé, l'équipe émigre au fin fond du XVe arrondissement, rue Olivier-de-Serres. Il s'agit désormais de réunir le tour de table. Le capital initial est de 150 millions de francs. Mais les actionnaires sont encore inexistants.

Il est prévu qu'Havas prenne au moins 35 % du capital. Reste à trouver les 65 % restants. André Rousselet démarche d'abord les professionnels du secteur. Tout le monde décline l'offre. Jean-Luc Lagardère, le puissant patron d'Hachette, refuse de s'associer à moins que son groupe obtienne une part du gâteau plus importante que celle d'Havas ; Jean Riboud, dont les ambitions audiovisuelles ont été arrêtées net avec l'octroi de ce quatrième réseau à Canal +, dit non. Les Luxembourgeois de la CLT se font désirer. Bref, dans le monde des médias, personne ne veut croire à la réussite de cette chaîne.

Il ne reste plus à Rousselet qu'à s'adresser aux autres. Il commence par Guy Dejouany. Le président de la très opaque Compagnie générale des eaux est une vieille connaissance d'André Rousselet. Ils se sont croisés une première fois en 1974, lorsque celui-ci supervisait le financement de la campagne du candidat Mitterrand. Depuis, ils ont eu le loisir de mieux s'apprécier, notamment lors de la préparation de l'élection de 1981. De plus, ils se sont rendu quelques services. Lorsque, à l'instigation d'Alain Minc, l'inspecteur des finances converti en homme d'affaires, Saint-Gobain s'est lancé à l'assaut de la Compagnie générale des eaux, c'est Rousselet qui a arrêté l'offensive depuis l'Élysée. Dejouany l'a immédiatement remercié en le faisant coopter à son conseil d'administration. Le président de la Générale des eaux s'estime encore redevable à l'égard de Rousselet. C'est pourquoi il décide de prendre 15 % de Canal +. Il est suivi par Guy Merlin, le promoteur immobilier, important annonceur d'Havas, qui donne son accord pour 10 % du capital.

Mais voilà, en dehors de ces deux-là, Rousselet ne trouve personne. Pressé par le temps, il porte la part d'Havas à 45 %, et décide de compléter le tour de table par les investisseurs institutionnels, c'est-à-dire la Société générale, banque publique, qui prend 20 % du capital; AGP, la compagnie d'assurances de Bernard Pagézy, et enfin la GMF, la mutuelle d'assurances des fonctionnaires, qui prennent chacun 5 %.

Le compte à rebours commence. Il est prévu de lancer la chaîne en novembre 1984. C'est l'effervescence. Rousselet veut que tout se passe dans les temps. Il est prêt à tout pour tenir les délais. Il ira même jusqu'à utiliser des boîtes de répondeurs téléphoniques pour empaqueter les décodeurs. C'est un entrepreneur, Rousselet. Jamais à court d'idées, ni de solutions.

Le 4 novembre, tout est enfin prêt pour le lancement. Lorsqu'il entre dans l'immeuble de la rue Olivier-de-

Serres, André Rousselet est comme à son habitude, tiré à quatre épingles, l'allure princière et la démarche sûre. Mais il a du mal à cacher son émotion. D'habitude, il n'exprime que sa violence. Ses joies, il les garde pour lui. Ce jour-là, c'est plus fort que lui. A 8 heures sonnantes, il annonce, la voix hésitante et le phrasé incertain, la naissance de la chaîne en appuyant d'un doigt tremblant sur le bouton de lancement de Canal +. Deux heures plus tard, 186 000 abonnés allaient mettre en marche leur décodeur, pour voir le premier film crypté diffusé en France, *L'As des as*. Le travail commercial avait été bien fait. 80 % des clients s'étaient abonnés sur un an, 20 % sur six mois.

L'acte fondateur de Canal + couronne des mois d'efforts, des années d'obstination, des nuits entières de négociations. Rousselet est heureux.

Pourtant, quelques minutes plus tard, l'humeur change. Le standard téléphonique du siège explose. Deux mille abonnés ne reçoivent aucune image. Leurs magnétoscopes sont en effet incompatibles avec les décodeurs. C'est un détail technique qui sera arrangé rapidement. Mais le lendemain, la presse se déchaîne.

A nouveau, André Rousselet s'inquiète. Il a certes tenu ses engagements, mais il sent bien que l'avenir n'est pas si rose. Au creux de l'été, la France a changé de Premier ministre. C'est désormais Laurent Fabius, l'ennemi numéro un d'André Rousselet, qui officie à Matignon. Depuis ce jour où ils s'étaient pris de bec sur l'exonération des œuvres d'art de l'impôt sur les grandes fortunes, les deux hommes ne s'entendent guère. Rousselet, grand amateur d'art, militait pour cette mesure. Fabius, fils d'antiquaire, plaidait contre pour éviter d'être soupçonné de favoritisme. Le plus jeune Premier ministre de France agace prodigieusement Rousselet. Quand celui-ci était encore directeur de cabinet de François Mitterrand, il bombardait le ministère du Budget de notes qui commençaient systématiquement par « le Président souhaite que... ». Jusqu'au jour où, exaspérés, les fonctionnaires avaient fini par s'en plaindre auprès de leur ministre Laurent Fabius, lequel avait alors donné comme consigne à ses services de ne pas répondre : depuis, les missives allaient tout droit dans la corbeille.

« Fabius, il carbure au dédain d'autrui », répète alors André Rousselet, l'œil assassin. Un jour, Rousselet, qui venait de prendre la présidence d'Havas, évoque devant le ministre Fabius le projet de la quatrième chaîne. « Elle n'aura pas un sou du Budget », lui lance le ministre. La situation se présente plutôt mal.

Rousselet va devoir se battre encore. Il le sent. Il est si près du but qu'il ne laissera personne se mettre en travers de son chemin. Surtout pas ce Premier ministre dont il se dit qu'il ne fera qu'une bouchée. Il ira jusqu'au bout, même s'il faut, pour cela, déclarer la guerre à Matignon. En ce mois de novembre 1984, il a respecté son contrat. Il s'attend à ce que ses ennemis, et Dieu sait s'il en a, ouvrent le feu.

Mais même dans ses pires cauchemars, il n'aurait pu prévoir l'ampleur de l'attaque.

Le coup de poignard viendra de son ami de quarante ans. Pendant que Rousselet sable le champagne pour fêter le lancement de Canal +, François Mitterrand réfléchit, à la surprise générale, à la création de nouvelles chaînes de télévision privées accessibles à tous, c'est-à-dire diffusées à partir des émetteurs hertziens encore disponibles et donc gratuits. Personne ne s'y attend. D'autant moins qu'il y a tout juste un an, Georges Fillioud, le ministre de la Communication, avait publiquement assuré qu'aucune nouvelle fréquence hertzienne ne serait accordée à l'avenir. Pour Rousselet, le coup est dur. Comment vendre une chaîne cryptée à 120 francs par mois, alors que les téléspectateurs vont bientôt avoir accès à plusieurs chaînes gratuites ?

Pour couronner le tout, le chef de l'État, qui annonce sans tarder cette bonne nouvelle aux Français, commet une erreur grave lors de son allocution télévisée. Confondant le nombre d'émetteurs et le nombre de futures chaînes de télévision, il n'hésite pas à envisager la création de 85 chaînes !

Le lendemain, la courbe des abonnements à Canal + pique du nez.

C'est l'époque où les malheurs de Rousselet le « garagiste » font les délices des dîners parisiens. « Si les chauffeurs de la G7 connaissent aussi bien les rues de Paris que Rousselet les problèmes de communication, il y en a fort peu qui doivent savoir rentrer le soir au garage [1] », entend-on dire un peu partout.

Il est vrai que la situation de sa chaîne n'est guère brillante. Ni davantage celle d'Havas, le principal actionnaire de Canal +. Le cours de l'action Havas s'est divisé presque par deux depuis que le Président a annoncé la création des futures chaînes privées.

Rue Olivier-de-Serres, l'ambiance est morose. Les projections financières font état d'un déficit de plus de 500 millions de francs pour la chaîne. La situation devient tangente. Rousselet n'est pas homme à se laisser vaincre. Il a décidé de gagner. Il gagnera. C'est le message qu'il délivre à ses troupes. Il se doit de garder un moral solide, même si au fond de lui, il doute.

Car le bateau prend l'eau de toute part. Il faut donner un coup d'accélérateur à la politique commerciale. Difficile, dans un contexte où, tous les jours, les journaux annoncent sa fin prochaine. Pour éviter le naufrage, Canal + a besoin d'argent. Les caisses sont vides. Il est urgent d'y remédier. Une mission impossible. Les actionnaires actuels sont pour la plupart sur le départ. Pagézy et Merlin ont déjà quitté le tour de table. Quant à François Dalle, le PDG de L'Oréal, qui a racheté leurs parts, il n'est pas disposé à remettre un centime au pot. Pas plus que Guy Dejouany, qui ne cesse de se plaindre à l'Élysée de la situation catastrophique de la chaîne cryptée.

Il y a bien la proposition d'Albert Frère. L'homme d'affaires belge qui contrôle la CLT est toujours à l'affût des bonnes affaires. Il accepte de voler à son secours. A une condition toutefois : avoir la majorité. Condition inacceptable pour Rousselet, qui préfère déposer le bilan de la chaîne plutôt que de perdre son indépendance. Contactés, Hachette et Publicis déclinent aimablement les appels

1. Philippe Kieffer, Marie-Eve Chamard, *La Télé, dix ans d'histoires secrètes*, Flammarion, 1992.

désespérés de Rousselet, préférant garder leur trésorerie pour le lancement des futures chaînes qui se profilent à l'horizon. Quant à Jean Riboud, il lui explique que le concept de chaîne cryptée ne l'intéresse guère.

Tandis que Rousselet tente d'élargir son tour de table, Pierre Lescure taille dans les programmes, renégocie le cahier des charges avec le Bureau de liaison des industries cinématographiques, obtient l'ouverture des plages horaires en clair durant lesquelles il peut avoir accès à des recettes publicitaires.

Le directeur financier de Canal, Marc Teissier, essaie pour sa part de peser de tout son poids d'inspecteur des finances à Rivoli pour arracher une aide d'urgence. Rue de Rivoli, Pierre Bérégovoy, ministre des Finances, finit par se laisser convaincre. Mais à Matignon on refuse. Fabius souhaite retirer à Havas la concession des fréquences du quatrième réseau pour la réattribuer au patron de Schlumberger. « Ne vous inquiétez pas. Si on vous retire la concession, vous pourrez disposer du canal de diffusion entre 22 heures et 8 heures du matin. Pendant cette plage horaire, la chaîne restera cryptée », lui dit-on à Matignon. Rousselet comprend alors que la décision de Fabius est prise. Ses fréquences sont d'ores et déjà promises à Jean Riboud.

Aussi, en ce mois de mai, le climat est exécrable rue Olivier-de-Serres. Tout le monde attend, le cœur battant, la courbe du taux des réabonnements. Elle ne sera pas qu'excellente, elle sera exceptionnelle. Le renouvellement des abonnements souscrits pour six mois atteint, en effet, le taux record de 88 %. Rousselet, Teissier et Lescure sont tellement surpris qu'ils demandent à vérifier plusieurs fois le chiffre. Ils ne comprennent pas. Ils commandent une étude à l'Ifop. Ses résultats sont très encourageants : une large majorité des abonnés se dit satisfaite des programmes de la chaîne, plus spécialement du foot et de la multidiffusion des films. Pour autant, les dirigeants de la chaîne cryptée ne crient pas victoire. Ils pensent que les résultats du sondage ont été rédigés de façon à les satisfaire. Aussi commandent-ils la même étude à l'institut BVA. Résultats confirmés.

En cette fin de printemps, leur conviction est forgée. Canal + pourra marcher, si on lui en donne le temps.

Le 10 juillet 1985, c'est Rousselet l'entrepreneur qui se rend à Matignon. La tête haute, l'air déterminé, les courbes d'abonnements à l'appui, il plaide sa cause devant Laurent Fabius.

« Canal Plus ne marche pas. Il faut revoir votre concession..., dit un Fabius narquois.

— On n'est pas des veaux qu'on emmène à l'abattoir. La France est un pays de droit. Si vous nous retirez la concession, nous ferons tous les recours possibles et imaginables. Il va falloir penser aux indemnisations que vous devrez verser à Havas ! rétorque Rousselet en annonçant un chiffre supérieur au milliard de francs.

— Qu'est-ce que c'est que ces plaisanteries de garçon de bains, dit alors Fabius, l'air on ne peut plus dédaigneux.

— Vous n'êtes qu'un jeune incompétent », répond Rousselet.

Après cette rencontre, André Rousselet comprend qu'il n'a plus qu'un seul recours : le président de la République. L'exercice est périlleux. Le chef de l'État a horreur de trancher. Entre deux de ses meilleurs amis, André Rousselet et Jean Riboud, le choix sera encore plus difficile. Rien ne dit que le patron de Canal + pourra convaincre le Président. Il joue son va-tout. Un refus, et c'en sera fini pour lui.

Une semaine après son face-à-face avec le Premier ministre, le voici reçu par François Mitterrand. L'entretien dure plus d'une heure et demie. Que se sont-ils dit ? Rousselet affirme avoir longuement argumenté sur l'avenir radieux de Canal +, la plus grande réussite audiovisuelle du septennat. Il a aussi mis dans la balance quarante ans d'amitié et de fidélité sans faille. La rencontre se termine sans qu'aucun avis soit formulé. Pour qui connaît Mitterrand, cela vaut approbation. « Il n'était pas tout à fait convaincu par mes arguments. Mais jusqu'à preuve du contraire, il a souhaité qu'on me laisse toutes mes chances », reconnaît aujourd'hui Rousselet.

Le patron d'Havas quitte alors Paris avec le sentiment du devoir accompli. Au fond de lui-même il est optimiste. Même si, par superstition, il ne veut pas trop y penser. Il se détend à Beauvallon, où il passe ses humeurs sur le terrain de golf voisin. Il sort beaucoup, reçoit souvent et retrouve sa verve assassine.

Le 26 juillet, il reçoit un coup de téléphone de Jean Riboud. « André, bravo. Vous avez gagné », lui dit-il. Un geste élégant, à la Riboud. Mais la voix est fatiguée, à l'autre bout du fil. Rousselet est ravi, mais ne peut s'empêcher d'éprouver un pincement au cœur : Riboud est atteint d'un cancer en phase terminale. Il mourra sans avoir réalisé son projet audiovisuel. Quand Jean Riboud s'éteindra, en octobre, Rousselet sera interdit d'obsèques.

En cette fin d'année 1985, le président d'Havas est enfin tiré d'affaire. Canal + commence à approcher de son rythme de croisière. Pour autant, Rousselet n'est pas tranquille. L'épisode Fabius a laissé des traces. Il est déterminé à mettre sa chaîne à l'abri des caprices des politiques. Il envisage sérieusement de lancer la privatisation d'Havas, le principal actionnaire de Canal +. Ainsi la chaîne cryptée, la sienne, sera à jamais épargnée des aléas électoraux.

A quelques mois des législatives de 1986, il élabore dans ce sens un projet détaillé. Mais il s'oppose à un tel front de refus qu'il n'ose poursuivre son idée plus avant. Il ne comprend pas très bien. L'État vient de privatiser Boussac, mais refuse d'agir de même pour Havas.

Pour préserver Canal +, il songe alors à réduire le niveau de la participation d'Havas dans la chaîne cryptée. Il reprend son bâton de pèlerin et contacte tous les investisseurs pour réaliser une augmentation de capital de Canal +. Cette fois, tout le monde répond par l'affirmative. La quatrième chaîne revendique plus de 800 000 abonnés. Le point mort est atteint. Le groupe devient une valeur de retournement, très recherchée. Un mois avant les élections, Canal lance sa première augmentation de capital : la part d'Havas tombe de 45 % à 37 %, alors que celle des autres actionnaires augmente dans les mêmes proportions. Et comme si cela n'était pas suffisant, le patron d'Havas cède 12 % de ses titres à un pool d'investisseurs, ne conservant plus que 25 % de sa filiale audiovisuelle française. Canal + est désormais hors d'atteinte.

TROISIÈME PARTIE

1986-1988

Les nostalgiques de la Restauration

12
Édouard le magnifique

Mars 1986. Rue de Rivoli

Edouard Balladur est, depuis longtemps, un personnage du Tout-Etat. Secrétaire général de l'Elysée pendant la dernière année de la présidence de Georges Pompidou, il sort beaucoup en ville. On le voit souvent dans les dîners de l'establishment, notamment chez les Rothschild. Il a de la culture, de la conversation et un sens de l'humour qu'il ne va cependant pas jusqu'à exercer à ses dépens.

Depuis plusieurs mois, on le traite avec tous les égards dus à son avenir. Il sera grand. Jacques Chirac l'adore. Il le considère tout à la fois comme son conseiller, son bras droit, son factotum et son dauphin. Quand il sera nommé à Matignon, dans quelques jours, il en fera le numéro deux du gouvernement : ministre d'Etat, ministre de l'Economie, des Finances et des Privatisations. C'est ainsi qu'en cette fin de mois de mars, Edouard Balladur devient ministre.

A peine nommé, il commande à la Sofres une enquête d'opinion sur son image personnelle. Il est très préoccupé par l'effet qu'il produit sur le peuple. Il s'aime et il aime qu'on l'aime. Las ! Les résultats de l'étude le déçoivent. Il n'est perçu que comme un fonctionnaire de luxe... Il faut qu'il rectifie cela. L'ancien secrétaire général de l'Elysée fut, après l'élection de Valéry Giscard d'Estaing en 1974, traité avec froideur par celui-ci et ignoré par Jacques Chirac. Depuis, il ne rêve que de revanche. Cela fait des années que ce Smyrniote au profil furieusement bourbonien s'ennuie dans l'anonymat des sinistres bureaux de la Générale de services informatiques, une filiale de la Compagnie générale d'électricité dont « Ambroise » lui a charitablement offert la présidence.

Balladur est fasciné par la puissance et les signes qui l'accompagnent.

Aussi, c'est naturellement que, le jour même de sa nomination, il fait redéménager au Louvre les services du ministère des Finances. Son prédécesseur les avait transférés en toute hâte quai de Bercy dans un immeuble dont l'architecture moderne heurte sa vue et sa sensibilité. Un ministre d'Etat ne peut concevoir diriger les affaires dans un cadre aussi hideux. Qu'importe si le déménagement revient à quelques dizaines de millions de francs. Pour cet apôtre du libéralisme, défenseur acharné de la réduction des dépenses publiques, ce sont là des frais qui s'imposent.

Ce remue-ménage ne suffit cependant pas à étancher la soif de puissance de Balladur. Très préoccupé par le protocole, il met en place une étiquette rigoureuse qui frise parfois le ridicule. Ainsi, aucun des quatre ministres délégués œuvrant sous sa responsabilité n'a l'autorisation d'utiliser la salle à manger du ministère sans son consentement qu'il offre au compte-gouttes. De la même façon, il vérifie lui-même tous les papiers à en-tête du ministère pour s'assurer que son titre complet y figure. Enfin, il se fait accompagner dans tous ses déplacements par des huissiers. Il provoque la risée de tout Paris. Les dernières manies du ministre d'Etat font les délices des dîners en ville. Mais il n'en a cure. Il attache une grande importance au protocole, comme si pendant ces longues années d'exil il n'avait cessé de répéter ses faits et gestes pour le cas où il serait ministre. Rien n'est trop beau pour le rehausser.

En ce printemps, le ciel est donc plus bleu que jamais. Rien pourtant dans son apparence ne trahit la jubilation d'Edouard Balladur. L'air débonnaire, l'œil nonchalant, la poignée de main lasse, l'ancien secrétaire général de l'Elysée est un subtil dissimulateur. Tout est affecté chez lui. Il y a du Docteur Jekyll et Mister Hyde chez cet homme-là. Calme, rassurant et affable, il sait être rancunier, méchant et ingrat. Balladur tient un registre détaillé de toutes les trahisons à son endroit. Mais chaque chose en son temps. Pour l'heure, le ministre d'Etat n'envisage pas de régler ses comptes. Sa priorité est d'asseoir son pouvoir. Et cela pour longtemps.

Or il a un point faible : il ne dispose d'aucun réseau. Cela lui avait coûté cher à une certaine époque. Après la mort de Georges Pompidou, Valéry Giscard d'Estaing lui avait barré la route de l'ORTF qu'il lorgnait. Le Président l'avait ensuite débarqué sans ménagement de la présidence du Tunnel sous le Mont-Blanc pour y caser son ami Maurice Herzog. Personne n'était venu à son secours, à l'exception notable d'Ambroise. Il lui fallut attendre la victoire de la gauche à l'élection présidentielle de 1981, et le limogeage de Marie-France Garaud et de Pierre Juillet, les deux conseillers de Jacques Chirac, pour revenir en grâce dans le cénacle politique gaulliste.

Fort de cette expérience, le ministre d'Etat décide donc de tisser sa propre toile d'araignée en puisant dans le vivier de la haute administration. « Il faut autant qu'on peut obliger le monde », disait La Fontaine. Le ministre d'Etat suivra ce précepte à la lettre.

C'est ainsi qu'il décide de prendre en charge la carrière d'une poignée de technocrates, tous inspecteurs des finances, et, tous de grands bourgeois. Ils seront désormais ses obligés, à la vie à la mort. Sont choisis le brillantissime Jean-Claude Trichet : charmeur et séduisant, ce haut fonctionnaire, poète à ses heures, se verra confier la tâche stratégique de diriger le cabinet de Balladur avant d'être promu à la direction du Trésor ; l'excellentissime Philippe Jaffré : personnage tout en angles, ce fonctionnaire élitiste, au point d'avoir créé sur son ordinateur un fichier spécial énarques alignant la liste des anciens élèves de l'Ena en activité dans toutes les entreprises et administrations, sera chargé d'appliquer la politique économique de la droite après avoir œuvré pour les nationalisations avec le même zèle ; et enfin le sérénissime Charles de Croisset : cet aimable énarque dont les manières raffinées ravissent le ministre d'Etat, ministre de l'Economie, des Finances et des Privatisations est promis à la direction de son cabinet. Sans oublier, le jeune Jean-Marie Messier, un X également inspecteur des finances. Contrairement aux autres, celui-ci ne laisse pas à Balladur le soin de le repérer. C'est lui qui repère Balladur. Conseiller de Camille Cabana, ministre délégué chargé des Privatisations, Messier comprend vite que, rue de Rivoli, le pouvoir se trouve chez Edouard Balladur. Habile, sous prétexte d'avoir étudié en profondeur l'expérience libérale britannique, il réussit à se faufiler dans son entourage.

Cette équipe resserrée constitue la garde rapprochée du ministre. Elle mettra en musique la politique économique du gouvernement, sous l'œil protecteur de Jacques Friedmann et celui plus exigeant, d'Edouard Balladur. Un programme axé autour des privatisations. C'est un chantier immense. Au-delà de leur caractère nouveau, égaillant un programme économique encombré des sempiternels appels à la réduction des déficits et à la baisse des charges et des impôts, les privatisations des entreprises publiques devaient aussi ouvrir la porte du capitalisme à tous les Français.

Sur le papier, le programme est inspiré de la doctrine thatchérienne, du nom du Premier ministre de la Grande-Bretagne. Margaret Thatcher voulait « couper le cordon ombilical qui liait le tissu des entreprises aux pouvoirs politiques et technocratiques, pour insuffler une nouvelle discipline dans la gestion des entreprises, et à travers la vente des actions des groupes étatisés au plus grand nombre » [1].

Dans les faits, sa mise en œuvre répondra à d'autres aspirations. Exception française oblige, les privatisations doivent permettre avant tout de restaurer le système capitaliste d'avant 1981. La conception gaulliste du capitalisme

1. Margaret Thatcher, *The Downing Street Years*, Harper Collins Publishers, 1993.

n'est rien d'autre que du colbertisme saupoudré d'un doigt de libéralisme !

La démarche n'est pas empirique. En effet, depuis 1982 le tandem Friedmann-Balladur avait beaucoup travaillé sur le sujet, à l'aide notamment de personnalités du monde des affaires réputées pour leur expertise. Un groupe de réflexion avait été créé autour d'amis patrons et de technocrates supposés incarner la plus grande intelligence de France et de Navarre. Ce n'était pas encore le « *dream-team* », mais presque. Il y avait là François Heilbronner : inspecteur des finances et ancien directeur adjoint du cabinet de Jacques Chirac en 1974, un homme malingre auquel on reprochera bientôt ses complaisances pour la gauche, une personnalité dotée comme on dit d'une « brillante mécanique intellectuelle », ce qui ne l'empêchera pas des années plus tard de mettre en faillite la compagnie d'assurances Gan; Jean Dromer, inspecteur des finances, ancien président de la Banque d'investissement de l'Afrique de l'Ouest (BIAO) nationalisée dont la BNP, qui l'a récupérée, n'en finit pas de payer les pots cassés; c'est le parfait homme de cour, rond, obséquieux et ambitieux; Charles de Croisset, aristocrate de fraîche date, il est le technicien de la bande; Michel François-Poncet : responsable de la filiale américaine de Paribas, grand, séduisant, élégant et faussement snob, l'homme est l'un des intimes de Jacques Chirac; Jean-Marc Vernes; le financier du RPR, riche, c'est l'homme des réseaux, et enfin l'inévitable Ambroise Roux, l'ex-PDG de la Générale d'électricité et l'animateur de l'Association française des entreprises privées (l'Afep).

Ce groupe avait nourri ses travaux de nombreuses rencontres informelles avec les « décideurs » en tout genre qui n'ont jamais manqué à la droite. Ceux-ci ont continué à soutenir sous une forme ou une autre le RPR et l'UDF. Il est temps qu'ils soient payés en retour. Or, ils ont des exigences.

Il y a ceux qui souhaitent être recasés. Ambroise Roux, par exemple, bien qu'il le nie, ou encore Jean Dromer et Jean-Maxime Lévêque.

Il y a ceux qui veulent une part du gâteau des privatisations. La déréglementation des marchés leur a donné des idées. Ils rêvent déjà à de grandes alliances. Jean-Marc Vernes et Jack Francès souhaitent mettre la main sur Suez en puisant dans les richesses du Gan, Claude Bébéar, un polytechnicien reconverti dans l'assurance, rêve de l'UAP, Bernard Pagézy, l'assureur protestant qui dirige la Compagnie du Midi, lorgne les AGF, Guy Dejouany, le puissant patron de la Générale des eaux, vise Saint-Gobain, Jérôme Monod, copain de Chirac et PDG de la Lyonnaise des eaux, regarde du côté de Suez et de Havas, Alain Chevalier, président de Moët-Hennessy et déjà détenteur d'une petite participation dans la Compagnie Luxembourgeoise de Télédiffusion (CLT), regarde vers Havas, Pierre Moussa rétabli en Angleterre depuis qu'il a créé une structure d'investissement s'intéresse à Paribas, tout comme Gérard Eskénazy, son ancien directeur général, qui s'est recasé dans le Groupe Bruxelles-Lambert du financier belge Albert Frère... Naturellement tout ce beau monde ne pense pas une seconde mobiliser ses liquidités pour prendre le contrôle capitalistique de ses proies. Loin d'eux cette idée. Ils veulent tout simplement une participation suffisamment importante pour pouvoir faire la loi, suivant le bon principe : « les actions ne se comptent pas, mais se pèsent » !

Face à eux, le futur ministre d'Etat se retrouve ainsi dans la position du croupier d'un vaste casino où les mises sont réduites au strict minimum.

Il va de soi qu'Edouard Balladur ne satisfera pas toutes les demandes de ses amis. L'homme n'a pas l'âme d'un laquais, fût-ce des riches qu'il adore fréquenter. De toutes ses fréquentations de la période 1982-1986, il n'a d'estime que pour Ambroise Roux. D'ailleurs, une fois installé rue de Rivoli, son premier geste sera de lui remettre la plaque de grand officier de la Légion d'honneur. Avec les autres, il est sévère. Au pire ce sont de brutaux corsaires, au mieux des copains de Jacques Chirac. Deux catégories pour lesquelles Balladur n'éprouve aucune sympathie.

A l'heure des choix, le ministre d'Etat se trouve devant une équation difficile à résoudre : comment concilier les privatisations et la reconstitution des réseaux. Il contournera cette difficulté en inaugurant des privatisations sous contrôle public. C'est original.

Ainsi les privatisations françaises se dérouleront en trois temps. D'abord, l'Etat procède à des nominations à la tête des entreprises destinées à quitter le giron du secteur public. C'est à peu près la seule concession qu'il fera à ses amis. Il accepte le principe énoncé par l'Afep d'Ambroise Roux selon lequel « on ne peut pas avoir été avant, et être pendant et après ». Ceux qui ont nationalisé ne peuvent pas être ceux qui privatisent. Les premiers seront tous remerciés, les seconds seront choisis essentiellement sur de purs paramètres politiques. C'est une version libérale du congrès de Valence. La chasse aux sorcières est donc programmée.

Sage précaution. A l'heure où des grands groupes industriels et financiers allaient quitter la sphère publique, la règle que s'impose le gouvernement permet aisément d'en confier les destinées à des « amis » sûrs. Ainsi, le parti au pouvoir conservera ses zones d'influence même s'il venait à perdre les prochaines élections.

Et comme deux précautions valent mieux qu'une, le ministre introduit le concept d'actionnariat stable, plus connu sous le nom de « noyaux durs ». Un moyen sûr de veiller au devenir des entreprises. Quoi de plus rassurant que des « amis » dans le capital des grands groupes.

En théorie, le raisonnement est sans faille : pour éviter que l'indépendance des entreprises privatisées ne soit mise à mal à travers des tentatives de prises de contrôle étrangères, il faut leur assurer un tour de table solide. A cette fin, le capital de chaque entreprise privatisée sera verrouillé par un groupe d'actionnaires qui prendra l'engagement de conserver ses titres pendant une période déterminée. Et comme, en France, il n'existe pas d'investisseurs institutionnels privés, on fera appel à des groupes « amis ». La boucle est bouclée.

Dans les faits, l'initiative laisse à désirer. Car ces fameux noyaux durs sont sélectionnés par les dirigeants de l'entreprise, sous l'œil vigilant du ministre d'Etat. C'est donc le président de l'entreprise qui choisit son tour de table c'est-à-dire ceux qui sont censés le surveiller. Ceci alors que, normalement, ce sont les actionnaires qui mandatent un président !

Qu'importe, le ministre d'Etat rêve de grands ensembles. Son objectif est de recréer autour de Paribas et de Suez, les deux cathédrales financières du capitalisme français, des galaxies où se côtoient des banques, des assurances et des grandes entreprises financières, avec des passerelles entre elles.

Cette démarche sera lourde de conséquences. Elle donnera naissance à des nébuleuses inextricables, avec des participations croisées dans tous les sens. Tout le monde tiendra tout le monde. Protégés ainsi contre d'éventuelles sanctions les chefs d'entreprise seront assurés de la bienveillance de leurs grands actionnaires. Le libéralisme balladurien vient de naître.

Fin mars, les ordonnances sur les privatisations sont prêtes. Plus de 70 groupes sont inscrits sur la liste, en tête desquels Paribas, Suez et Havas. La messe est dite pour Jean-Yves Haberer, Jean Peyrelevade et André Rousselet.

13
Le rescapé

Avril 1986. Rue de Rivoli

« Monsieur le ministre d'Etat, voyez-vous un inconvénient à ce que je conserve mon poste de président-directeur général de Canal Plus ?

— Au contraire, je vous y encourage. »

C'est en substance la teneur du dialogue qui conclut l'entretien d'André Rousselet et Edouard Balladur. Entretien de pure forme. Bien avant les élections, le président de Canal + avait pris ses dispositions pour parer à toute éventualité. Conscient qu'il serait débarqué sans ménagement de la présidence d'Havas, il avait décidé de prendre la droite de court. Rousselet trop orgueilleux pour se laisser congédier comme un malpropre, avait donc de lui-même jeté l'éponge.

Le fait est que la présidence d'Havas, il n'y tient pas outre mesure. Bien sûr, il en avait rêvé longtemps. Mais depuis la naissance de Canal +, il dépensait toute son énergie pour cette quatrième chaîne qui est son enfant. Havas n'a servi que de levier financier pour appuyer l'entreprise audiovisuelle de Rousselet. L'urgence pour lui est d'abord d'immuniser Canal +, qui commence tout juste à sortir la tête hors de l'eau. La chaîne cryptée compte désormais près d'un million d'abonnés et est promise à un très bel avenir. Elle s'est déjà lancée à l'assaut des marchés européens. Mieux, elle travaille à la mise au point de nouvelles chaînes thématiques et cryptées diffusées via le satellite, l'autoroute de demain. Rousselet envisage de la faire coter en bourse. C'est la meilleure des garanties contre des initiatives électoralistes, pense-t-il.

Sa crainte est d'autant plus vive et fondée que les ténors de la droite n'ont cessé de protester contre les « avantages exorbitants » dont bénéficiait Canal +. Dès fin 1985, certains ont même promis de revoir son cahier des charges. Une telle initiative serait meurtrière pour la chaîne et inacceptable pour son fondateur. Conscient du danger, Rousselet s'était déjà un peu préparé. Juste avant 1986, il avait pris la précaution de faire baisser, on l'a vu, la participation d'Havas dans la chaîne cryptée. Elle est ainsi revenue de 45 % à 25 % de Canal +. A ce niveau, le danger est minime, même en cas de privatisation d'Havas. Malgré tout, Rousselet, anxieux de nature, n'était pas rassuré. Aussi, après en avoir informé le président de la République, déploie-t-il les grands moyens. Il renoue les contacts avec l'entourage de Jacques Chirac où il compte de nombreux amis, notamment depuis les services que sa chaîne a rendus à l'équipe de foot Paris-Saint-Germain.

Les bases d'un contrat sont jetées dès avant l'échéance électorale. Ses termes sont clairs : Rousselet conserve la présidence de Canal +, mais se retire d'Havas. Cerise sur le gâteau, il propose à sa succession Pierre Dauzier, un homme de la maison, corrézien pur jus, protégé de Jacques Chirac et opportunément promu à la direction générale du groupe de communication dès 1985, par André Rousselet lui-même.

Les deux parties tombent d'accord. Edouard Balladur apprécie Rousselet. Le ministre d'Etat aime bien le profil racé du patron de Canal +. Au surplus, le fondateur de Canal + a rendu dans le passé de nombreux services au ministre des Finances. Lorsque, en 1981, le président de la Compagnie générale d'électricité nationalisée avait envisagé de remercier Balladur, Rousselet avait stoppé net cette initiative qu'il jugeait « stupide ». Plus tard, lorsque Edouard Balladur s'est adressé à lui pour augmenter la solde de la veuve de Georges Pompidou, celui qui dirigeait le cabinet du chef de l'Etat lui avait donné satisfaction sur-le-champ. Enfin, lors de la création de la Haute Autorité, l'organe chargé de superviser l'audiovisuel, Rousselet avait suggéré le nom de Balladur pour la présidence de cette instance.

Plus encore, Balladur comme Chirac savent que Rousselet est un homme puissant. L'ancien trésorier de François Mitterrand en sait long sur tout le monde. De surcroît, il a ses entrées à l'Elysée. En cette période de cohabitation, il n'est pas question de provoquer une crise avec le Président en maltraitant l'un de ses intimes. Ceux qui à droite avaient dénoncé les avantages indus de Canal + en seront pour leurs frais.

Pour calmer l'électorat, on fera payer les moins intimes. Ainsi, alors que Rousselet jubile, Jérôme Seydoux, le patron des Chargeurs, personnalité réputée de gauche, opérateur de la cinquième chaîne, et Marcel Bleustein-Blanchet, président de Publicis, beau-père de Robert Badinter et opérateur de la sixième chaîne, trinqueront. Le gouvernement décide de leur retirer la concession de la 5 et de la 6. De cela, André Rousselet se moque.

Le 23 avril 1986, il donne sa démission d'Havas, et se replie sur Canal +. A la demande de son successeur qui ne jure alors que par Rousselet et Chirac, il conserve un siège d'administrateur au conseil d'Havas. Ce sera le siège du Commandeur.

14
Le condamné

Juin 1986. Rue d'Antin

Depuis quelques semaines, Jean-Yves Haberer est anxieux. La victoire de la droite aux élections législatives risque de lui coûter sa place. Il ne veut pas le croire. Mais il ne peut s'empêcher de le redouter. Il ne cesse de s'interroger sur son avenir. A priori, il ne devrait pas être inquiété. Comme il n'a pas d'étiquette politique, rien ne dit qu'il sera touché par la valse des présidents. De plus, son parcours est couronné de succès. La maison de la rue d'Antin se porte bien : les résultats de 1985, à 2,7 milliards, représentent près de deux fois le bénéfice de l'année précédente. Le magazine *L'Expansion* lui a même décerné une médaille d'or pour sa bonne gestion de Paribas. Le groupe de la rue d'Antin a quadruplé de taille sous son règne. Il est bien plus gros que son rival, Suez.

Enfin, il ne manque pas de soutiens. Pour commencer, il a toute l'Inspection des finances derrière lui. Son ami Jacques Friedmann lui a promis d'intervenir en sa faveur. Il est sûr d'avoir l'appui de toutes les entreprises que Paribas a aidées. Il pense aussi pouvoir compter sur les collaborateurs du groupe, qui lui sont reconnaissants d'avoir ramené le calme dans cette maison traumatisée. Toutefois, ces signes sont, de son point de vue, relativement discrets. Il n'y a pas de savoir-faire sans faire-savoir. Comme pour mieux se rassurer, il décide de les étaler au grand jour. Sans doute pense-t-il qu'un tel déploiement pourrait faire réfléchir à deux fois les politiques au cas où certains d'entre eux auraient envisagé de l'évincer.

Comment peut-on en effet se passer, sans raisons précises et valables, des services d'un grand commis aimé de ses collaborateurs et soutenu par le plus prestigieux corps d'Etat de France ?

C'est pourquoi il prend des initiatives qui se retourneront toutes contre lui. Il décide d'abord de faire circuler une pétition en sa faveur à l'intérieur de Paribas. Certains acceptent de la signer. Mais une majorité, manipulée par les ennemis d'Haberer, soumet son ralliement à la modification du texte de la pétition. Il en sortira un communiqué d'une telle ambiguïté qu'à sa lecture, d'aucuns s'interrogent sérieusement sur la réalité de la popularité d'Haberer à Paribas.

Après ce fiasco, Jacques de Fouchier monte au créneau. Se sentant quelque peu coupable de ce qui risque d'arriver à Haberer, le fondateur de la Compagnie bancaire prend sa plus belle plume et rédige un article pour *Le Monde* [1]. Ce n'est pas une tribune libre, mais un plaidoyer clair en faveur du maintien d'Haberer à la tête de Paribas. Cette initiative sera très mal perçue par Edouard Balladur et surtout par Ambroise Roux, en délicatesse avec le fondateur de la Compagnie bancaire.

Dans ces conditions, Jacques Friedmann ne peut voler au secours de son camarade de l'Inspection. Ni davantage l'Inspection elle-même. Le nouveau gouvernement a plutôt bien traité les membres de ce prestigieux corps. Trois inspecteurs des finances ont conservé leur place, et deux autres vont bientôt être nommés à la tête des grandes entreprises financières du pays. Il fallait une victime : ce sera Haberer.

Quand bien même Haberer et ses partisans auraient agi

1. 8 juillet 1986.

plus adroitement, le sort du président de Paribas était de toute façon réglé d'avance. Le poste avait été promis de longue date à Michel François-Poncet, vieil ami de Jacques Chirac, qui avait l'avantage d'appartenir à la maison. Haberer n'en savait rien. Il avait demandé au même François-Poncet d'intervenir en sa faveur auprès de Chirac.

L'ex-directeur de cabinet de Michel Debré, ancien directeur du Trésor est ainsi devenu ex-chef d'entreprise fin juillet 1986. Comble de l'humiliation : l'Etat ne lui a rien offert en échange. Depuis qu'il fréquente l'Ena, Jacques Chirac n'a jamais pu le souffrir. Il conservera son fauteuil d'administrateur à la Compagnie bancaire et rejoindra un lugubre bureau à l'Inspection des finances.

Il avait dit un jour : « J'aime modifier le réel. » C'était à l'époque où la République ne pouvait se passer de lui. En ce printemps 1986, le réel a le goût amer de l'échec. Le premier échec de sa carrière. A 55 ans, Haberer est cassé. Sous le choc. Il ne pense pas à l'avenir. Il ressasse sans cesse une interrogation à laquelle il ne trouve aucune réponse logique : pourquoi ?

15
La victime

Juin 1986. En Provence

« La liste des présidents des entreprises publiques est prête, vous n'êtes pas dessus. »

C'est par un coup de téléphone du journaliste René Tendron que Jean Peyrelevade apprend son limogeage de la présidence de Suez. Contrairement aux autres, on n'avait pas pris la peine de le prévenir. C'est toujours ainsi, avant les trains de nominations, les fuites se multiplient dans la presse avant que les intéressés n'en soient avisés.

Ainsi va la République. En vacances dans le Midi, Peyrelevade se résout à son sort en attendant d'en être officiellement informé. Cette décision était prévisible. Il avait même déjà pris date. A sa façon. Peu après la victoire de la droite aux élections législatives, il avait publié une série d'articles vantant les mérites de l'économie mixte. Son compte était bon et une telle provocation ne prêtait plus à conséquence. Au contraire. Son image en sortirait grandie. Tout le monde applaudirait l'homme de convictions.

Peyrelevade est ainsi fait : ce cérébral ne prend des risques que lorsqu'ils sont bien mesurés. Pour autant, il n'encaisse pas facilement le choc du limogeage. Sans doute rêvait-il d'un miracle de dernière minute. Il n'avait pas démérité, loin de là, à la tête de Suez. Dans la presse internationale et notamment dans le très sérieux *Wall Street Journal*, les commentaires étaient très flatteurs sur sa gestion. Il avait remodelé la compagnie, récupéré les petites banques qui gravitaient autour et, surtout, en avait amélioré les résultats. Le groupe avait affiché un bénéfice net de 1,5 milliard de francs en 1985, en progression de 46 % par rapport à 1984. Il y avait de quoi être fier. Mais aux yeux d'Edouard Balladur, le président de Suez avait un grand tort. C'était un socialiste. En cet été 1986, Peyrelevade est donc quelque peu dépité. Difficile de repartir à zéro. Fin juillet, il retourne à Paris pour rencontrer Jacques Friedmann qui veut lui annoncer officiellement son éviction.

L'ami de Jacques Chirac, et le compagnon d'Edouard Balladur, a la charge de signifier leur congé aux PDG roses. Rien ne prédispose cet homme affable, gentil et discret à une fonction d'une telle brutalité. Un jour, il avait suggéré à Edouard Balladur de respecter les formes. « Un président de groupe public ne peut être licencié sans être reçu par vous », avait-il dit en substance au ministre d'Etat. Mais celui-ci n'aime rien moins que les conflits ouverts. Il déteste annoncer les mauvaises nouvelles et il est trop occupé. Il a donc chargé son conseiller de s'acquitter de cette tâche.

Friedmann a une qualité : il sait distribuer les bonnes paroles. Une qualité essentielle pour un exercice si désagréable.

Peyrelevade connaît Friedmann. Ils se sont souvent croisés dans le passé. Dans le bureau du conseiller du ministre d'Etat, les deux hommes se jaugent. Peyrelevade arbore le masque des mauvais jours. Friedmann rase les murs. « Je suis désolé, dit Friedmann.

— Pas autant que moi.

— Je ne m'inquiète pas pour vous. Vous êtes compétent, personne ne le conteste. Vous allez vite retrouver un emploi.

— Dans ce cas, pourquoi me révoquez-vous ?

— Ce qu'on vous reproche, ce sont vos prises de position sur l'économie mixte, vos écrits sur l'évolution du secteur public. »

Réponse de pure forme. Friedmann, embarrassé, demande à son interlocuteur s'il peut encore faire quelque chose pour lui. Peyrelevade saute sur l'occasion. Il exige que ses indemnités de départ – sept mois de salaire – lui soient versées en une fois et non mensuellement comme il était prévu. Celui qui était devenu, depuis quelques minutes, l'ancien président de Suez rechignait à aller chercher chaque mois son solde auprès de son successeur. Il obtient gain de cause. La totalité de son dû lui sera versée en une seule fois. Cela fait une jolie somme, mais pas suffisamment aux yeux de Peyrelevade qui connaît les tarifs pour avoir sorti naguère des présidents de filiales : deux ans de salaire.

Peu après cet entretien, Peyrelevade est reçu à son tour par le ministre d'Etat dans son bureau envahi de poussière pour cause de travaux. Dans la forme, l'entretien se passe bien ; sur le fond, rien n'en ressort. L'ancien directeur adjoint de cabinet de Pierre Mauroy se voit reprocher la mise en œuvre de la politique doctrinaire des socialistes. Lorsqu'il se justifie en parlant notamment de la nationalisation sur mesure de Matra et de Dassault, qui a sauvegardé la position influente des anciens actionnaires, il s'entend dire : « C'est ce que vous avez fait de pire. Un mélange des genres. On ne sait plus si ces entreprises sont privées ou publiques. » Peyrelevade reste interloqué. Et Dassault et Matra sont présidés par des hommes de droite ! pense-t-il.

Il sera démissionné le 23 juillet. Son fauteuil reviendra aux centristes. Les entreprises publiques étant désormais dirigées dans leur majorité par des personnalités proches du RPR, il fallait trouver des lots de consolation pour les barristes. Ce sera la Compagnie de Suez. Fin juillet, Renaud de La Genière, proche de l'ancien Premier ministre, inspecteur des finances, ancien directeur du Budget, ancien gouverneur de la Banque de France, sera nommé à la tête de la compagnie et Philippe Pontet, giscardien, prendra la présidence de l'une de ses filiales, la banque La Hénin.

A la demande de Jérôme Monod, le président de la Lyonnaise des eaux, Jean Peyrelevade conservera son fauteuil d'administrateur dans ce groupe. Monod est un chiraquien œcuménique. Le sectarisme n'est pas son fort. C'est normal, cet homme cultivé est issu d'une famille éclectique où l'on trouve de grands médecins, Théodore Monod ou Jean-Luc Godard. Il a des amis dans tous les camps, et souvent à gauche : ça peut toujours servir.

16

De nouvelles têtes

Juillet 1986. L'Elysée

En ce début d'été, les présidents d'entreprises publiques sont, on s'en doute, de mauvaise humeur. Ils savent que leurs jours sont comptés. Mais ils espèrent encore un geste de François Mitterrand. Qui sait ? Le président de la République est tellement imprévisible qu'on peut encore espérer.

Sur le plan des principes, précisément, celui-ci intervient là où on ne l'attend pas. Il refuse de signer les ordonnances sur les privatisations, conduisant le gouvernement à recourir à la voie parlementaire. Pour lui, l'avantage est double : en refusant de donner sa bénédiction aux privatisations, l'auteur des nationalisations reste cohérent avec lui-même d'abord, et, surtout, il ralentit la mise en œuvre de ces privatisations, socle du programme économique de la droite. Quant à l'hécatombe dans les entreprises publiques, il s'en fiche. Tout juste demande-t-il qu'on reclasse honorablement certains.

Il émet surtout des réserves à l'égard des nouveaux venus.

A propos de Jean-Maxime Lévêque au Crédit lyonnais : « Mettre un militant à la tête d'une grande banque ! Il n'y aura plus aucune sécurité pour les clients. Je suis au Crédit lyonnais depuis de longues années, je vais être obligé de changer de banque [1]. » Ou encore à propos de Jean-René Fourtou, qui va remplacer Loïk Le Floch-Prigent à la tête de Rhône-Poulenc : « Je ne signerai sa nomination que lorsqu'il y aura l'assurance d'un reclassement satisfaisant pour monsieur Le Floch [2]. »

Pour le reste, il ne lève pas le petit doigt. Le gouvernement commence la valse des présidents des grandes entreprises publiques version libérale. A l'exception de Michel Pébereau, président du CCF, de Michel Albert, président des AGF, de René Thomas, président de la BNP, et d'Alain Gomez, président de Thomson, personne ne sera épargné. Le maintien de Michel Pébereau n'est pas surprenant : c'est un inspecteur des finances, proche des balladuriens. Celui de Michel Albert ne l'est pas davantage : inspecteur des finances, il appartient à la race de ces centristes qui ont le talent de se tirer toujours d'affaire et de survivre à tous les gouvernements. Le cas de René Thomas est plus étonnant : bien qu'inspecteur des finances, c'est un homme de gauche. Il est vrai aussi que sa compagne Laurence Soudet, veuve d'un vieux compagnon de Mitterrand, est chargée des affaires culturelles à l'Elysée. La quatrième exception laisse perplexe : inspecteur des finances, Alain Gomez est un ami de Jean-Pierre Chevènement. Surtout, il dirige Thomson, une entreprise stratégique dans l'armement, et en sait long sur tout le monde !

Sur les huit postes importants qui restent à pourvoir, plus de la moitié ira à l'Inspection. Six de ses plus éminents membres obtiennent ainsi la présidence de grandes entreprises. Marc Viénot, drôle et sec, prend la tête de la Société générale, Jean Dromer atterrit au CIC, François Heilbronner est nommé au Gan, Bernard Auberger est catapulté à la direction générale de la Caisse nationale du Crédit agricole, Renaud de La Genière est nommé chez Suez et enfin Jean-Maxime Lévêque accède à la présidence du Crédit lyonnais.

L'Inspection s'en tire ainsi honorablement. Encore ne

1. Jacques Attali, *op. cit.*
2. *Ibid.*

s'agit-il là que de la partie émergée de l'iceberg. De nombreuses présidences d'entreprises de plus petite taille tombent aussi dans l'escarcelle de ce prestigieux corps.

En contrepartie, le Président accepte le limogeage de Jean-Yves Haberer et de Jacques Mayoux qui présidait jusque-là la Société générale. Mais ce dernier sera bien traité. Le ministre d'Etat, ministre de l'Economie, des Finances et des Privatisations continuera à le consulter. De toute façon, Mayoux approchait de l'âge de la retraite. Quant à Haberer, force est de reconnaître que son arrogance avait fini par avoir raison de sa popularité à l'intérieur de l'Inspection. Sans compter que cette « société secrète », prompte à faire jouer la solidarité de corps, n'en demeure pas moins une réunion d'êtres humains particulièrement envieux les uns des autres.

Désormais, c'est donc sur les solides épaules des inspecteurs des finances que repose la tâche de moderniser le système financier français. Une mission qui finira par coûter plusieurs centaines de milliards de francs aux contribuables français.

17
Le déjeuner des damnés

Septembre 1986. Paris

En ce premier automne de la cohabitation, le ciel est de méchante humeur et le temps, capricieux. Les randonneurs et autres chalands sont soumis au régime de la douche écossaise. Mais il en faudrait davantage pour décourager Jean-Yves Haberer. Il marche des heures, et médite tout autant. Déjà en 1968, il se baladait dans Paris barricadé, pour « respirer l'air de la révolution » !

Ce jour-là, plus encore qu'hier, il a besoin de s'aérer. L'homme est déprimé. Il ne se remet toujours pas de son limogeage. A 55 ans, l'ex-puissant directeur du Trésor, l'ex-puissant président de Paribas, vient de découvrir d'un seul coup que le pouvoir pouvait se passer de lui. L'idée lui est insupportable. Jusqu'à présent, il vivait une passion indestructible avec l'Etat. Et voilà que celui-ci vient de lui tourner le dos. La blessure est profonde.

Cela fait trois mois qu'il moisit dans un lugubre bureau mis à sa disposition à l'Inspection des finances, rue de Rivoli. Sa situation est confortable. Comme celle de tous les hauts fonctionnaires en France. Il touche son salaire et se voit régulièrement confier des missions diverses. Certains de ses camarades de l'Inspection, choqués par le traitement infligé à leur pair, n'ont pas ménagé leurs efforts pour lui trouver un point de chute. On lui a proposé diverses présidences, comme celle de la Générale de banque, l'une des toutes premières banques belges. Il a décliné toutes les propositions. Pas suffisamment prestigieuses à son goût. Beaucoup en France s'en seraient contentés. Pas lui.

Longeant les grilles des jardins des Tuileries, il ressasse inlassablement les mêmes interrogations. Comment l'Etat a-t-il pu lui faire cela, à lui, son serviteur zélé, le sauveur de Paribas ? Pourquoi les pouvoirs publics le maltraitent-ils ainsi ? Quel crime a-t-il commis ?... Comme en pareil cas, il a besoin de se consoler, de se rassurer, de se confier. Il lui faut une oreille attentive, celle de quelqu'un qui a subi le même traitement que lui. Jean Peyrelevade, par exemple ! Les deux hommes n'ont jamais été très proches. Mais leur histoire est quelque peu semblable. Sans le hisser à son propre niveau, Haberer lui reconnaît néanmoins un certain professionnalisme. De plus, l'homme est proche des socialistes. Il pourra toujours servir lors d'une future alternance, pense-t-il sans doute. Aussi a-t-il pris l'initiative de le convier à déjeuner en cette journée d'octobre.

Peyrelevade est ravi de la perspective de ce rendez-vous. Curieux de tout, aimant savoir, voir, et entendre, et plus que tout goûtant la compagnie des grands, l'ancien patron de Suez n'est guère en meilleure posture. N'étant pas haut fonctionnaire, il est réellement sans emploi. Il cherche à se recaser, comme on dit.

René Thomas, le président de la BNP, lui avait promis un poste de directeur général à la banque. Mais l'offre n'eut pas de suite. Pressé de libérer la direction du Trésor pour Jean-Claude Trichet, le gouvernement avait décidé d'en placer le titulaire, Daniel Lebègue, à la BNP. Thomas n'était pas chaud, mais il n'avait pas voix au chapitre. La direction générale de cette banque est une position très prisée. Naguère, Giscard avait réussi à y caser Jacques Wahl, le secrétaire général adjoint de l'Elysée.

Pour l'heure, l'ancien patron de Suez s'intéresse à la banque Stern. Son propriétaire, Edouard Stern, s'est fait une spécialité de l'accueil des présidents limogés. De François Cariès, l'ancien président du CIC, à Claude Pierre-Brossolette, l'ancien président du Crédit lyonnais, plusieurs grandes figures des affaires françaises sont passées par cette banque. Ils y ont trouvé un emploi et un joli salaire. En échange, Edouard Stern utilise leur carnet d'adresses.

Peyrelevade réfléchit à la proposition. Il veut travailler à mi-temps. En cet automne, l'homme est avant tout préoccupé par sa santé. Il est en pleine interrogation existentielle.

Ponctuels, les deux compagnons de malheur se retrouvent au même moment sous les ors de l'imposante salle à manger de l'hôtel Meurice. Comme d'habitude, il n'y a pas foule : quelques hommes d'affaires accompagnés des sempiternels visiteurs japonais, un vieux monsieur et un couple d'Américains peuplent ce lieu mythique né en 1817, qui fut jadis le centre de la vie parisienne.

L'endroit a perdu de son éclat. Tout au moins dans l'esprit du Tout-Paris des affaires. Les éminents membres de l'establishment ne déjeunent à l'extérieur, il est vrai, que pour être aperçus par les voyeurs professionnels. Or, au Meurice, il n'y a guère de « m'as-tu-vu ». La discrétion est de rigueur ; les spectateurs intéressés y sont occasionnels et en tout cas bien moins nombreux qu'au Plaza, chez Edgard, au Crillon, au Lutétia ou encore au Récamier.

Les deux hommes commandent rapidement les plats pour engager la conversation. « La République a été injuste, dit Haberer.

— Nous avons des destins parallèles, observe Peyrelevade.

— Ce qui vous arrive est normal, répond en substance Haberer, vous êtes un militant politique. C'est pour des raisons politiques que vous aviez été nommé à la tête de Suez. Et aujourd'hui, c'est pour des raisons politiques que vous êtes remercié. »

Après un silence de quelques secondes, Haberer se lance dans un long monologue. L'injustice est plus flagrante dans son cas, estime-t-il. Il rappelle à quel point, tout au long de sa carrière administrative, il a servi l'Etat avec loyauté. Il insiste sur son rôle crucial à Paribas, les services qu'il a rendus pour rétablir la confiance, et pour sauver la compagnie de la rue d'Antin. Ses efforts n'ont reçu aucune gratification. Au contraire. Il a dû supporter l'affront de se voir remplacer par Michel François-Poncet, « un incapable » à ses yeux « qui n'a même pas passé l'examen d'entrée à l'Ena ».

Peu lui importe que l' « incapable » en question ait été diplômé de Harvard, l'une des meilleures universités américaines ! Dans l'esprit d'Haberer, seuls les énarques sont éligibles à de hautes fonctions. Et parmi eux, seuls les inspecteurs des finances ont droit à sa considération ! N'explique-t-il pas, à propos de Jacques Chirac, qu'il a dû travailler comme une brute à l'Ena pour n'intégrer que la Cour des Comptes, ce corps du « dessous », choisi en désespoir de cause par des diplômés dont le rang de sortie ne permet d'opter ni pour l'Inspection des finances, ni pour le Conseil d'Etat ?

Tout l'homme se résume dans ces propos. Longtemps, il a cru qu'il appartenait à la catégorie des élus. Il y avait les énarques et les autres. Parmi eux, les inspecteurs et les autres. Mais voilà que sa conception du monde en subdivisions de l'humanité a été réduite à néant par l'alternance politique. Il se croit victime d'une injustice scandaleuse.

Malheureux, il ne peut se faire à l'ingratitude de l'Etat. Dès lors, il se console en déversant tout son mépris sur son successeur, et sur le Premier ministre qui a signé son décret de révocation de la présidence de Paribas.

Plus pragmatique, plus terre à terre, Jean Peyrelevade reste médusé. Lorsque Haberer l'avait convié, il pensait qu'ils allaient parler politique. Quelle n'a été sa surprise d'entendre les élucubrations d'un homme aigri. Il ne comprend pas Haberer. Sa suffisance le consterne.

Les deux hommes se séparent aussi incompris l'un de l'autre au début qu'à la fin de leur rencontre. Point de surprise pour Haberer. Il cherchait un auditoire pour présenter son plaidoyer pro domo. Il ne changera jamais. Il adore s'écouter parler.

18
L'ami banquier de Chirac

Août 1986. Marrakech

« Tu ne peux pas me faire ce coup-là. Sinon je ne m'en sortirai pas. »

Michel François-Poncet n'a pas encore les larmes aux yeux, mais presque. Fatigué, l'œil las, les gestes nonchalants, c'est un homme à bout de forces qui en appelle à l'arbitrage de Jacques Chirac. Il s'est déplacé jusqu'au lieu de vacances du Premier ministre pour obtenir son soutien dans la bataille qu'il livre à la direction du Trésor et au ministre d'Etat. L'enjeu : obtenir une privatisation rapide de Paribas.

Le Premier ministre, qui s'est offert quelques jours de répit au Maroc, ne s'attendait pas à cette visite. Il a été très heureux de l'accueillir. En ce temps-là, Chirac éprouve encore une tendresse particulière pour celui qui l'avait accompagné des bancs du très sérieux Sciences-Po jusqu'aux escapades, bien plus légères. Comme cette nuit de 1952 où, arrivés tard dans la nuit à Amsterdam, les deux copains à la recherche d'un hôtel se sont trouvés dans un « bobinard [1] ». Ils ont beaucoup de souvenirs en commun. Ils ont passé des nuits à jouer aux cartes.

1. Franz-Olivier Giesbert, *Jacques Chirac*, Seuil, 1987.

François-Poncet est un personnage attachant. Simple, drôle, adepte de l'autodérision, ce géant débonnaire ne prend rien au sérieux. Et surtout pas lui-même. Sous ses grands airs distingués se cache un joyeux tempérament de fêtard.

En cet été, le fêtard en question est déprimé. Depuis un mois, il vit un cauchemar. Nommé en juillet à la tête de la compagnie financière de Paribas, il n'a eu de cesse de mobiliser ses équipes sur la future privatisation du groupe. Et voilà qu'il a appris de la bouche d'Ambroise Roux que la compagnie de Suez serait privatisée avant Paribas.

La direction du Trésor et l'Inspection des finances en ont décidé ainsi. Ces têtes pensantes de la République préfèrent donner l'avantage à la rivale séculaire de Paribas. D'abord pour des raisons objectives : la situation de Suez est, il est vrai, bien meilleure que celle de Paribas qui traîne encore des filiales malades comme la Générale de fonderie ou encore la Scoa, cette société de négoce au bord du gouffre, ou enfin le Crédit du Nord qui n'en finit pas d'être déficitaire. Ensuite pour des raisons « corporatistes » : Renaud de La Genière, président de Suez, est un inspecteur des finances. Le Trésor et l'Inspection se doivent de faire un geste pour l'un des leurs. Mi-août, la décision a été prise : Suez sera le premier établissement financier à retourner sur le marché. Les communiqués de la Rue de Rivoli sont prêts.

Une telle perspective est tout bonnement inadmissible pour François-Poncet. Elle équivaut à son arrêt de mort. C'est pourquoi il s'est infligé cinq heures de vol pour se rendre sur les lieux de villégiature de son ami Premier ministre. Un véritable calvaire pour lui. Sa morphologie n'est pas adaptée aux cabines d'avion : ou bien son crâne touche le plafond, ou bien ses immenses jambes se retrouvent coincées. Mais en cet été, il se fait violence. La privatisation de Suez avant celle de Paribas ne compromet certes pas les chances du groupe de la rue d'Antin, mais handicape sérieusement sa propre situation. Son seul recours, c'est Jacques Chirac.

La présidence de Paribas, François-Poncet y tient comme à la prunelle de ses yeux. C'est la consécration de toute une carrière. D'autant plus dans son cas. Il n'a pratiquement rien en dehors de la Rue d'Antin : ni vie privée, ni enfants, ni passions débordantes. Arrivé à 52 ans à la tête de la maison, François-Poncet compte bien y demeurer longtemps. Mais Paribas est un étrange royaume. Organisée comme la cour d'Angleterre, la compagnie tient un registre précis de la capacité de ses grands barons à accéder à la fonction suprême. Ce classement officieux, qui n'engage que la maison, a perdu sa raison d'être depuis que la nationalisation a déplacé le pouvoir de nomination à l'Etat. Néanmoins, il continue toujours à alimenter les intrigues de couloirs. Or, sur cette liste secrète, François-Poncet n'arrivait qu'en troisième ou quatrième position dans l'ordre de la succession. Jamais en numéro un. Il le sait. Il lui faut maintenant se faire respecter.

Il ne manque pas d'atouts. Charmeur, spirituel et distingué, l'homme inspire la sympathie. Fils de famille, neveu d'André François-Poncet, le célèbre ambassadeur de France à Berlin et cousin germain de Jean François-Poncet, l'ancien ministre des Affaires étrangères, il est l'incarnation même du grand bourgeois cultivé du XIXe siècle. Polyglotte, diplômé de l'Institut d'études politiques et du prestigieux Harvard Business School, il renvoie une belle image de la Compagnie financière. Pour couronner le tout, c'est un ami intime de Jacques Chirac, ce qui ajoute à son aura dans un pays où la proximité avec le pouvoir politique est la clé de tous les succès.

Rue d'Antin, on doute sérieusement de sa capacité à gérer la maison. Pierre Moussa, par exemple. L'ancien président de Paribas n'a pas hésité à lui dire, en substance, un jour : « Écoutez Michel, je suis très embarrassé, tout le monde dit que je dis du mal de vous, je voulais vous dire que ce n'est pas vrai. La vérité, c'est que je vous trouve compétent car vous connaissez bien la maison. En revanche, il est vrai qu'en matière d'intelligence pure, vous ne faites pas l'affaire, vous voyez bien que mon jugement est équilibré. » François-Poncet avait souri.

Il est trop fin pour se vexer des rodomontades si caractéristiques de l'élite française. En revanche, il avait été autrement traumatisé par la réaction de Jacques de Fouchier. Le fondateur de la Compagnie bancaire lui avait dit, aimablement : « La présidence de Paribas vous va comme des manchettes à un canard », avant de l'avertir tout aussi gentiment : « Vous allez au-devant de sérieuses difficultés. Et je ne vous vois pas vous débattre dans ces circonstances. »

A 76 ans, Jacques de Fouchier n'a rien perdu ni de sa superbe, ni de ses prétentions, ni encore de ses capacités de nuisance. Pour avoir passé plus de vingt-cinq ans de sa vie Rue d'Antin, François-Poncet mesure bien l'importance de cet homme qui compte à son tableau de chasse la mise à mort de deux présidents de Paribas : son prédécesseur Jean Reyre, en 1967, et ensuite son successeur Pierre Moussa en 1981. Les réflexions de Fouchier sont bien plus sérieuses.

Dès lors, pour asseoir sa légitimité, François-Poncet n'a qu'une seule issue : obtenir une privatisation rapide de Paribas, c'est-à-dire avant celle de la compagnie de Suez. Il pourra alors gérer la compagnie à son aise.

Fort de ces arguments, il rallie vite Chirac à ses positions. A l'époque, le Premier ministre ne refuse rien à ce camarade jovial et affable. Il appelle Paris. Balladur s'exécute. Et François-Poncet regagne la capitale, heureux, et offensif.

Le 10 septembre 1986, Edouard Balladur énonce solennellement au cours de l'émission *L'Heure de vérité* le nom des trois entreprises qui vont ouvrir le bal : Saint-Gobain, Paribas et les AGF. A défaut d'être la première entreprise privatisée, la compagnie sera le premier établissement financier à retourner au secteur privé. Elle coiffera au poteau sa rivale séculaire, la Compagnie financière de Suez.

Pour autant, MFP, comme on l'appelle dans les couloirs, n'est pas au bout de ses peines. Si Edouard Balladur a accepté de changer in extremis la liste des futures privatisées, il n'est en revanche absolument pas disposé à laisser la bride sur le solide cou à François-Poncet. Le ministre d'Etat, ministre de l'Economie, des Finances et des Privatisations, veut s'occuper de tout. Du choix des publicitaires à la fixation du prix de vente, en passant par la composition du groupe d'actionnaires stables et celle du conseil d'administration. Les privatisations sont d'abord son affaire.

Paribas excite beaucoup d'appétits. Ceux de Moussa et d'Eskénazy bien sûr. Le premier s'est refait une santé en créant Pallas, un fonds d'investissement qui dispose au bas mot de 3 milliards de francs de liquidités. Le second, fort de la tirelire du Groupe Bruxelles-Lambert (GBL) et de Paribas-Suisse, ne rêve que d'une chose : revenir au plus vite à Paris.

Ils ne sont pas seuls. Claude Bébéar commence tout juste à vouloir compter. Pour cet assureur, il est impératif de lier son sort à un établissement international comme Paribas, qui détient la clé de nombreux marchés étrangers. Marc Fournier, le président de la Navigation mixte, cherche aussi à se rapprocher de la Rue d'Antin. Ce corsaire au physique de Viking a créé sa maison de toutes pièces. Mais il n'en détient pas le contrôle. Depuis qu'il a pris ses distances avec Suez, il a besoin de nouveaux alliés qui sauront venir à son secours le moment venu.

Le ministre d'Etat n'a que faire de ces demandes. Pour lui, l'enjeu est plus important. Il se veut irréprochable. Il procédera donc à un dosage subtil. Il pousse la subtilité tellement loin que le Paribas privatisé de 1987 comptera davantage d'institutionnels publics dans son capital que le Paribas privé d'avant 1981. En ce sens, la composition du noyau dur de la compagnie est un chef-d'œuvre du genre. Les entreprises publiques totalisent ensemble 10,2 % du capital de Paribas contre 8 % seulement pour les groupes privés [2]. Il ne faut en aucun cas que Paribas échappe à la surveillance de la technostructure. Quant à François-Poncet, il n'aura pas son mot à dire.

Au total, ce sont donc dix-sept actionnaires qui se partagent 18,2 % du capital de Paribas. En contrepartie de cette attribution prioritaire, ceux-ci s'engagent à conserver leurs actions pendant deux ans et paient une surprime de 2,5 % par rapport au prix réservé aux particuliers. C'est ce qui leur en coûtera pour veiller à l'indépendance de Paribas. Bien sûr, dans cet ensemble, tout le monde n'est pas traité de la même façon. Il y a ceux qui comptent et les autres. Les premiers siégeront au conseil d'administration de la compagnie, les autres n'auront que le droit de se taire.

Le tri entre les deux catégories est à la discrétion d'Edouard Balladur. Quitte à malmener la doctrine libérale, c'est le ministre d'Etat lui-même qui mettra en place les organes sociaux de l'entreprise. Peu lui importe l'intérêt de Paribas, l'essentiel est que le gouvernement garde un œil et une main sur l'entreprise. Dans cette perspective, il décide unilatéralement, sans que le principal mandataire social ait pu dire son mot, de doter la compagnie d'un conseil resserré : douze membres pas un de plus, décide-t-il. Parmi eux, il y a déjà 4 représentants de Paribas : MFP, ses deux directeurs généraux et un représentant des salariés. Restent donc 8 sièges à répartir entre 17 actionnaires. Plus exactement 7 sièges. Car, Balladur a réservé un fauteuil d'administrateur à

2. La Compagnie française des pétroles (3 %), l'UAP (3 %), les AGF (3 %), la Caisse nationale de prévoyance (0,6 %), le Gan (0,6 %), Axa (2 %), L'Oréal (1 %), Schneider (0,6 %), la Compagnie générale des eaux (0,6 %), la Navigation mixte (0,6 %), Frandev de Moussa (0,6 %), le Groupe des assurances populaires de Bernard Pagézy (0,6 %), GBL (0,6 %), GMF Vie, Comit, Kia et Sumitomo pour 1,4 % ensemble.

l'incontournable Ambroise Roux, son ami et son ancien employeur ! Il faut bien renvoyer les ascenseurs. A défaut d'avoir obtenu une présidence, Roux voit ainsi son portefeuille et son ego rétribués grassement. Il touchera ses jetons de présence et continuera à donner l'impression de régenter les affaires.

Ce qui n'en finit pas d'exaspérer Jacques de Fouchier, qui attribue avec sa délicatesse bien connue le surnom de Polichinelle à Ambroise Roux.

Pour le reste, les fauteuils vont prioritairement aux investisseurs institutionnels, c'est-à-dire les assureurs et les pétroliers. Siégeront donc au conseil de la compagnie : Claude Bébéar (Axa), Michel Albert (AGF), Jean Dromer (UAP), François-Xavier Ortoli (Compagnie française des pétroles), Michel Pecqueur (Elf), et quelques industriels comme Jean Gandois (Pechiney) et Bernard Maitenaz (Essilor). Malgré les demandes répétées de MFP, le ministre d'Etat ne veut entendre parler ni de Moussa ni d'Eskénazy.

Dépité, François-Poncet promet à ses amis de remédier à cette situation. C'est un conseil de transition, leur dit-il en substance, avant d'assurer que les deux indispensables fauteuils d'administrateurs se libéreront bientôt.

Reste à fixer le prix. Cette tâche est de la compétence de la Commission de privatisations, une assemblée de sages retirés des affaires. Cet organisme indépendant doit arbitrer un conflit qui oppose les dirigeants de la Rue d'Antin, partisans d'un prix relativement bas et l'Etat, soucieux de ne pas être accusé d'avoir bradé ses intérêts patrimoniaux.

Alors que, sur la base du prix des certificats d'investissement cotés de Paribas, le groupe est valorisé par le marché aux alentours de 23 milliards de francs, la Commission fixe un prix plancher de 18 milliards, soit 20 % de moins que la valeur réelle. Le gouvernement retient cette estimation. Les particuliers doivent donc débourser 405 francs par titre souscrit, et les membres du noyau dur 415 francs.

Le 8 décembre 1986, le coup d'envoi est donné. Les

écrans de télévision sont envahis de superbes spots publicitaires. Avec un message simple : pour faire partie de l'élite, achetez du Paribas. Les portes de la Rue d'Antin s'ouvrent sur l'orangerie. Suit un travelling dans les salles de conseil avec une voix qui commente : « Madame, Monsieur, nous avons le plaisir de vous accueillir chez l'un des plus prestigieux groupes bancaires et financiers du monde : Paribas. C'est ici qu'ont démarré les premières autoroutes privées. C'est d'ici qu'a jailli le pétrole français en mer du Nord, c'est d'ici que chaque jour depuis cent quinze ans, Paribas, groupe français et international, entreprend, innove et réussit. Madame, Monsieur, vous aurez prochainement la possibilité, vous aussi, d'en devenir actionnaire... »

L'effet est immédiat. Les demandes de réservations affluent. A tel point que l'Etat, qui a réservé 31 ,7 % du capital aux petits porteurs, doit contingenter l'attribution des titres : les souscriptions sont limitées à 4 actions par personne. C'est peu de chose. Mais l'élan n'est pas cassé.

Le 23 janvier 1987, l'offre publique de vente commence. Paribas attire 3,8 millions de porteurs, ce qui en fait l'entreprise qui compte le plus grand nombre d'actionnaires au monde. Presque trois fois plus qu'à Saint-Gobain. C'est un véritable plébiscite. Le capitalisme populaire est en marche. Et François-Poncet respire enfin. Un court répit avant les problèmes qui ne tarderont pas à surgir.

Le krach de l'automne 1987 change la donne. Jacques de Fouchier met à profit la baisse de la Bourse pour faire racheter par la Compagnie bancaire 7 % du capital de Paribas. Mais il attendra avant d'abattre ses cartes.

19

L'ami corrézien de Chirac

Mai 1987. Neuilly

« Dans la vie, j'ai deux parrains, Jacques Chirac et André Rousselet. »

En dépit d'une apparence austère et réservée, Pierre Dauzier est capable, en certaines occasions, d'élans de grandiloquence. C'est le cas en ce printemps 1987. L'entreprise qu'il préside depuis bientôt un an est sur le point d'être privatisée, et lui avec. Plus personne ne pourra le déloger de ce fauteuil qui fait tant fantasmer le Tout-Paris des affaires. Heureux, il est satisfait de lui-même, de ses talents, de ses tactiques, de ses ruses, même s'il est conscient que sa nomination à la tête d'Havas et la privatisation du groupe sont surtout le fruit d'un compromis entre son prédécesseur, désireux de protéger la filiale audiovisuelle, Canal +, et un Premier ministre soucieux d'avoir quelqu'un de confiance à la tête du groupe de communication. Mais qu'importent les raisons politiques de cette consécration. La présidence d'Havas, il la doit autant à lui-même qu'aux autres.

D'ailleurs, il est trop orgueilleux pour être prétentieux, et trop subtil pour être vaniteux. Pour l'heure, il lui plaît de rappeler à qui veut l'entendre qu'il est à la fois proche de Jacques Chirac et de François Mitterrand par André Rousselet interposé.

Des protecteurs, Pierre Dauzier en a eu quantité. C'est à eux qu'il doit son destin. Dans l'échelle de ses « parrains », son frère aîné, Jean-Marie, tient une place à part. Grand notable de Corrèze, entrepreneur et homme de réseaux, celui-ci avait réussi, depuis sa province natale, à remplir un carnet d'adresses où le nom de Roland Dumas côtoyait ceux de Maurice Faure, Jean-Baptiste Doumeng, et bien sûr Jacques Chirac dont il avait financé les premières campagnes électorales. On ne comprenait pas toujours bien ce qu'il faisait. De toute évidence, les services qu'il avait rendus étaient tellement précieux que personne ne pouvait rien lui refuser. Bref, Jean-Marie Dauzier était ce qu'on appelle un homme d'influence ou bien un homme-orchestre. Aussi bien à Brive qu'à Paris.

De treize ans son cadet, Pierre Dauzier a fait ses premiers pas dans la vie, voilé de l'ombre de ce grand frère au point d'en devenir invisible. En éprouvait-il de la frustration ? Le fait est que, petit, il s'était recréé un monde dans la littérature et le rugby. Les livres l'aidaient sans doute à s'évader, et le sport à se vider des angoisses et des colères contenues. De cette époque, il a conservé son aptitude à tout réprimer. Même ses joies. Il suffit de l'écouter parler. Le ton est monocorde, et l'élocution ennuyeuse, comme s'il récitait une leçon de choses, quel que soit l'objet de sa conversation.

A 20 ans, Pierre Dauzier se rêvait en poète. N'était-ce pas le meilleur moyen d'exister par soi-même ? Aussi, comme tout amoureux des lettres, décide-t-il de forcer les portes de l'École normale supérieure, le temple de la littérature d'après guerre. Il s'inflige alors hypokhâgne et khâgne. Sans succès. Il aime trop la vie. Il rate l'examen d'entrée à Normale.

S'il n'en avait tenu qu'à lui, il aurait continué sur sa lancée. Mais l'ombre du grand frère plane sur son destin. Celui-ci décide que Pierre est doué pour la publicité et qu'il fera carrière chez Havas. Il n'a pas de mal à réaliser son projet. La société qu'il dirige, la Sopexa (Société de promotion des exportations agricoles), est l'un des grands clients de cette entreprise de publicité, et lui-même est très lié à Jacques Douce, le grand directeur général d'Havas. Entré au bas de l'échelle, Pierre Dauzier s'y ennuie. Il tente sa chance ailleurs. L'intermède dure peu de temps; Jean-Marie veille au grain et le reconduit à nouveau chez Havas. Cette fois, Jacques Douce le prend en main. Entré à 18 ans dans le groupe, ce personnage hors du commun a façonné Havas à sa manière. Autocrate, roublard, hâbleur, il a fait l'histoire du groupe. Les régies de publicité, la création de la Compagnie européenne d'édition (CEP), c'est lui; la publicité (Eurocom), ou encore le début de l'audiovisuel, c'est encore lui. Cherchant à utiliser les connexions du « grand Dauzier », il nomme le petit frère à la direction de son cabinet.

A ce poste, Pierre Dauzier apprend la cuisine d'Havas. En ce temps-là, cette entreprise de communication était un instrument précieux du pouvoir politique qui rendait de nombreux services. Non seulement ses régies permettaient de taxer les revenus encaissés par RTL, mais surtout elles faisaient les fins de mois de la presse quotidienne régionale, jugée politiquement sensible. Sa filiale de publicité alimentait les caisses des partis politiques. En contrepartie de ces services, les pouvoirs publics lui avaient octroyé quelques beaux fromages, comme la régie des annuaires PTT, qui lui assurait le tiers de ses résultats. Nullement intéressé par la rentabilité de l'entreprise, son principal actionnaire ne poursuivait qu'un seul objectif : l'utiliser à des fins politiques.

Pierre Dauzier découvre, un tantinet fasciné, cet univers secret, où tout est donnant, donnant. Dans l'ombre de Jacques Douce, il finit par trouver sa véritable vocation : l'art de constituer des réseaux d'influence. Il se rapproche du Corrézien Georges Roquette, l'éminence grise d'Havas, chargé notamment de la gestion des fonds du système. Là, il se fraie un chemin dans les méandres des provinces françaises. Il utilise les relations de son frère et, bien sûr, celles de Jacques Douce. Il commence à connaître du monde. Il compte, maintenant, le petit Dauzier.

Sa décision est prise : il épousera la cause d'Havas. Pour la vie. Y compris privée, puisqu'en 1968, il se marie avec l'une de ses collaboratrices. Il se consacre alors à son travail vingt-quatre heures sur vingt-quatre. Un travail agréable qui consiste pour l'essentiel à sortir et à humer l'air du temps. Ce qui l'enchante. Car ce timide de nature aime le contact et la compagnie des grands. Il est épaté par tout ce qui brille. Invité aux plus belles tables de la capitale, reçu dans les plus célèbres demeures, présent dans toutes les grandes fêtes parisiennes il est au septième ciel. Il parvient même à forcer l'intimité de quelques grandes figures de l'époque, comme Robert de Balkany, dont il devient le témoin lors de son union avec Marie-Gabrielle de Savoie.

En vingt ans, le petit Dauzier est devenu un personnage. Il s'est surtout transformé en un des grands barons de la maison. Chez Havas, pourtant, personne ne le prend encore au sérieux. Ses ennemis le jugent trop effacé, trop discret, trop obséquieux. Il laisse dire. Les blessures d'amour-propre, il les conserve pour lui. Il écoute, il regarde, et il observe. En son for intérieur, il est persuadé que Jacques Douce l'a choisi comme dauphin, même s'il n'en dit rien. Dauzier n'a jamais eu besoin qu'on lui mette les points sur les i.

Et puis, l'Histoire s'accélère. Alors que tout lui réussissait, Dauzier est confronté aux épreuves avec l'arrivée de la gauche au pouvoir. En 1982, coup sur coup, ses trois protecteurs disparaissent. En quelques mois, il perd son frère, foudroyé par une crise cardiaque, son mentor Jacques Douce, emporté par un cancer, et son ami Georges Roquette qui se suicide mystérieusement. L'homme est sérieusement éprouvé, sur tous les plans.

Tout est donc à recommencer. Il est seul désormais. Rousselet arrivant, il lui fait allégeance. Un peu vite au goût de certains. Qu'importe, André Rousselet trouve avec lui un homme qui connaît dans tous ses détails le fonctionnement du groupe de Neuilly et, qui plus est, se montre disposé à coopérer. Dauzier finit par être nommé directeur général d'Havas. A la surprise générale.

Certes, le petit Dauzier avait emmagasiné suffisamment d'expérience pour mériter une telle responsabilité. Seulement la concurrence était rude.

Que s'est-il passé dans l'esprit de Rousselet ? Le président d'Havas prétend avoir choisi son directeur général sur les seuls critères professionnels. Possible. Mais certains estiment que le caractère effacé de Dauzier a beaucoup aidé à sa promotion. D'autres mettent en avant son extrême flexibilité. Quelques-uns, enfin, font valoir les connexions corréziennes de l'homme, notamment avec Jacques Chirac. Rousselet ne cherche-t-il pas à ménager l'avenir ?

Mis en selle par Rousselet, le nouveau directeur général d'Havas s'adapte vite à sa nouvelle situation. Consensuel, discret, efficace, il gère la maison pendant que le président se lance corps et âme dans l'aventure audiovisuelle de Canal +, en prenant bien soin de se mettre à l'écart du projet. Non seulement, la cohabitation avec Rousselet n'est pas simple, mais il s'agit pour Dauzier de s'immuniser contre un éventuel échec de ce projet dont le démarrage n'est pas allé sans mal. Réfugié dans le bunker d'Havas, Pierre Dauzier préfère vaquer à ses occupations. Les week-ends en Corrèze, le reste de la semaine à Paris. Le résultat n'est pas nul, loin de là. La maison est de plus en plus riche, de plus en plus rentable et parfaitement privatisable.

Car il a beaucoup travaillé. Aussitôt installé, il commence à faire le ménage. Il promeut des hommes à lui, écarte les autres. Le consensuel directeur général se révèle être un patron énergique. A l'extérieur de la maison, il réussit l'exploit de s'attirer la haine coriace d'une bonne moitié de Paris et de la Belgique réunies. C'est qu'en un an, Dauzier a eu le temps de marquer de sa présence la vie audiovisuelle hexagonale. Non qu'il ait pris des initiatives personnelles. Il ne s'y risque que s'il est solidement couvert. Mais comme il ne peut rien refuser à ses « parrains », il pèse de tout son poids sur certaines décisions. Pour ses « protecteurs », les résultats sont satisfaisants, pour ses partenaires ou concurrents, ils sont carrément calamiteux.

Le président d'Havas se trouve ainsi à l'origine de la disposition la plus curieuse de la loi sur l'audiovisuel, connue sous le nom de « loi Léotard ». En vertu de ce texte, aucune entreprise n'est habilitée à posséder plus de 25 % d'un groupe audiovisuel.

Cette limite arrange les affaires d'André Rousselet. Bien qu'ayant conservé la présidence de Canal +, celui-ci n'est pas rassuré. Il craint une mainmise d'un groupe ennemi sur son enfant. Qu'adviendrait-il si Havas, privatisé, était soudain pris de velléités hégémoniques sur le capital de la chaîne cryptée ? Ce n'est pas Dauzier qui lui fait peur. Ce sont plutôt les autres, c'est-à-dire les futurs actionnaires d'Havas. Il faut mettre un verrou. Dans l'esprit de Rousselet, cela passe par la fixation d'une limite à la participation d'un seul groupe dans le capital d'une société audiovisuelle. Et comme Havas détient 25 % de Canal +, la limite sera de 25 %. Un point c'est tout.

Au passage, Dauzier sait que si cette limite est instaurée, le groupe qu'il dirige deviendra incontournable dans la future redistribution des cartes audiovisuelles.

Naturellement, cela heurte violemment la sensibilité du très libéral ministre de la Culture François Léotard. Non seulement la fixation de cette limite n'a aucune justification économique, mais surtout, elle est susceptible d'entraîner de graves dysfonctionnements. Il pousse ainsi les opérateurs à constituer des tours de table, ce qui handicape la mise en œuvre des stratégies réelles ! Dauzier n'en a cure. Imperméable à toutes les remarques du cabinet de François Léotard, le patron d'Havas leur tient un discours musclé, expliquant en substance : « C'est comme ça et pas autrement : 25 % ! Si vous n'êtes pas d'accord nous irons à l'arbitrage chez Jacques Chirac et nous verrons qui va l'emporter [1]. » La réponse ne faisant pas l'ombre d'un doute, la loi est rédigée et votée avec la fameuse disposi-

1. Philippe Kieffer, Marie-Eve Chamard, *op. cit.*

tion. Ce qui est bon pour Canal + et Havas est forcément bon pour le pays.

En conséquence, Havas se retrouve très vite sollicité pour faire partie des tours de table qui se forment un peu partout dans la perspective de la privatisation de TF1 et de la réattribution des fréquences de la cinquième et sixième chaîne. Là encore, Dauzier déploie tous ses talents de tacticien. Il s'allie à tout le monde avant de dénouer toutes ses alliances. Les Luxembourgeois de la CLT, ou encore Jean-Luc Lagardère, lâché quasiment à la veille de son audition devant les pouvoirs publics pour TF1, en feront l'amère expérience. « Mais comment ai-je pu être assez con pour m'associer avec ce type [2] ? » se lamente alors Lagardère. Dauzier se justifie en expliquant partout qu'il ne se livre pas à ces contorsions de gaieté de cœur. Il a des priorités. Et dans l'échelle de ses priorités la privatisation d'Havas vient en premier. Rien ne devrait la compromettre.

Il n'a pas tort. Il agit sur ordre. Et comme il ne peut rien refuser à ses nombreux parrains, il finit par se mettre tout le monde à dos.

A 47 ans, le petit Dauzier a enfin pris son envol. Il ne lui reste plus qu'à transformer sa situation en concession perpétuelle. Grâce à la privatisation.

A priori, la privatisation d'Havas n'est pas une opération difficile. Du moins sur le plan technique. L'entreprise est déjà cotée en Bourse. L'État ne détient que 40 % du capital, mais 51 % des droits de vote. De plus, avec 10,7 milliards de chiffre d'affaires et 280 millions de bénéfices, le groupe est relativement bon marché puisque sa capitalisation boursière ne dépasse guère les 4 milliards de francs.

Mais le souci du gouvernement libéral de Jacques Chirac est ailleurs. Il désire maintenir au-delà des échéances électorales les liens privilégiés qu'il a avec Havas. En d'autres

---

2. *Ibid.*

termes, il veut verrouiller le capital à son profit exclusif. A cette fin, il faut donc veiller à ce que les actions d'Havas privatisé se trouvent entre les mains des « amis ». C'est pourquoi, sans doute, le choix des membres du groupe d'actionnaires stables de l'entreprise s'est fait à Matignon. Compte tenu de l'enjeu, Pierre Dauzier adopte de nouveau un profil bas. Il adaptera son discours plus tard.

Force est de constater que le résultat est impressionnant. Lorsque, le 20 mai, le gouvernement annonce la composition du noyau dur d'Havas, tout Paris se gausse, jusqu'à Ambroise Roux qui plaisante : « Il paraît qu'il y a un noyau dur à Havas. Moi, je n'y vois qu'un actionnaire : le RPR [3]. »

Situation caricaturale s'il en est.

Au cœur de l'été, le premier conseil d'administration d'Havas privatisé se réunit. Y siègent, aux côtés d'André Rousselet et d'un représentant du personnel, huit personnalités RPR bon teint : Jérôme Monod (Lyonnaise des eaux), ancien trésorier de Chirac, Jean-Marc Vernes, banquier proche du RPR, Michel François-Poncet (Paribas), grand copain de Chirac, Bernard Auberger (Crédit agricole), frère du député RPR Philippe Auberger, Marc Viénot (Société générale), nommé à son poste par l'actuel gouvernement, Guy de Woutters (SGB), Jean Donnedieu de Vabres, l'une des grandes figures gaullistes, et enfin Jacques Lafont, de la Société des potasses et de l'azote, sans doute en tant que personnalité qualifiée ! Ensemble, ces hommes qui détiennent 27 % du capital du groupe de communication ont payé chacun leur titre sur la base de 512,5 francs. Au souscripteur privé, l'action Havas a été servie à 500 francs.

Dauzier, lui, fait contre mauvaise fortune bon cœur. En réalité, il ne s'entend avec aucun de ses administrateurs. Monod est trop austère à son goût. Vernes, par ailleurs le parrain de son neveu, est trop gourmand, François-Poncet est trop proche de Chirac, etc. Malgré tout, lors du choix de ses administrateurs, il ne pipe mot.

3. Stéphane Denis, *Le Roman de l'argent*, Albin Michel, 1988.

Tel n'est pas le cas de Rousselet. La privatisation caricaturale d'Havas le choque. Dans son bureau rue Olivier-de-Serres, il fulmine. Il ne laissera pas passer cela. Mais, pour l'heure, sa préoccupation est ailleurs. Il travaille activement à l'introduction en Bourse de Canal +. Après, il verra.

Curieuse coïncidence. Alors que l'homme de droite qu'est Dauzier joue la carte d'un parti politique chez Havas, l'homme de gauche Rousselet parie sur la Bourse et prépare la mise sur le marché de Canal +. La France est décidément le pays des paradoxes.

Rousselet n'enragera pas longtemps. Avec le krach de 1987, riche de la trésorerie abondante de Canal et de sa santé florissante, il ramasse discrètement du papier Havas en Bourse, au point d'en détenir quelque 9 %.

Personne ne s'en aperçoit. Sauf peut-être Dauzier. C'est sans doute pourquoi celui-ci le redit haut et fort : « J'ai deux parrains dans la vie, André Rousselet et Jacques Chirac. »

Mais cette fois, il inverse l'ordre des noms.

20
Le technocrate barriste

Octobre 1987. Rue d'Astorg, siège de la Compagnie financière de Suez

Dans son bureau de la rue d'Astorg, Renaud de La Genière s'impatiente. Il attend ses plus proches collaborateurs pour une réunion de crise. Le président de la Compagnie financière de Suez vient, en effet, d'apprendre que la privatisation du groupe qu'il dirige depuis quinze mois sera reportée de quelques jours.

Dire qu'il est fou de colère est un euphémisme. Cela fait longtemps qu'il attendait ce moment. Il a déjà dû essuyer un premier échec, il y a tout juste un an, lorsqu'il a appris, pratiquement à la dernière minute, que Paribas allait supplanter Suez dans l'ordre des privatisations, au nom de l'amitié de Michel François-Poncet et de Jacques Chirac. Renaud de La Genière a ces pratiques en horreur. Ce ne sont pas de telles considérations qui doivent dicter la marche des affaires. Déplorant la légèreté des décisions politiques, il a brandi la menace de sa démission avant de se raviser.

La menace était pourtant sérieuse. Car le président de Suez est un homme de devoir. Engagé volontaire pendant la guerre, ce fils, petit-fils, et arrière-petit-fils de médecin n'a pas hésité à ouvrir la première brèche dans cette tradition familiale en choisissant de servir l'Etat. Enarque, inspecteur des finances, il a exécuté cette partition avec un soin et un zèle peu ordinaires. Insensible aux modes et à la courtisanerie, Renaud de La Genière a exercé ses fonctions avec rigueur et courage, au péril de sa carrière et du qu'en-dira-t-on. Ses notes sont restées célèbres à la puissante direction du Budget. Surveillant suprême de la mise en œuvre de la politique financière du pays, il est même allé jusqu'à démontrer publiquement, en plein milieu de la campagne électorale de 1974, la nécessité d'abandonner les grands projets nucléaires ou aéronautiques, à moins d'une augmentation de la fiscalité. L'homme s'est attiré beaucoup d'inimitiés. Mais peu lui importe. C'est le seul directeur du Budget qui compte à son actif sept budgets à l'équilibre. Au gouvernement de la Banque de France, il s'est transformé avant l'heure en chantre de la pensée unique se posant en garant de la stabilité monétaire, au grand dam de Jean-Yves Haberer, directeur du Trésor, et plus tard, de Pierre Bérégovoy, ministre des Finances.

Un moment tenté de jeter l'éponge avec l'arrivée des socialistes, il s'est vite ressaisi. L'intérêt de l'Etat prime. Et puis, comme lui a fait remarquer un de ses prédécesseurs rue de La Vrillière : « Un gouverneur ne démissionne pas ! »

Les socialistes s'en chargeront à sa place. Pierre Bérégovoy décide de le limoger purement et simplement à l'expiration de son mandat théorique en 1984. L'Etat socialiste lui propose de prendre la présidence de Total. Mais il refuse. Servir l'Etat est une chose, servir les socialistes, une autre.

Renaud de La Genière fait partie de cette race d'hommes pour qui l'éthique et la rigueur sont sacrées. Dépité d'être remercié après tant d'années de bons et loyaux services, son sens de l'honneur l'empêche toutefois de s'abaisser à accepter un lot de consolation. Il a trop de respect pour lui-même et pour les fonctions qu'il a exercées. Le cœur serré, il quitte la rue de La Vrillière pour reprendre, à 59 ans, le parcours du combattant des jeunes inspecteurs des finances en épluchant les comptes de la Région Languedoc-Roussillon ! Il n'en ressent pas moins une immense amertume. L'année suivante, il se range publiquement du côté de l'opposition. C'est sans doute cette frustration qui le pousse à s'affranchir de son devoir de réserve. Pour la première fois de son existence, Renaud de La Genière décide d'agrémenter ses agissements d'un brin de calcul. Il sait que son soutien prestigieux peut être bien monnayé auprès de ses amis politiques. Conscient que son intégrité intellectuelle lui interdit d'aspirer à une fonction ministérielle, il jette son dévolu sur le monde de l'entreprise. Il veut gérer un groupe financier. Paribas, par exemple, ou bien la Compagnie de Suez.

Ce sera Suez.

L'entreprise, il n'y connaît presque rien. Mais, comme tout inspecteur des finances qui se respecte, cette nouvelle responsabilité ne lui fait pas peur. Au fond, gérer une entreprise ne doit pas être plus difficile que de veiller au budget de l'Etat, pense-t-il sans doute. Il n'a pas tort. Il lui faudra moins d'un an pour se sentir à l'aise. Dès lors, ce grand serviteur de l'Etat n'aura qu'une seule hâte : faire sortir le groupe de la tutelle publique.

Mais voilà que la tâche s'avère plus délicate que prévu. Après avoir été supplanté par Paribas, Suez s'est en effet retrouvé l'enjeu d'une bataille politique. Au début du mois d'octobre, alors que tout était prêt, jusqu'à la campagne publicitaire avec Catherine Deneuve comme figure de proue, la privatisation a dû être encore reportée. Cette fois, Suez a fait les frais des querelles politiques. Réveillés tardivement, mais réveillés quand même, les socialistes, stimulés par les barristes, ont entamé une grande campagne contre la politique des « noyaux durs » en général, et la composition du capital de Suez en particulier. Le gouvernement envisageait en effet d'attribuer une belle part du gâteau Suez aux groupes amis : la Lyonnaise des eaux, dont Suez détenait par ailleurs 20 % du capital, le tandem Jean-Marc Vernes et Jack Francès, par ailleurs partenaires du groupe au sein de Victoire, et enfin Saint-Gobain, l'allié traditionnel du groupe de la rue d'Astorg. C'était trop beau pour être vrai : cette configuration a provoqué un tel tollé que le dossier Suez a dû être revu in extremis dans le bureau d'Edouard Balladur. Il a fallu chercher d'autres amis. Ce qui a pris du temps. D'où le deuxième report de la privatisation.

Le gouvernement a fini par trouver d'autres actionnaires, comme Elf-Aquitaine, pour faire contrepoids à Total chez Paribas. Ou encore Pernod-Ricard, qui a dû immobiliser l'équivalent d'une année de ses résultats pour devenir l'actionnaire numéro un de Suez. Ou, enfin, le groupe Exor, que son caractère familial mettait au-dessus de tout soupçon politique. La nouvelle composition du noyau dur semblait alors plus équilibrée. On y trouvait, à leur côté, Saint-Gobain, dont le noyau dur comprenait le groupe Suez, mais aussi les institutionnels de service, en tête desquels l'UAP, sans oublier Carlo De Benedetti, l'homme d'affaires italien. Ensemble, ces actionnaires allaient contrôler 30 % du capital de Suez. Encore une fois, le capital de Suez était détenu à près de 20 % par des groupes publics.

Et voilà, qu'en cet automne, la privatisation du groupe a de nouveau été reportée. La Genière est d'autant plus furieux que l'obstacle qui s'érige désormais devant sa privatisation n'a rien à voir avec l'Etat, ni avec une quelconque décision politique. Le 16 octobre, Wall Street plonge, entraînant dans son sillage les Bourses des grandes places européennes et asiatiques. C'est une véritable tempête. Personne n'y peut rien. Et Renaud de La Genière encore moins. Pour autant, l'espoir n'est pas totalement perdu. Mais force est de reconnaître que la situation n'est pas brillante. Quand bien même Suez serait privatisé, rien ne pourrait garantir le succès de l'opération, ni la sécurité de la maison. L'environnement boursier risque d'affecter le cours de l'action Suez. Ce qui pourrait rendre le groupe abordable pour n'importe quel prédateur. La menace est d'autant plus sérieuse que Suez suscite beaucoup d'intérêt. Il y a quelque temps déjà, Bernard Pagézy, le président de la Compagnie du Midi, avait tenté de se rapprocher de la maison de la rue d'Astorg. En vain. L'initiative lui a coûté cher. Le ministre d'Etat lui a en effet interdit d'entrer dans le noyau dur de Suez.

Les lieutenants de Renaud de La Genière sont aussi très inquiets. Contrairement au président, ceux-ci n'intéressent guère le pouvoir politique. Aussi ont-ils conservé leur fauteuil après l'alternance. Cette équipe, en principe soudée, est composée de trois personnalités aux caractères très différents. Il y a d'abord celui qu'on surnomme « l'Empereur », Antoine Jeancourt-Galignani, inspecteur des finances et gardien d'Indosuez, la grande filiale bancaire. Ce Corse au tempérament orageux, aussi chaleureux que colérique, est un personnage complexe. Propriétaire de la célèbre librairie Galignani de la rue de Rivoli, charmeur, sympathique, un brin voyou, il mène d'une main de fer son fief, où en ce temps-là il était adulé par tout le monde. Membre de l'Inspection, il sait parler à Renaud de La Genière qu'il appelle respectueusement Monsieur le Gouverneur. Celui-ci l'apprécie beaucoup. Il aime bien Jeancourt et son expérience, car le Gouverneur passe ses premiers après-midi chez le patron d'Indosuez pour apprendre la banque. En récompense de ses bons et loyaux services, il lui a promis un fauteuil d'administrateur au sein du futur conseil d'administration de la compagnie privatisée.

Il y a ensuite Gérard Worms. Ce polytechnicien, que Jean Peyrelevade a fait venir chez Suez en 1983, ne paie pas de mine. Affichant l'apparence d'un doux rêveur, il a en charge la définition de la stratégie du groupe. Entre lui et le Gouverneur, les relations sont courtoises, sans plus. D'abord, les deux hommes n'ont pas connu le même parcours ; l'un est polytechnicien, l'autre énarque. Ensuite, ce sont deux tempéraments totalement opposés. Le Gouverneur est raide comme un maillet, Worms est rond comme un ballon.

Il y a enfin Patrick Ponsolle. L'ancien directeur adjoint de cabinet de Laurent Fabius est également entré chez Suez sous Peyrelevade. Fils de ministre plénipotentiaire, gauche caviar jusqu'au bout des ongles, cet amateur de dîners en ville est un homme de coups. Dès son départ de l'Administration, il a mis au placard le costume de fonctionnaire pour revêtir celui du raider. Comme tant de socialistes bon teint, il a été piqué par le virus du capitalisme, il se rêve en *tycoon* de Wall Street. Curieusement, le Gouverneur éprouve de la sympathie pour lui.

Inutile de dire que ces trois-là se haïssent cordialement. Mais en cet automne, ils sont tout autant préoccupés du nouveau report de la date de la privatisation. Tous lorgnent le fauteuil du Gouverneur et préparent l'après-La Genière. D'où la nécessité impérieuse de privatiser Suez.

Ils finiront tous par être satisfaits. La tempête boursière calmée, le gouvernement décide fin octobre de relancer l'opération. Ce sera la dernière grande privatisation. Dans l'impossibilité de privatiser les compagnies d'assurances, Edouard Balladur souhaitait en effet procéder à une dernière opération avant le début de la campagne présidentielle.

C'est ainsi que démarre le 9 novembre l'offre publique de vente des actions Suez. Les titres sont proposés au prix unitaire de 317 francs. Mais voilà. Le premier jour de la cotation, l'action plonge. C'est un affront par rapport à Paribas. Les deux groupes se sont toisés avec un même dédain depuis la nuit des temps. Ce sont les deux grands piliers de la finance française. Un peu plus tard, l'action se ressaisit grâce notamment aux rachats massifs effectués par la Caisse des dépôts et consignations.

Renaud de La Genière souffle. Il n'a désormais qu'une seule obsession : rattraper son retard par rapport à Paribas. Voilà que l'ancien directeur du Budget, l'ancien gouverneur de la Banque de France, se transforme en raider pur et dur.

A peine privatisée, la compagnie vole au secours de la Société générale de Belgique (SGB), le premier groupe du royaume, alors dans la ligne de mire de Carlo De Benedetti. Le baptême du feu du Gouverneur se traduira par un succès inespéré. Certes, le mérite lui en revient autant qu'à ses généraux. Mais la providence est aussi de son côté. En l'occurrence, l'Italien est conseillé par son directeur général Alain Minc. C'est un penseur professionnel. Il réfléchit beaucoup, il a de bonnes idées. Mais il a un grave handicap, il ne mesure pas toujours bien les rapports de forces et il ne sait pas compter. On l'avait déjà vu lors de la tentative de prise de contrôle de la Générale des eaux par Saint-Gobain en 1983, à une époque où ce brillant inspecteur des finances était l'un des dirigeants du groupe verrier.

Le ministre d'Etat en personne apportera sa contribution à la victoire de La Genière. Edouard Balladur interdira en effet à Paribas de se lancer dans cette bataille. Il en intimera personnellement l'ordre à Michel François-Poncet. La mise à l'écart du groupe de la rue d'Antin ouvrait un boulevard à Suez qui avalera d'un coup le premier holding belge. Dès lors, rien n'arrêtera plus Renaud de La Genière. Suez sous son commandement amassera une centaine de milliards d'actifs, et une trentaine de milliards de pertes.

21

Les larmes d'Édouard

Février 1988. Rue de Rivoli

Le ministre d'Etat est triste. L'issue de l'élection présidentielle ne fait plus de doute. Dans quelques semaines, il va devoir quitter les ors du Louvre. Et, loin d'eux, il ne peut s'épanouir.

Il est triste, mais content de lui. Il se dit que les ouvrages d'histoire diront de lui qu'il est l'homme qui a assaini les finances publiques et introduit les privatisations en France. Ce n'est pas faux. Les privatisations se sont révélées un grand succès populaire, même si le gouvernement a été l'objet d'une campagne violente orchestrée par les barristes sur le thème de l'Etat-RPR.

Certes, le ministre d'Etat n'a pu appliquer son programme dans son intégralité. Il n'empêche. Les principales entreprises ont été privatisées. Mieux, les grands ensembles tant souhaités par Edouard Balladur sont en place. Une première nébuleuse s'est constituée autour de la Compagnie générale d'électricité (CGE) et la Société générale. Officiellement, la CGE n'a pas de noyaux durs. En réalité c'est la Société générale qui en est le premier des actionnaires. C'est d'ailleurs la raison pour laquelle Edouard Balladur a voulu la privatiser avant ses deux autres concurrents. La BNP, qui avait conservé son président nommé par les socialistes, ne figurait de toute façon pas en tête de liste des privatisables. Quant au Crédit lyonnais, il a été victime de la personnalité de son président. Jean-Maxime Lévêque ne cessait d'agacer le ministre avec des déclarations du genre : « Je sais bien qu'un bilan français est un mensonge organisé, mais j'ai découvert au Lyonnais des réserves dont je n'imaginais même pas l'existence [1]. »

Une deuxième galaxie était formée autour de Paribas et des AGF, et une troisième autour de Suez, Saint-Gobain et l'UAP. Hélas pour le ministre, les deux assureurs, clés de voûte de tout le système, sont demeurés dans le giron de l'Etat. Un problème technique d'une grande complexité empêchait en effet le retour au privé de ces institutions.

Dès lors, l'équilibre du système restait instable. Très instable. Déjà, avant même que la Bourse ne chute, l'Etat était dépassé par l'engouement provoqué par certains titres fraîchement privatisés. L'action Paribas, par exemple, qui avait connu un parcours impressionnant depuis son passage au privé, donnait du fil à retordre aux plus brillants esprits de la République. Craignant une offensive de Gérard Eskénazy, Jacques Friedmann était même allé jusqu'à appeler le financier pour lui dire en substance : « Gérard, n'achète pas du Paribas, ni Jacques (Chirac), ni Edouard (Balladur) ne te le pardonneront [2]. »

Toute l'exception française est là. Eskénazy rêvait de conquérir Paribas, Friedmann le menaçait de représailles politiques qui ne faisaient plus vraiment peur.

Edouard Balladur avait tout prévu sauf le réveil des financiers. A la faveur de la crise boursière, nombre de capitalistes commencent à s'affranchir de la lourde tutelle de l'Etat. Profitant de la baisse des cours, les « entrepreneurs » se sont piqués au jeu boursier. On l'a bien vu, Jacques de Fouchier achète du Paribas, tandis que Rousselet monte dans Havas. Les membres des fameux noyaux durs des principales entreprises privées ne sont pas en

1. Stéphane Denis, *op. cit.*
2. *Ibid.*

reste. Ils renforcent aussi considérablement leurs parts au point de frôler aisément la barre des 40 %.

Le contrôle du système savamment construit par Balladur commence à se fragiliser. En témoigne la sérénité de l'establishment des affaires face à la réélection de François Mitterrand. Contrairement à 1981, plus personne n'est traumatisé par cette perspective. Il y a tout juste sept ans, l'élite des affaires était dépitée, désormais elle est heureuse.

Pierre Bérégovoy, l'un des derniers invités de l'Afep en cette période de cohabitation, rassure d'ailleurs les milieux d'argent. On peut même dire que les patrons l'adorent. Autres temps, autres mœurs.

QUATRIÈME PARTIE

1988-1993

New Deal à la française

22

L'État capitaliste

Avril 1988. Ministère des Finances, rue de Bercy

Au premier abord, il ne paie pas de mine. C'est sans doute pourquoi il prend toujours un air important et affairé. Sans oublier de bomber le torse. L'homme qui établit ses quartiers aux Finances est dominateur et sûr de lui. Il n'est pas loin le temps où Pierre Bérégovoy posait pour la première fois les pieds sur l'auguste plancher de la Rue de Rivoli, sous les regards narquois des technocrates. C'était en 1984. Dans la mémoire de Bérégovoy, c'était il y a une éternité.

Désormais, il est chez lui aux Finances. Il a su séduire son monde. Les technocrates comme les patrons : ils l'estiment, ils l'écoutent, ils le respectent. Et pour cause. On peut tout dire de Pierre Bérégovoy; qu'il est vaniteux ou qu'il a de mauvaises relations. Mais il a du caractère. Au ministère des Affaires sociales, le doctrinaire laxiste et jusqu'au-boutiste du début des années 1980 s'est transformé en gestionnaire brutal des comptes de la Sécurité sociale. Plus tard, aux Finances, il s'est lancé dans une guerre de tranchées contre la direction du Trésor. Une bataille qu'il a menée avec succès et qui a donné le coup d'envoi à l'une des réformes les plus ambitieuses du premier septennat de François Mitterrand. C'est lui qui a déréglementé les marchés financiers, ce qui permet aux entreprises de se refinancer directement sur le marché sans passer par le canal coûteux des banques. Il a également encouragé l'épargne en accordant des avantages fiscaux, il est vrai exorbitants, aux épargnants. Il a enfin imposé une certaine discipline dans la gestion des finances publiques.

En ce début du nouveau septennat, il ne lit plus, dans les regards des messieurs des Finances, le mépris et le dédain d'autrefois. Pierre Bérégovoy a désormais une stature. Il incarne un socialisme d'un nouveau genre : le socialisme gestionnaire. La presse anglo-saxonne l'encense. La France rentière le considère comme le fils spirituel d'Antoine Pinay. L'ancien employé d'EDF-GDF est heureux. Il est devenu quelqu'un. Comme tous ceux qui découvrent la gloire sur le tard, il s'est installé dans le XVIe arrondissement de Paris. Son appartement est petit et anodin. L'adresse, pense-t-il sans doute, est prestigieuse. Il fait partie des gens qui comptent.

Il n'a qu'un problème : il n'est pas encore adoubé par l'establishment socialiste. Certes, il a l'oreille du Président. Mais pas davantage. Non que François Mitterrand s'en méfie, mais il le tient à l'écart. Jamais, par exemple, il n'a songé à l'inviter à passer un ou deux jours dans sa maison de Latche, privilège partagé par la plupart des dirigeants socialistes.

Du côté des éminences du PS, sa cote de popularité est proche de zéro. Ses discours péremptoires, son assurance caricaturale, sa vanité ridicule, tout cela les exaspère.

Pour l'heure, le ministre des Finances ne prête guère attention à tout cela : c'est l'écume des jours. En ce mois de juin, il plane haut, très haut. Eperdu d'admiration pour sa personne, il se sent pousser des ailes.

A l'instar d'Edouard Balladur, il souhaite laisser sa marque dans le paysage du capitalisme français. Un chantier vaste et délicat. Il déborde d'idées. Seulement, il n'a ni les moyens politiques, ni davantage les moyens réglementaires d'exercer ses talents de paysagiste sur le capitalisme français.

Le « ni-ni » étant de rigueur, il n'est pas question de nationaliser ni davantage de privatiser. Quant aux fameux « noyaux durs » des entreprises privatisées tant décriés, il n'est guère plus facile de les remettre en question. La loi sur les privatisations votée sous Jacques Chirac oblige en effet les actionnaires membres des fameux « noyaux durs » à respecter un code de bonne conduite qui les empêche notamment de céder leurs titres d'une entreprise privatisée avant un délai de deux ans. Autrement dit, le ministre est coincé. Qu'à cela ne tienne : ce qu'une loi peut faire, une autre peut le défaire. Bérégovoy pose donc les jalons d'une toute nouvelle réglementation qui libère les actionnaires membres des « noyaux durs » de toute espèce de contrainte et qui restaure l'autorité de l'Etat. Les pouvoirs publics pourront à l'avenir s'opposer à toute acquisition des actions de sociétés privatisées qui représenterait une part supérieure à 10 %.

Seulement voilà : de nombreux mois s'écouleront avant que ce texte puisse être voté et entrer en application. Or, le ministre est pressé. Non qu'il soit contre ce système qui garantit, en théorie, l'indépendance de ces sociétés après leur retour au secteur privé. Simplement, comme beaucoup d'autres, il s'insurge contre l'usurpation de ces leviers de défense par un parti politique. Le RPR ne peut plus veiller seul au devenir de ces entreprises, décide-t-il. Sans doute le ministre pense-t-il, comme d'ailleurs son prédécesseur, que les grands groupes financiers et industriels fonctionnent au diktat des partis politiques.

Bérégovoy ne s'avoue pas vaincu. Pour cet expert en contorsion, l'obstacle n'est nullement infranchissable. Il laissera agir les forces du marché. Celles-ci sont nombreuses. Il suffit de savoir les manipuler, quitte à leur donner un coup de main, le moment venu. Après tout, l'Etat dispose de beaucoup de leviers. Il demeure encore propriétaire des compagnies d'assurances et de certaines grandes banques, toutes actionnaires des sociétés privatisées. Ces investisseurs institutionnels sont tous dirigés par des hommes nommés ou renouvelés sous Balladur, dont le mandat court jusqu'en 1989. Soit ils coopèrent avec l'Etat et ils seront reconduits, soit ils refusent et l'Etat leur brandit la menace de les démissionner. C'est la nouvelle doctrine socialiste. Il n'y aura pas de chasse aux sorcières, mais aux têtes brûlées.

Dans le monde de la haute finance et de la haute industrie, il n'y en a pas. Tout le monde conserve donc son fauteuil au nom d'un œcuménisme exemplaire. A l'exception de Jean-Maxime Lévêque, patron du Crédit lyonnais, et de Jean Dromer, président de l'UAP. Le premier restera en place jusqu'en septembre, date à laquelle il sera atteint par l'âge de la retraite. Le second, inspecteur des finances, proche de Jacques Chirac, fut l'une des têtes pensantes des privatisations. Il présente la particularité d'être aussi un ami du Premier ministre Michel Rocard. Dans la République mitterrandienne, c'est déjà une raison suffisante pour être limogé. En plus, Pierre Bérégovoy a besoin de son fauteuil. Présente dans tous les tours de table, l'UAP est un maillon indispensable à la réussite des opérations de dénoyautage. Il y souhaite une personnalité proche du pouvoir.

Son premier choix se porte sur Bernard Attali, le frère de Jacques. Refus catégorique de Rocard. Le Premier ministre ne souhaite pas s'empoisonner la vie pour la première nomination d'importance de son gouvernement. Il doute des capacités de manager de Bernard Attali. Il lui préfère Jean Peyrelevade, à qui on avait pourtant promis le Crédit lyonnais. L'ancien directeur adjoint de cabinet de Pierre Mauroy est quelque peu dépité. Il ne connaît presque rien aux assurances. Peu importe. Son passé de militant en fait un candidat idéal pour présider la première compagnie d'assurance de l'Hexagone.

Le Crédit lyonnais ira, pour sa part, à un inspecteur des finances distingué, en l'occurrence Jean-Yves Haberer.

Quant à Dromer, on lui proposera l'ambassade de France en Grande-Bretagne. Ce qu'il prend pour une offense. Il ne se voit pas servir le thé aux sommités en visite outre-Manche. Il claque la porte, la tête haute. L'establishment, outré par les malheurs de cet inspecteur des finances, lui ouvrira les portes de plusieurs conseils d'administration où il se consolera en remplissant ses poches de jetons de présence.

Les hommes sont désormais en place. Pierre Bérégovoy peut se frotter les mains. Le ministre va pouvoir déplacer ses pions sur l'échiquier du capitalisme français. Il jubile à l'idée de pouvoir désormais tout contrôler, tout diriger, tout manipuler. L'économie mixte vient d'être officiellement portée sur les fonts baptismaux !

La toute première opération de dénoyautage échappe pourtant au ministre de l'Economie. Normal : il s'agit de recomposer l'actionnariat d'Havas, la chasse gardée d'André Rousselet, patron de Canal +. L'ami du président est, on l'a vu, furieux de la manière dont Havas a été privatisé au seul profit du RPR. Contrairement au ministre, il n'a pas envie de redessiner le paysage capitalistique. Son principal souci, c'est sa chaîne cryptée. Pour la mettre à l'abri, il faut qu'il rééquilibre le tour de table de son principal actionnaire. Depuis le krach, Canal + détient quelque 9 % du capital d'Havas. Ce n'est pas suffisant. Face à lui, il y a le noyau dur RPR qui contrôle près de 30 % du capital. Il faut revoir les rapports de forces.

Fin psychologue, c'est à Jérôme Monod, le président de la puissante Lyonnaise des eaux, que Rousselet s'adresse en premier. Cet ami de longue date de Jacques Chirac est un chef d'entreprise suffisamment avisé pour savoir qu'il faut négocier avec Rousselet. Au-delà de ses qualités personnelles, et de sa vision du monde des affaires, Jérôme Monod dirige aussi un groupe qui ne vit que grâce aux contrats signés avec les municipalités de gauche comme de droite pour la distribution de l'eau, le traitement de déchets, etc. Bref, Monod n'a pas besoin qu'on lui fasse un dessin. Il dépend trop de l'Etat pour s'offrir le luxe d'un conflit frontal avec l'ami du président de la République.

Ensemble, les deux hommes se mettent rapidement d'accord sur une nouvelle répartition du capital d'Havas. Trois blocs se dégagent : les actionnaires RPR avec 24 % du capital, les actionnaires publics avec 15 %, et les actionnaires regroupés autour de Canal + avec 24 %. Inutile de dire que ni Pierre Dauzier, le président d'Havas, ni les autres membres du tour de table du groupe n'ont été associés à ces discussions. Dauzier, fidèle à sa méthode, laisse les pleins pouvoirs à Rousselet. L'essentiel est qu'il conserve son fauteuil. Pour cela il faut faire acte d'allégeance à Rousselet. Du moins tant que François Mitterrand est président de la République. Il ira même jusqu'à donner un coup de main à Rousselet en invitant le groupe agro-alimentaire BSN dans son capital.

Les autres actionnaires d'Havas, quant à eux, assistent impuissants à la recomposition du capital. Quelques-uns tentent un début d'opposition. Curieuse coïncidence, ceux-ci se retrouvent dans la ligne de mire de la justice à propos de petites affaires qui se termineront toutes par des non-lieux.

L'opération est un véritable succès salué par tous. Et d'abord par Pierre Dauzier, qui se félicite d'avoir retrouvé un actionnariat enfin adapté alors qu'il n'avait même pas cillé lors de la privatisation caricaturale de son entreprise.

André Rousselet est rassuré. Il trône au milieu d'un conseil d'administration des plus chics, où Jérôme Monod (Lyonnaise des eaux) côtoie Jean Peyrelevade (UAP), Michel François-Poncet (Paribas), le banquier Jean-Marc Vernes, Robert Lion (Caisse des dépôts), René Thomas (BNP), Antoine Riboud (BSN), Philippe Jaffré (Crédit agricole), Jean-Louis Pétriat (GMF), Michel Albert (AGF)...

Désormais, il va se poser en vice-roi des ondes de France et de Navarre.

La seconde opération de dénoyautage concerne la Compagnie générale d'électricité (CGE). Encore une fois, Pierre Bérégovoy n'y est pour rien. Il prendra le train en marche. L'ancien président de cette entreprise, Georges Pébereau, nommé par les socialistes en 1981 et évincé par les gaullistes en 1986, brûle de reconquérir ce groupe. A cette fin, il a réuni autour de lui quelques hommes de sa génération, c'est-à-dire des jeunes de 70 ans, qui présentent le double avantage d'être riches et politiquement neutres.

Leur projet est compliqué. Cette joyeuse équipe d'entrepreneurs envisage en effet de se lancer à l'assaut de la Société générale pour ensuite mettre la main sur la CGE. On a bien vu que celle-ci n'avait pas à proprement parler de « noyaux durs ». Son principal actionnaire est la Société générale. Qui commande la banque peut ensuite prendre le contrôle de la Compagnie d'électricité.

A priori, le coup est jouable. Le capital de la Société générale est dispersé. Les actionnaires du secteur public en détiennent environ 10 %. Il suffit donc de ramasser 20 ou 30 % sur le marché et le tour est joué.

Le ministre est enchanté. Trop heureux d'avoir trouvé des investisseurs compréhensifs, il fera tout pour leur faciliter la tâche. Mais, naturellement, tout doit rester dans le plus grand secret. Il n'est pas question que l'Etat apparaisse au grand jour.

Seulement voilà. Pierre Bérégovoy a cédé à son péché mignon. Il en fait trop et présume de ses forces. Tout comme les assaillants menés par Georges Pébereau. A force de vouloir jouer fin, ceux-ci s'emmêlent les pieds dans le tapis. Surtout, ils surestiment leurs atouts et sous-estiment leurs handicaps.

Les actionnaires publics de la banque ne jouent pas tous le jeu. Ceci en dépit des interventions répétées du ministre. Certes, François Heilbronner (Gan) et Jean-René Fourtou (Rhône-Poulenc), deux personnalités réputées de droite, ne ménagent pas leurs efforts pour exécuter les ordres de Bérégovoy. Ils se rangent du côté de Georges Pébereau. En revanche, ce n'est le cas ni de Michel Albert (AGF), ni de Jean Peyrelevade (UAP). Le premier attendra l'issue de la bataille pour rallier le camp des vainqueurs, en l'occurrence la Société générale. Quant à Jean Peyrelevade (UAP), il enverra purement et simplement le ministre de l'Economie sur les roses. Le président de l'UAP, on l'a vu, n'aime pas les risques mal mesurés. Autant il était favorable à un raid éclair sur la CGE – d'ailleurs il en avait monté le projet à la banque Stern –; autant il sentait mal l'offensive sur la Société générale. Il refuse d'intervenir. Et surtout, il le fait savoir.

L'opération est un fiasco complet. Elle fait la risée du Tout-Paris des affaires. Elle fait néanmoins des heureux. A commencer par Marc Viénot, président de la Société générale, qui gagne à cette occasion ses galons de capitaliste. Pour défendre la banque, il avait mobilisé toute l'Inspection derrière lui. Bien sûr, l'échec de ce « dénoyautage » doit davantage aux maladresses des « golden papies » réunis autour de Georges Pébereau qu'à la stratégie de défense mise au point par Viénot. Qu'importe. Le président de la Société générale, technocrate jusqu'au bout des ongles, ne passe alors plus les portes. Grâce à Georges Pébereau, il est sorti de l'anonymat et devenu un héros.

Jean Peyrelevade non plus n'a pas à se plaindre. Il se pose en parrain rose du capitalisme français. Il est celui qui a su dire non.

Le ministre de l'Economie est fou de rage. Que l'opération se solde par un échec cuisant, c'est déjà dur à avaler. Mais que les actionnaires publics refusent d'obtempérer à ses ordres et qu'ils le fassent savoir, voilà qui est bien plus grave.

Pierre Bérégovoy pensait sans doute s'imposer comme en 1984. Erreur. A l'époque il était entre les mains d'un homme du sérail, Jean-Charles Naouri, inspecteur des finances qui, depuis, a quitté la direction de son cabinet pour rejoindre la banque Rothschild. En cette année 1988, Bérégovoy est conseillé par Alain Boublil, dont le grand tort est de ne pas être sorti du moule de l'Administration et de se prendre pour plus visionnaire qu'il n'est.

A partir de là, le ministre de l'Economie et des Finances mettra en veilleuse ses rêves capitalistes.

L'Etat n'est décidément plus ce qu'il était.

23

Le tigre se fait les dents

Juillet 1988. Avenue Montaigne, siège de Christian Dior

« Seriez-vous intéressé par une prise de participation chez LVMH ? »

Bernard Arnault a un visage d'angelot. On lui donnerait le bon Dieu sans confession. Sauf quand passe sur ce visage un sourire étrange et glaçant ; un sourire de carnassier. Henry Racamier remarque à peine ce sourire. Le vice-président de Louis Vuitton-Moët Hennessy (LVMH), le premier groupe mondial des produits de luxe, n'a qu'une seule obsession : faire entrer le jeune patron de Christian Dior dans son groupe.

« Ce serait un très grand honneur », répond-il.

Arnault n'en revient pas. Il vient à peine de fêter ses 38 ans et voilà qu'on le sollicite. Et pas n'importe qui : le fondateur de Louis Vuitton, Henry Racamier en personne ; une sorte de monument.

Il ne se sent pas flatté. Ou alors si peu. L'homme est un instinctif. Il observe simplement qu'on l'invite dans la bergerie. Cette chance, il va la saisir. Elle ne passera qu'une fois. Cela fait longtemps qu'il attend ce moment-là. Longtemps qu'il s'y prépare.

Arnault est prêt à tout pour arriver à ses fins. Il dit toujours qu'il faut savoir adapter une stratégie à la réalité. Voyez l'affaire Boussac. Lorsqu'il avait repris ce groupe, il s'était engagé à ne pas le démanteler. Las ! En deux ans, il a nettoyé, licencié et restructuré à la hache. De 16 000 personnes, l'effectif est tombé à moins de 10 000. Tout a été cédé à l'exception notable de Christian Dior, le véritable joyau, et de quelques autres actifs comme le Bon Marché, Conforama, la Belle Jardinière ou encore Peaudouce. Autant de trésors qui pourraient un jour servir. Qu'importe si la presse a crié au scandale. Arnault s'est certes enrichi, mais il a aussi débarrassé l'Etat d'un problème politique délicat.

Peu partageux, le jeune patron de Dior a aussi réussi à imposer son autorité à ses partenaires financiers qui l'avaient épaulé lors de la reprise de Boussac. Bernard Arnault a une conception toute personnelle des affaires. « Les entreprises, il faut les contrôler seul », dit-il toujours. Quand il s'investit, c'est pour prendre le pouvoir.

Désireux d'asseoir définitivement son autorité sur l'ensemble, Bernard Arnault qui détenait environ 12 % du groupe Willot, c'est-à-dire autant que Lazard, Worms et les autres, est désormais seul maître à bord du navire. Fin 1986, en effet, il a négocié, en secret, le rachat du reliquat des actions des frères Willot (16 % du capital). Grâce à un prêt du Crédit lyonnais, il met 400 millions sur la table et rafle ce paquet de titres au nez et à la barbe de Lazard et Worms. Premier actionnaire de l'ensemble avec 30 % du capital loin devant ses associés qui restent à 10 %, il a désormais les mains libres.

Les 90 millions du départ investis par Arnault se sont multipliés par plus de 40. Quant aux autres associés, ils n'ont pas à se plaindre. Leur investissement s'est aussi apprécié. Il s'est multiplié par presque 10.

Follement amoureux de la maison Dior, le jeune Arnault ne caresse dès lors qu'un seul rêve : s'offrir ou créer un empire du luxe. L'ingénieur et le matheux qu'il est y trouve aussi son compte. « C'est la seule industrie où les marges sont de luxe », ironise-t-il. Se prenant pour Marcel Boussac, il lance Christian Lacroix, un beau succès médiatique aux retombées financières cependant médiocres. Il rachète aussi la maison Céline.

Bref, tout lui sourit. Il est riche, il est beau, il est jeune. Mais il ne prise guère les fastes, ni les plaisirs tape-à-l'œil. Ce n'est pas un fantaisiste. Il vit discrètement à l'abri des regards dans un hôtel particulier banal. Les bolides puissants, les propriétés partout dans le monde, ce n'est pas son genre. Il conduit toujours la même Peugeot 205 et part toujours en vacances à Saint-Tropez. Le luxe pour lui, c'est un raffinement qui se remarque peu, comme chez Dior, où le décor est gris pâle, rehaussé de fleurs blanches.

Beaucoup se seraient contentés de cette réussite. Pas lui. Il veut plus. Surtout depuis qu'Henry Racamier est venu frapper à sa porte. LVMH, Arnault en a rêvé depuis ce jour de mai 1987 où Louis Vuitton s'est rapproché de Moët-Hennessy. Un beau groupe alignant des marques aussi prestigieuses que les Parfums Dior, le champagne Moët & Chandon, le cognac Hennessy, etc. Il aurait bien voulu en prendre le contrôle. Mais LVMH était apparemment hors de sa portée. Le groupe valait 23 milliards de francs en Bourse, c'est-à-dire trois fois plus que sa propre entreprise, désormais rebaptisée Financière Agache, qui ne valait que 8 milliards.

Un an et une crise boursière plus tard, la providence vient au secours d'Arnault.

Henry Racamier, le président de Vuitton, et Alain Chevalier, président de Moët-Hennessy, les deux artisans de la fusion, s'enlisent vite dans une guerre de tranchées qui fragilise sérieusement l'édifice du groupe. Tout devient matière à dispute : du choix du siège social à celui du sigle, en passant par la stratégie à suivre. La maison fonctionne, mais chacun veut reprendre ses billes. La cohabitation est impossible entre ces deux hommes. Chevalier, longtemps habitué à un actionnariat familial et passif, a du mal à supporter la présence de Racamier. Quant à celui-ci, fort de sa réussite à la tête de Vuitton, il n'est pas disposé à partager le pouvoir avec un technocrate. Bref, tous deux souhaitent se débarrasser l'un de l'autre.

Alain Chevalier se tourne vers le groupe britannique Guinness. Moët-Hennessy et Guinness ont en effet signé des accords sur la distribution commune de leurs produits respectifs. Ils tiennent beaucoup à leur partenariat. Et pour cause. Cette association assure 25 % de leur résultat. Quoi qu'il arrive sur le capital de LVMH, il est hors de question d'y mettre fin.

C'est pourquoi Chevalier décide de négocier le principe d'une prise de participation croisée entre LVMH et Guinness. Non seulement le président de LVMH trouve là le moyen de pérenniser les accords de distribution, mais surtout, en accueillant les Britanniques dans son tour de table, il s'assure de l'appui d'un actionnaire de poids.

Naturellement, Racamier n'est guère favorable à un tel projet, qui risque à la fois de fragiliser sa position et de noyer Louis Vuitton dans un vulgaire ensemble de vins et spiritueux. Lui aussi cherche à trouver des alliés dans le monde du luxe. D'où sa démarche auprès d'Arnault.

Le patron de Dior ne paie pas de mine. Courtois, effacé, discret, il donne de prime abord l'impression d'un jeune ambitieux un peu trop vert pour jouer dans la cour des grands. Il faut dire que le jeune ambitieux en question manie avec un art consommé les relations publiques. Autant il méprise les gens de sa génération, autant il ne cache pas son admiration pour ses aînés, ceux qui débarrasseront bientôt le plancher.

C'est ainsi qu'il séduit Racamier. Celui-ci n'est sans doute pas son bienfaiteur, mais il a besoin de lui. Son plan est simple : Arnault rachète en Bourse une partie du capital de LVMH, s'associe ensuite avec la famille Vuitton et l'aide à se débarrasser de Chevalier. Ce n'est qu'ensuite que Racamier se débarrassera lui-même d'Arnault.

L'ancien promoteur immobilier n'est pas dupe. Peu importe les motivations de Racamier. L'essentiel est qu'il entre dans le sérail.

Ces discussions demeurent secrètes. A la veille de l'opération, Arnault prévient néanmoins son banquier Antoine

Bernheim, le puissant associé-gérant de Lazard. Celui-ci est embarrassé. En effet, le coup est rude pour Lazard. Cette banque d'affaires compte, parmi ses clients, Arnault bien sûr, mais aussi Alain Chevalier et Guinness. Au siège de la banque, les associés sont sur le pied de guerre. Il faut éviter que l'échange de participations croisées entre LVMH et Guinness ne se télescope avec le mini-raid projeté par Arnault sur le même LVMH.

Or, Bernheim réalise très vite qu'il est impossible de dissuader Arnault. Celui-ci n'est pas disposé à abandonner l'opération. C'est pourquoi l'associé de Lazard décide de réunir autour de la même table Bernard Arnault, Alain Chevalier et Anthony Tennant, le président de Guinness, pour chercher une solution alternative. Celle-ci est vite trouvée : Christian Dior et Guinness entreront de concert dans le capital de LVMH.

Cette fois, c'est Racamier qui est hors du coup.

Arnault, lui, jubile. Il y a de quoi : on lui déroule le tapis rouge, et en plus on lui apporte un tiroir-caisse avec Guinness. Son groupe est certes riche. Grâce aux différentes cessions réalisées, dont notamment Peaudouce, aux appels au marché, aux introductions en Bourse de ses différentes filiales, le patron de Christian Dior dispose de quelque 6 milliards de francs de trésorerie. Amoindrir le coût de l'investissement ne fera sûrement pas de mal, à condition que lui seul ait la main.

Financière Agache et Guinness s'associent donc dans le cadre d'une société holding du nom de Jacques Rober, dont le contrôle revient à 60 % à Arnault et 40 % aux Britanniques, avant de se lancer à la conquête de LVMH. En six mois, le tandem ramasse 43 % du capital et Arnault pousse les deux présidents vers la porte. D'un coup, d'un seul, Arnault multiplie sa fortune par 20.

« Le patron c'est moi. Dès lundi matin je serai là et je dirigerai personnellement l'entreprise. »

C'est par cette déclaration laconique qu'il commence sa première journée de président de LVMH. Bernard Arnault n'a pas encore 40 ans.

L'opération déplaît fortement. D'autant plus qu'avec cette prise de contrôle à la hussarde, Arnault ferme la porte derrière lui. A l'époque, la réglementation boursière était plutôt flexible. On pouvait ramasser ce qu'on voulait en Bourse sans être contraint de lancer une offre publique d'achat sur la totalité du capital d'un groupe, afin d'assurer l'égalité de traitement entre les actionnaires. C'était d'ailleurs la chance d'Arnault. Sans cela, il n'aurait jamais pu mener à bien ses desseins.

Ainsi, à cause de lui, ou plutôt grâce à lui, la Commission des opérations de Bourse (COB), impose à tout acheteur de lancer une OPA sur au moins 66 % du capital d'un groupe dès lors qu'il a franchi le seuil de 33 %.

Son adresse, loin de susciter l'admiration, agace. L'establishment des affaires ne lui pardonne pas d'avoir délogé Racamier, un vieillard charmant, et Chevalier, un énarque brillant, deux piliers des salons parisiens. Le Tout-Paris des médias le considère comme un aventurier. On le soupçonne de tous les maux. N'a-t-il pas embauché le fonctionnaire qui, à la direction du Trésor, s'occupait de l'affaire Boussac ? Bref, tous ses faits et gestes sont passés au peigne fin. L'homme est atteint. Pendant une année, empêtré dans une bataille judiciaire sur le contrôle de LVMH, il est au centre de toutes les critiques. Les attaques le blessent. Mais il préfère plaisanter : « Dans le fond, je suis comme Gorbatchev, haï dans son pays, célébré ailleurs. »

Alors que New York le fête, Paris le fuit. Pourtant, il arrondit quelque peu les angles. Ainsi, lorsqu'il découvre les émoluments versés à Jean Dromer en sa qualité d'administrateur de LVMH, il pique une colère noire avant de se raviser et de proposer à cet inspecteur des finances la direction générale d'une de ses sociétés. A défaut d'avoir accepté d'être l'ambassadeur de France en Grande-Bretagne, Dromer sera donc l'ambassadeur de Bernard Arnault dans l'establishment. Mais cela n'y fait rien. Arnault n'est pas aimé.

Il y a certes une part de jalousie dans la méfiance qu'il inspire. Le parti qu'il a su tirer de Boussac fait pâlir d'envie beaucoup de monde. Mais le personnage a du mal à susciter la sympathie. Secret jusqu'à l'obsession, l'homme n'aime pas se découvrir. Avare de sa personne, il abhorre le tutoiement, qu'il réserve à sa famille proche et quelques rares personnes. De prime abord, il est réfrigérant. L'allure raide, le sourire coincé, le regard menaçant, il ne force pas la familiarité. C'est le contraire du copain de régiment. Et pourtant, en certaines occasions, il se trahit. Apparaît alors un homme à la sensibilité à fleur de peau. Mais comme tous les sensibles ambitieux, il prend soin de cacher sa vraie nature sous un masque de loup et une démarche féline. Généralement, il y parvient bien.

24
Les apprentis capitalistes

Juin 1989. Rue d'Antin

Michel François-Poncet est de méchante humeur. La mèche en bataille, il grille cigarette sur cigarette. Le président de Paribas est fatigué. Même si ce n'est pas son genre, il est un peu stressé.

Ce ne sont pas tant les tentatives, manquées, de dénoyautage qui l'inquiètent. En ce printemps, il est agacé par les demandes pressantes de ses collaborateurs, impatients de déployer leurs talents de raiders. La Compagnie de Suez, la rivale séculaire du groupe de la rue d'Antin, ne cesse de se signaler sur le marché. Depuis sa privatisation, elle a raflé la Société générale de Belgique, le premier holding belge, et elle est en train de finaliser le rachat de Victoire, le plus riche des assureurs français. En trois ans, Suez est devenu l'un des plus grands empires financiers européens, alors que Paribas continue à ronronner. La maison se doit de faire quelque chose. D'ailleurs, bon nombre de cadres passent au peigne fin plusieurs dossiers. On regarde vers la Générale des eaux, Bouygues, etc. Il faut agir.

Après de nombreuses discussions, les stratèges de Paribas finissent par jeter leur dévolu sur la Compagnie de navigation mixte (CNM), un ensemble hétéroclite avec des intérêts dans l'assurance, le champagne, les oranges, etc. C'est une cible abordable : son capital n'est pas verrouillé et elle ne vaut pas très cher. C'est un investissement qui peut rapporter gros : la valeur totale des différentes sociétés de la CNM est supérieure à la capitalisation boursière de l'entreprise.

François-Poncet n'émet pas d'objections. Seulement, il n'est pas convaincu de l'opportunité d'une telle opération à un moment où son propre capital semble de plus en plus mouvant. Le tour de table de Paribas a en effet beaucoup évolué depuis sa privatisation. Pargesa, de Gérard Eskénazy, a déjà ramassé quelque 10 % du capital. La Compagnie bancaire, sous la férule de Jacques de Fouchier, s'est aussi adjugé près de 7 % de sa maison mère. Cependant poussé par ses cadres, il finit par donner son consentement.

De toute façon, MFP ne pouvait faire autrement. Il ne maîtrisait plus rien. L'un de ses propres actionnaires, les AGF, avait déjà devancé l'appel en ramassant à la pelle les titres de la Mixte. Pourquoi ? Personne n'en sait rien. Tout juste certains remarquent-ils que Michel Albert, le président du groupe d'assurances, est très lié à Gérard Eskénazy. Soutenue par la Compagnie publique, la Rue d'Antin se lance donc à l'assaut de la Mixte.

Seulement voilà. Les brillants esprits de Paribas avaient tout prévu sauf la capacité de résistance de Marc Fournier, président de la CNM.

Ce vieux briscard, qui a échappé à une dizaine de reprises et à des tentatives d'OPA diverses et variées sur son groupe, est plein de ressources et de ressort. C'est un atypique. Il est entré dans les affaires un peu par effraction. Il en a appris les ficelles en observant. Discrètement. Un temps proche de Suez, via le tandem Jack Francès-Jean-Marc Vernes, il a fini par prendre ses distances. L'homme n'avait pas un tempérament d'exécutant. Ce que lui demandaient précisément ses amis. Dès lors, il s'était approché de la maison voisine. Et voilà qu'elle veut lui planter un couteau dans le dos.

Rusé, il fait alors le siège de tous les ennemis de Paribas : le Crédit lyonnais, dont le nouveau patron, Jean-Yves Haberer, se fera, c'est sûr, un malin plaisir de contrer les opérations de l'ancien groupe qu'il a présidé ; ou encore Jean-Marc Vernes, le banquier, qui en veut à la Rue d'Antin de ne pas être venue à son secours lorsque Suez a pris le contrôle de Victoire dont il assurait la présidence. Il ne s'arrête pas en si bon chemin. Il se rappelle au bon souvenir de quelques amis à qui il a rendu des services dans le passé : Marc Viénot, le président de la Société générale, à qui Fournier n'a pas ménagé son aide lors du raid de Georges Pébereau, et enfin Framatome, dont le président justement cherche à se constituer un réseau d'amitiés au cas où son principal actionnaire, la Compagnie générale d'électricité, éprouverait des velléités hégémoniques.

Voilà pour le tour de table. Mais Fournier n'est pas rassuré. Il lui faut des munitions. Alors, il décide de vendre certains de ses actifs. C'est le cas de ses sociétés d'assurances, dont il cède 50 % au géant allemand Allianz. Celui-ci paie le prix fort. En plus, il accepte de prendre une participation dans le capital de la Mixte.

Riche de la trésorerie ainsi dégagée, fort de l'appui de ses actionnaires amis, Fournier attend. Comprenant vite que l'équipe de Paribas commet maladresse sur maladresse, il se lance à son tour à l'assaut de la Rue d'Antin. Il achète sur le marché des titres Paribas au point d'en devenir l'un des tout premiers actionnaires.

D'assaillant, la Rue d'Antin se retrouve assaillie.

Pour avoir voulu jouer les raiders pingres, Paribas voit son OPA faire un flop en Bourse. Le groupe ne peut prétendre qu'à 40 % du capital de la Mixte. Alors que celle-ci s'est déjà assuré 12 % de Paribas.

« Vous pouvez compter sur mon soutien, Michel. »

A Genève, au siège de son holding suisse Pargesa, Gérard Eskénazy se lèche les babines. Les malheurs de Paribas font son bonheur. C'est le moment ou jamais de revenir Rue d'Antin. Le prétexte : sortir la maison de cette mauvaise passe.

Eskénazy n'a pas l'intention de déloger Michel François-Poncet. Son plan est plus subtil. Il veut restaurer l'image de Paribas en lui revendant la participation de Pargesa dans les filiales suisse et belge. Celles-là mêmes qui avaient été sorties du giron du groupe de la rue d'Antin lors des nationalisations. La reconquête de ces provinces perdues permettra à Paribas d'effacer l'affront du raid avorté sur la Mixte. Eskénazy n'a pas l'intention de réaliser cette opération de manière désintéressée. Il compte obtenir, en échange des apports de Pargesa, un gros paquet de titres de Paribas. Cela fera de Pargesa le plus important actionnaire d'une méga-galaxie européenne. Et lui, Gérard Eskénazy, en deviendra l'homme fort.

Le schéma est séduisant. Encore faut-il qu'il reçoive l'aval des principaux actionnaires de Pargesa, c'est-à-dire le belge Albert Frère et le canadien Paul Desmarais, qui en possèdent chacun 20 % du capital. C'est le plus grand des obstacles. Celui qui fera tomber Eskénazy une deuxième fois au seuil de la Rue d'Antin.

Les relations de Gérard Eskénazy avec le premier sont ternies depuis quelque temps. L'homme de Charleroi n'aime pas qu'on monte des coups dans son dos. C'est précisément ce que fait celui qu'il appelle Gérard. Frère veut bien rigoler, taper dans le dos d'Eskénazy, l'inviter à ses dîners mondains, mais pas question qu'il touche à sa « galette » et à ses relations sans lui en parler. Fin 1988, en pleine bataille pour le contrôle de LVMH, Gérard justement avait déjà trouvé le moyen d'aider Henry Racamier contre Bernard Arnault, le grand copain d'Albert Frère. Le patron de GBL était fou de rage. Arnault, il l'apprécie depuis longtemps. Les deux hommes sont voisins à Saint-Tropez où ils jouent souvent au tennis ensemble. Arnault, qui déteste perdre dans cette discipline, a été mis littéralement à terre par Frère. Le jeu « vicieux » du Belge l'avait conduit à faire une pirouette qui avait eu raison de son dos. Normalement, le président de LVMH accepte mal d'être battu au tennis. Mais vis-à-vis de Frère, c'est autre chose. Les deux hommes se vouent l'un l'autre une confiance aveugle. Arnault, c'est sans aucun doute le fils qu'aurait aimé avoir Frère. Le contraire de lui et son double en même temps.

Ce faux pas coûte cher à Gérard Eskénazy.

Quant à Desmarais, il n'a pas d'a priori contre le patron de Pargesa. Mais celui-ci trouvera le moyen de le rendre méfiant.

Car Eskénazy ne fait aucune confiance à Frère. Il décide de jouer seul avec Desmarais. Pour le convaincre de le soutenir dans ses visées hexagonales, Eskénazy traverse l'Atlantique et lui détaille son plan. « Associons-nous pour prendre Paribas », lui dit-il en substance. Avant d'ajouter que, dans son esprit, Frère n'est pas dans le coup. Erreur. « Si Eskénazy me propose un accord dans le dos de Frère, dans six mois ce sera mon tour », se dit le Canadien. Il prend le premier avion pour venir avertir Frère.

Les deux hommes n'en reviennent pas. Instinctivement, ils ne sont pas disposés à soutenir Eskénazy. Mais celui-ci leur a fait peur. Il leur a dit, un peu vite, qu'il avait l'appui de tout l'establishment parisien pour mener à son terme son plan de rapprochement avec Paribas. Que peuvent faire un Canadien et un Belge, lesquels, de surcroît, sont mal vus en France à cause de l'affaire Paribas-Suisse, face à toute la République ?

Prudents, ils appellent au secours Jean Peyrelevade, le président de l'UAP, actionnaire de Paribas et proche des socialistes. Celui-ci avait été mis au parfum. Ses informateurs à Matignon l'avaient renseigné sur les intentions d'Eskénazy. Le patron de Pargesa ayant fait un compte-rendu détaillé de son plan à Tony Dreyfus, le conseiller de Michel Rocard pour les dossiers dits délicats, cet ancien avocat lui avait suggéré de consulter Peyrelevade. Au lieu de cela, il était allé voir Michel Albert, le patron des AGF. Erreur colossale. Le président de l'UAP a vu rouge. Lui aussi en veut terriblement à Eskénazy.

Peyrelevade conseille donc à Frère et Desmarais de se débarrasser du patron de Pargesa. Ceux-ci ramassent sur le marché des actions Pargesa au point de détenir le contrôle absolu. La chance est avec eux. La débâcle de la banque américaine Drexel Burnham, filiale de Pargesa, fait baisser le cours des actions du holding suisse. Et, surtout, elle leur procure le prétexte idéal pour limoger Eskénazy. C'est un jeu d'enfant. Exit Eskénazy.

Meurtri, dépité, vaincu, l'ancien numéro deux de Paribas tire définitivement un trait sur la Rue d'Antin. Désormais, il volera de ses propres ailes. Avec le soutien de quelques rares amis, comme Loïk Le Floch-Prigent, patron d'Elf, de Michel Albert, de François Pinault, de Didier Pineau-Valencienne, il réunit 3 milliards de francs pour créer Comipar. Ce sera son groupe.

A Paribas, l'ambiance est morose. Les proches d'Eskénazy sont tristes. D'autres sont amers. Décidément, la maison a beaucoup perdu de son éclat.

Ce n'est pas le cas de Jacques de Fouchier. Il a retrouvé son énergie. Depuis que le plan Eskénazy est tombé à l'eau, on l'écoute de plus en plus. Il n'a jamais cessé de veiller sur les destinées de Paribas. Il a notamment lancé l'idée de modifier les statuts pour doter la compagnie d'un directoire confié à un nouvel homme fort, en l'occurrence André Lévy-Lang, président de la Compagnie bancaire et d'un conseil de surveillance destiné à sauver la face à Michel François-Poncet, qu'il aime bien, dans le fond.

Malin, le fondateur de la Compagnie bancaire s'en ouvre aux principaux actionnaires en commençant par Jean Peyrelevade. Ce fin psychologue sait qu'il faut ranger à ses côtés cette personnalité de gauche peu commode qui a déjà eu le loisir de déployer ses capacités de nuisance lors de l'affaire de la Société générale. Ce faisant, il donne aussi un gage de bonne volonté au gouvernement.

Peyrelevade, flatté, saute sur l'occasion et rallie à cette cause l'ensemble des autres administrateurs, déjà travaillés au corps par Jacques de Fouchier. Le patron de l'UAP revendique même le choix du nouveau président de Paribas. Jacques de Fouchier laisse dire. L'essentiel est que la Compagnie bancaire devienne maître de Paribas.

Michel François-Poncet, pour sa part, fait contre mauvaise fortune bon cœur. « Michel, c'est très intelligent d'accepter cette nouvelle formule. Vous me remercierez, car vous serez derrière et tranquille comme Baptiste », lui dit Jacques de Fouchier. Le président de Paribas jette l'éponge et accepte de se cantonner dans un travail « diplomatique ».

Au fond, MFP avait tout prévu. Il savait que Fouchier, dès l'origine hostile à sa nomination, finirait par se manifester. Il savait aussi que le raid sur la CNM allait être délicat. Mais il n'a jamais su dire non. Il n'est pas amer. Simplement un peu mélancolique. C'est dur d'être un vrai capitaliste en France...

25

Un zéro bis à Paribas

Juin 1990. Palais des Congrès

La foule est dense dans l'auditorium du Palais des Congrès. Tous les cadres de Paribas y sont réunis pour assister à la première prestation du duo qui a désormais en main l'avenir de la compagnie.

Michel François-Poncet, coquet jusqu'au bout des ongles, sanglé dans un costume gris clair, attend, assis derrière une longue table. A son côté, André Lévy-Lang, le nouvel homme fort de Paribas : un mètre soixante-cinq, silhouette frêle, costume sombre, l'allure anodine d'un cadre bancaire.

Sur la scène se dresse une sorte de pupitre devant lequel a été posé un tabouret en carton-pâte. Une astuce trouvée par les organisateurs pour éviter aux deux hommes de jongler avec le micro fixé à la hauteur de MFP, c'est-à-dire à plus de trente centimètres au-dessus de la tête de Lévy-Lang.

L'œil noir souligné par ses éternelles lunettes en demi-lunes, MFP se lève et se rend lentement vers le pupitre. Le tabouret est toujours là. Il se demande à quoi il sert. Décidant qu'il est encombrant, il donne un sévère coup de pied au tabouret qui glisse au milieu de la scène. Et il prend la parole.

Vient le tour d'André Lévy-Lang. Méthodique, celui-ci ramasse d'abord le tabouret avant de monter dessus pour accéder au micro ! « Vous voyez bien que nous sommes complémentaires. » La scène provoque l'hilarité dans la salle.

Tout André Lévy-Lang est là.

S'il fallait un seul mot pour résumer cet homme-là, ce serait l'efficacité. Il lui voue un culte démesuré. Il n'y a qu'à l'écouter parler de sa garde-robe : il explique qu'il achète toujours plusieurs exemplaires d'un même costume pour ne pas perdre son temps le matin à décider de sa tenue vestimentaire.

Toute sa vie, Lévy-Lang a cherché à s'acquitter de ses responsabilités du mieux qu'il pouvait. Né en Egypte, il arrive en France à l'âge de 10 ans. Le cursus scolaire est exemplaire : lycée Louis-le-Grand, puis l'Ecole polytechnique où il fait merveille. Chaleureux, il obtient le premier prix de camaraderie ; rapide et ultra-intelligent, il sort en tête très loin devant le premier Français. Du jamais vu... Cet exploit pose d'ailleurs problème. Au défilé du 14 Juillet, le drapeau de l'Ecole est porté par le major de la promotion qui doit être un Français, or Lévy-Lang est le premier de sa promotion, mais il n'est toujours pas naturalisé français. Face à ce dilemme, l'Ecole polytechnique invente un nouveau classement, spécial pour Lévy-Lang : le zéro bis.

Pour cette même raison, l'accès au prestigieux corps des Mines, réservé aux seuls sujets français, lui sera interdit. Qu'importe. Lévy-Lang n'a jamais rêvé d'une carrière administrative. Il voulait seulement être ingénieur.

Il aime la France. Il obtient la nationalité française quelques semaines après sa sortie de l'X. Après quoi, il plie bagage. Direction : les Etats-Unis, le royaume de l'efficacité, où il compte parfaire ses connaissances.

Là encore, le parcours est exemplaire. Diplômé de l'Université de Stanford, il entre chez Schlumberger, se marie avec une magistrate et coule des jours heureux à Minneapolis où il est muté.

Mais l'ingénieur s'inquiète. Ses enfants grandissent. Il

veut qu'ils suivent une scolarité française. Sans doute souhaite-t-il qu'ils soient des Français à part entière. Grâce à l'entremise de Jean Riboud, le patron de Schlumberger, sa route croise celle de Jacques de Fouchier en 1974. Celui-ci, d'un naturel méfiant vis-à-vis des corpsards de l'X est séduit sur-le-champ par le jeune cadre de Schlumberger. C'est que Lévy-Lang est le contraire d'un bottier de l'Ecole polytechnique. Il n'a jamais eu une conception mandarinale de sa carrière. Mieux : qu'il accepte d'abandonner un poste convoité dans un grand groupe industriel pour entrer dans la petite Compagnie bancaire ne pouvait que plaire à Jacques de Fouchier.

Voilà Lévy-Lang banquier. Discipliné, il apprend le métier et finit par gravir tous les échelons de la Compagnie bancaire pour en devenir président en 1982.

Huit ans plus tard, c'est la consécration. Comme un joli pied de nez, cet X a pris Paribas, là où le corps des Mines n'a jamais pu placer qui que ce soit depuis cent cinquante ans !

Visage lisse, sourire sincère, Lévy-Lang n'entre pas seulement Rue d'Antin. Il devient également la nouvelle coqueluche du Tout-Paris des affaires. Il n'y en a que pour lui. D'un seul coup, son nom revient dans tous les dîners en ville. Chacun devient son meilleur ami.

De ce succès, Lévy-Lang tire une certaine fierté. Non sans raisons. Il se souvient sans doute de ces longues années où il s'était interdit de prononcer le moindre mot en classe en attendant que son accent égyptien l'abandonne à tout jamais.

Pourtant, à le regarder, rien ne transparaît sur le visage. Ce n'est pas qu'il cultive la discrétion, il n'est pas secret non plus. Cela fait longtemps qu'il a pris ses distances avec le microcosme parisien. Sa vie est encadrée. André Lévy-Lang l'affectif est à la maison, André Lévy-Lang le réaliste au bureau. C'est un timide, cet homme-là.

Dans les couloirs de la maison, on ne sait pas trop qu'en

penser. Le nouveau président n'a ni le charisme d'un Moussa, ni l'autorité d'un Haberer, ni l'affabilité d'un MFP, ni davantage le brio d'un Eskénazy. Pour beaucoup, Lévy-Lang est un intrus. Tout le monde est sur ses gardes. Les alliés d'Eskénazy à l'intérieur de la Rue d'Antin jettent vite l'éponge. Ils savent qu'il n'y a guère plus d'avenir pour eux. D'autres font vite acte d'allégeance.

André Lévy-Lang a compris qu'en franchissant le seuil de la maison, il devra affronter plus d'une difficulté. Il faudra qu'il trouve un terrain d'entente avec Michel François-Poncet. Cela ne sera pas difficile. MFP est suffisamment intelligent et diplomate pour ranger ses prétentions au placard. Quant à Lévy-Lang, il est assez fin pour ménager ses susceptibilités.

Le défi qui l'attend est ailleurs. Lévy-Lang sait qu'il doit remobiliser Paribas. La maison ne s'est relevée ni de sa nationalisation, ni de sa privatisation. Comme tout bon ingénieur, il met un soin particulier à aménager l'espace : dorénavant, la communication interne et externe de Paribas sera sérieusement contrôlée. Il pense encore qu'une meilleure organisation du travail permettra de donner un nouveau souffle à la compagnie.

Cela ne suffit pas. Le nouveau président doit aussi renvoyer quelques ascenseurs aux actionnaires qui l'ont consacré. C'est la moindre des courtoisies en France.

Là encore, Lévy-Lang fait preuve de méthode. Premier impératif : signer la paix avec Marc Fournier, devenu l'un des tout premiers actionnaires de Paribas depuis le raid manqué sur la Compagnie de navigation mixte. Ainsi, en vertu d'un accord signé au lendemain de l'arrivée de Lévy-Lang, les deux groupes s'engagent à réduire le niveau de leur participation croisée et à maintenir le solde pendant une durée de cinq ans. Paribas conservera 30 % de la Mixte, et la Mixte gardera 10 % de Paribas. Ce qui représente de part et d'autre 4 milliards de francs immobilisés.

Deuxième impératif : remercier Albert Frère, le tombeur de Gérard Eskénazy. On l'a vu, Frère détient le contrôle de Paribas-Suisse à travers son holding Pargesa. Lévy-Lang rachète donc Paribas-Suisse à Pargesa au prix fort. Pour la galerie, l'opération revêt un grand symbole : la belle province suisse revient au bercail. Pour les finances de Paribas, la transaction est un peu moins glorieuse : Paribas-Suisse commence à montrer des signes de faiblesse. La société a accumulé trop de risques immobiliers. Pour Frère, c'est le jackpot.

Enfin, troisième impératif : remercier Claude Bébéar, le président d'Axa, qui n'a pas ménagé ses efforts en faveur de la nomination de Lévy-Lang. Axa détient une participation dans les Ciments français, une société dont Paribas possède également des parts. Bébéar veut réaliser cet investissement. C'est pourquoi, Paribas finit par lancer une offre publique d'échange sur les Ciments français. Ce qui permettra à Bébéar d'échanger ses titres du groupe cimentier contre des actions de Paribas et de devenir l'un des tout premiers actionnaires du groupe de la rue d'Antin. L'opération s'avérera très douloureuse pour Paribas, mais très juteuse pour Claude Bébéar.

Lévy-Lang ne sait pas encore que ces trois initiatives fragilisent encore plus les fondations de la maison. Elles représenteront au bas mot 5 milliards de francs de pertes, plus des ennuis avec la justice. C'est trop. Mais dans les mois qui suivent sa nomination, personne n'anticipe une seconde les risques d'avenir liés à ces trois décisions. L'essentiel est d'avoir la paix pour gérer Paribas.

Intelligent, le nouveau patron de Paribas comprend vite que la situation est désespérée. Les comptes de l'année 1991, les premiers qu'il présente, sont catastrophiques. La conjoncture est mauvaise, la crise s'est installée et la compagnie ne peut faire autrement que d'annoncer des pertes historiques. Mais voilà. Il n'a guère de marge de manœuvre. Une semaine avant l'arrêté des résultats, il fait le tour de Paris pour demander conseil à ses pairs. La plupart sont dans la même situation que lui. Mais on lui suggère de minimiser l'ampleur des pertes autant que faire se peut, de manière à ne pas provoquer une crise de place.

Lévy-Lang arrête donc le curseur à 200 millions de francs. Alors que le vrai chiffre est bien supérieur. Le président de Paribas en est conscient. Mais timide, et peut-être trop craintif de la réaction d'un establishment qui vient enfin de le coopter, il refuse d'aller plus loin.

Son nouveau statut social est bel et bien devenu un frein à son succès.

26

Le parrain rose de l'establishment

Janvier 1991. Place Vendôme, siège de l'UAP

« L'année dernière, j'ai été imposable sur la fortune. »

C'est avec une indifférence difficilement feinte que Jean Peyrelevade annonce cette nouvelle à ses amis. A priori, une telle situation est d'abord synonyme d'ennuis. Chez le patron de l'UAP, elle a cependant une portée symbolique. L'ancien militant du PS s'est désormais transformé en un grand bourgeois. Il a laissé son appartement du XIIe arrondissement pour élire domicile à Neuilly, cette banlieue chic où ses voisins s'appellent Liliane Bettencourt, Martin Bouygues, ou encore Jean d'Ormesson. Et, comme eux, il fait partie de cette caste qui doit acquitter l'impôt sur la fortune. Peyrelevade en est fier, très fier.

Plus encore que cette nouvelle situation matérielle, au demeurant fort agréable, Peyrelevade est surtout ravi des positions qu'il a conquises sur l'échiquier du capitalisme français. L'homme est devenu incontournable. Sollicité partout, comme lorsqu'il était au cabinet de Pierre Mauroy, il se pose désormais en véritable arbitre des grandes querelles parisiennes. On lui fait confiance.

Peyrelevade est convaincu qu'il a la carrure pour jouer

les parrains. D'ailleurs, il ne se gêne pas pour prêter à certains cette prophétie : « Jean Peyrelevade est le digne héritier d'Ambroise Roux. » Quelqu'un l'a-t-il prononcée ? En tout cas, le patron de l'UAP répète cette phrase à l'envi. Le propos est flatteur. L'entregent et les réseaux de l'ancien président de la Compagnie générale d'électricité continuent toujours à fasciner les grands financiers parisiens, même si celui-ci n'a guère plus de poids qu'eux. Mais c'est ainsi. En France, on cherche toujours une généalogie prestigieuse.

Il est vrai que les deux hommes se ressemblent, notamment dans la façon si particulière qu'ils ont de réinventer et d'enjoliver les histoires à leur profit.

Le président de l'UAP, expert en communication, a réussi ainsi à s'ériger une statue en or massif. A entendre ses proches, c'est parce qu'il a tenu tête à Pierre Bérégovoy lors de la tentative de prise de contrôle de la Société générale, que Marc Viénot s'est tiré d'affaire. Selon son entourage, c'est encore Peyrelevade qui a porté André Lévy-Lang à la tête de Paribas, etc.

Certes, les intéressés ne racontent pas tous l'histoire de la même façon. En privé, ils rient. En public, ils laissent dire. Ils ont leurs raisons. S'il est vrai que Jean Peyrelevade n'est pas en odeur de sainteté aux Finances chez Pierre Bérégovoy, en revanche il est très en cour à Matignon auprès de Michel Rocard.

En ce début d'année, le « digne héritier d'Ambroise Roux » cherche encore une fois à démontrer l'ampleur de son talent. L'occasion est toute trouvée : il s'agit de régler la succession de Renaud de La Genière chez Suez.

Principal actionnaire de Suez qu'il avait présidé entre 1983 et 1986, Peyrelevade se sent un peu chez lui Rue d'Astorg. Depuis qu'il a pris la tête de l'UAP, il multiplie les tentatives pour imposer son autorité au sein de la compagnie. En vain. Son successeur, Renaud de La Genière, ne l'entend pas de cette oreille. Dès lors, tout devient matière à psychodrame. Le dernier en date a éclaté au grand jour lorsque Suez s'est lancé à la conquête de la compagnie d'assurances Victoire. Cette société, depuis toujours dans la mouvance de Suez, avait jusque-là échappé au contrôle du groupe grâce à un montage financier extrêmement complexe. Sous la présidence de Peyrelevade, Suez avait réussi à obtenir une minorité de blocage dans le capital de Victoire. Mais la gestion de l'assureur lui échappait au profit du tandem Vernes-Francès.

Fin 1990, Victoire avait acquis le deuxième assureur allemand, Colonia. Exsangue, le groupe cherchait alors à se refinancer. Renaud de La Genière en a donc profité pour prendre le contrôle total de Victoire. Vernes et Francès ont tenté de résister. Ils ont même fait appel à Paribas pour venir les seconder. Mais le prix généreux offert par Suez a vite fait tomber leurs résistances et Victoire est tombé dans l'escarcelle de Suez.

Peyrelevade suit la situation avec beaucoup d'intérêt. Il propose à Renaud de La Genière son appui financier. Il pense sans doute pouvoir monnayer cette aide contre la prise de contrôle de Colonia. Pour l'UAP, l'assureur allemand est en effet la proie idéale. La compagnie d'assurances publique est déjà présente en Angleterre avec Sun-Life, en Belgique avec la Royale Belge... Colonia complétera parfaitement ce maillage, pense Peyrelevade.

Renaud de La Genière fait la sourde oreille. Il veut bien que l'UAP finance une partie de cette acquisition importante pour Suez. Mais il refuse absolument d'envisager une seconde la cession de Colonia à l'UAP.

Sur ce quiproquo, le groupe dirigé par « l'héritier d'Ambroise Roux » se retrouve coincé. L'UAP débourse 14 milliards de francs. A ce prix, elle n'a que 30 % de l'ensemble Victoire-Colonia. Rien de plus.

Furieux, Peyrelevade passe son temps à expliquer que le « Gouverneur » lui avait promis Colonia. Celui-ci affirme au contraire ne s'être jamais engagé sur quoi que ce soit. Dans les coulisses, les deux hommes négocient. Sans succès.

Jusqu'à ce que la maladie terrasse le « Gouverneur ».

C'est le moment choisi par Peyrelevade pour monter au créneau. Normalement, la succession du président d'un grand groupe privé est du ressort de son conseil d'administration. Ce n'est pas le cas en France. Ce privilège revient au tenant du poste.

Fatigué, replié chez lui, Renaud de La Genière souhaite imposer Antoine Jeancourt-Galignani à sa propre succession. Le patron de la puissante filiale bancaire, Indosuez, est son héritier légitime. Inspecteur des finances, il partage en plus la même vision que celle du Gouverneur sur l'avenir de Suez et notamment celle de Victoire-Colonia.

Naturellement, une telle succession n'arrange pas les affaires de Jean Peyrelevade. Jeancourt a un tempérament tranché. Il est difficile de discuter avec lui. De toute façon, le patron de l'UAP n'est pas disposé à laisser faire le Gouverneur. Il veut être seul à l'origine de la nomination du futur patron de Suez. S'il réussit, celui-ci ne pourra rien lui refuser, pense-t-il.

Peyrelevade connaît bien tous les candidats potentiels. C'est lui-même qui les a recrutés. Le nom de Jeancourt est vite rayé de la liste, pour des raisons évoquées plus haut. Restent en lice : Gérard Worms et Patrick Ponsolle. Le premier est affable et urbain, le second est agressif et dynamique. Worms et le Gouverneur entretiennent de bonnes relations, sans plus, tandis que Ponsolle est très apprécié par Renaud de La Genière. Enfin Worms est polytechnicien, Ponsolle est énarque.

Pour toutes ces raisons, Peyrelevade arrête son choix sur Gérard Worms. Reste à convaincre les membres du conseil d'administration de Suez. Ce qui n'est pas une mince affaire. La plupart des administrateurs sont proches de Jeancourt. Philippe Jaffré, l'inspecteur des finances balladurien recruté par le Crédit agricole, ou encore Carlo De Benedetti, l'industriel italien et challenger malheureux de Suez dans la conquête de la Générale de Belgique, ou encore Jérôme Monod, l'exécuteur testamentaire de Renaud de La Genière...

Tacticien, Peyrelevade place sa contre-offensive sur le terrain des intérêts des actionnaires. Ceux-ci ne peuvent plus financer les augmentations de capital à répétition destinées à financer les conquêtes de Suez, leur explique-t-il. Il est temps qu'ils prennent le pouvoir au sein de la compagnie et qu'ils jouent leur rôle pleinement, leur affirme-t-il. Il n'est plus admissible de se laisser dicter des choix par un seul homme, leur déclare-t-il. Ses arguments sont sans appel. Ils sont présentables. Surtout, ils permettent à certains de régler leurs comptes avec le Gouverneur, sous couvert de l'intérêt des actionnaires.

Jean-Louis Beffa, par exemple. Le patron de Saint-Gobain, trop sensible au mépris aristocratique affiché par le Gouverneur, rejoint vite le camp de Peyrelevade. C'est simple. Chaque fois qu'il avait rendez-vous avec le président de Suez, il se voyait obligé d'attendre au moins trois quarts d'heure avant d'être reçu.

Loïk Le Floch-Prigent, le PDG d'Elf, suit Peyrelevade, sans trop de conviction. Suez ne l'intéresse guère. Les représentants des groupes Pernod-Ricard et Exor seront aussi vite convaincus.

Reste à rallier Carlo De Benedetti. Ce ne sera pas difficile. Il suffit de lui rappeler que l'UAP est l'un des principaux actionnaires de son holding parisien Cerus, au bord du dépôt de bilan, pour que le « Condottiere » italien se retourne contre son ami Jeancourt.

C'est ainsi qu'à une voix de majorité, Gérard Worms accède à la présidence de Suez en septembre 1990.

Ironie de l'Histoire : la république des actionnaires finit par triompher, sous la férule du pape de l'économie mixte. Plus personne ne doute qu'il soit devenu le « Parrain », le « digne héritier d'Ambroise Roux ».

27

L'éternel numéro 2 de Suez

Juin 1991. Rue d'Astorg

« Victoire sera le dossier prioritaire de l'été et l'automne 1991. Mais que les choses soient claires. Nous ne réglerons pas cette question pour faire plaisir à Pierre, Paul ou Jacques [1]... »

Il aura fallu moins de neuf mois au nouveau patron de Suez pour prendre ses marques Rue d'Astorg. Ce polytechnicien, à qui on donnerait le bon Dieu sans confession, est un redoutable personnage. Jean Peyrelevade vient tout juste de s'en apercevoir.

Le patron de l'UAP attendait que Gérard Worms règle le dossier Victoire sitôt arrivé à la présidence. Il ne l'a pas fait. Il ose même poser ses conditions par les journaux interposés. Pis, il n'hésite pas à se moquer de l'UAP : « L'UAP a payé 14 milliards de francs une minorité de blocage dans Victoire, alors que le coût de la prise de contrôle ressort à 24 milliards au total. Un actionnaire aussi engagé est en droit d'attendre que son investissement lui procure

1. *Le Figaro*, 21 juin 1991.

des satisfactions [2]. » Ce qui en langage clair veut dire : petit minoritaire petit con, grand minoritaire grand con.

Jean Peyrelevade, le grand parrain rose, n'a pas besoin de dictionnaire pour décoder le message. Il a pris ses illusions pour des réalités. Gérard Worms, son ancien professeur à l'X, n'est pas du genre à obtempérer. Sous une apparence des plus courtoises, l'oreille toujours attentive, le regard rêveur et l'air doux, se cache une personnalité très complexe. Politique, conceptuel, pacifique, il ne cesse de brouiller les cartes, pas toujours sciemment d'ailleurs. Mais il est comme cela. Il ne peut s'empêcher de se perdre dans des réflexions sinueuses. Lorsque Worms prend les rênes de Suez, il est conscient que Peyrelevade attend d'être remboursé. Mais il ne veut pas lui donner satisfaction au risque de passer pour l'homme lige du patron de l'UAP auprès de ses collaborateurs. Alors, patient, il traîne. Il s'occupe d'abord de la filiale belge où il dépêche un fidèle, Gérard Mestrallet. Il s'attelle ensuite à régler le problème de l'actionnariat de la Société générale de Belgique en rachetant les parts de Carlo De Benedetti. Il se lance enfin dans la réorganisation du groupe.

Gérard Worms est avant tout un malin. Il ne paie pas de mine. Délicat, ce musicien qui chante Offenbach, est en réalité un tueur. Mais là où certains exécutent leurs victimes d'un seul coup, Gérard Worms préfère faire durer le plaisir. Il n'est jamais pressé. Il a un curieux rapport avec le temps.

La première moitié de sa vie, il l'a passée dans l'ombre. A tel point que certains lui ont collé l'adjectif d'éternel numéro deux. Chez Hachette d'abord, puis chez Rhône-Poulenc, et enfin chez Suez où il est entré comme numéro trois ou quatre. A 50 ans, il est enfin numéro un, Commandeur. Dès lors, il n'aura de cesse d'éliminer de son chemin ceux qui, de près ou de loin, peuvent contrecarrer ses projets. A commencer par ses collaborateurs directs.

Dire qu'il ne les aime pas est un euphémisme.

En neuf mois, il s'est débarrassé d'Hervé de Carmoy,

2. *Ibid.*

l'administrateur français de la filiale belge, et de Dominique Chatillon, un inspecteur des finances distingué qui coulait des jours heureux à la Compagnie foncière internationale, une sorte de mausolée qui abrite toutes les ex-gloires de la finance française. Ces limogeages étaient faciles. D'où la rapidité de l'exécution.

Pour les cas plus délicats, Gérard Worms prend son temps. Patrick Ponsolle, son challenger malheureux à la succession de Renaud de La Genière, qu'il ne peut guère souffrir, sera ainsi nommé au sein du conseil d'administration avant d'être purement et simplement mis à l'écart. Antoine Jeancourt-Galignani, retranché à la banque Indosuez, subira à peu de chose près le même traitement. Mais, plus costaud que son camarade Ponsolle, il résistera plus longtemps.

Gérard Worms souhaite infliger le même traitement aux actionnaires de la compagnie. En attendant de parvenir à ses fins, il les rassure pour acheter leur paix. Suez ne fera plus appel à eux et tentera de dégager des ressources à travers un ambitieux programme de désinvestissements.

Pendant tout ce temps, il fait mine de ne pas s'intéresser aux desiderata de Peyrelevade qui ne cesse de réclamer le contrôle de Colonia. Worms a ses raisons. Il attendra le départ de Michel Rocard et l'arrivée d'Edith Cresson à Matignon avant d'envisager une quelconque négociation avec l'UAP. Le temps pour le « digne héritier d'Ambroise Roux » de descendre de son Olympe. Peyrelevade connaît Edith Cresson. Mais ses relations avec elle sont bien moins chaleureuses que celles qu'il entretient avec Michel Rocard. En revanche, Gérard Worms et Edith Cresson s'apprécient beaucoup. Dans le passé, Worms a même fait partie des cercles de réflexion mis en place par celle qui fut le ministre du Commerce extérieur.

Ce changement à la tête du gouvernement le met donc en position de force, pense-t-il. C'est pourquoi il accepte le principe d'une négociation avec l'UAP. Les discussions sont pour le moins originales. Elles se déroulent à plusieurs niveaux : celui des directeurs généraux des deux groupes, Patrick Ponsolle pour Suez et Didier Pfeiffer pour l'UAP, et celui des présidents. Mais leurs teneurs sont diamétralement opposées. Peyrelevade ne saisit pas très bien, au début. Il lui faudra quelque temps avant de comprendre le fonctionnement de l'esprit de Gérard Worms. Mené en bateau pendant de nombreux mois avec des discussions en trompe-l'œil, il finit par reconnaître qu'il a commis une faute de jugement. Gérard Worms n'est pas fiable, il n'est pas « son homme ».

Le « digne héritier d'Ambroise Roux » n'aura qu'à avaler son chapeau : « J'ai fait une erreur. Je le regrette », répète-t-il souvent. Trop tard. Worms est là et compte bien rester. Pour longtemps.

28

Le corsaire à la conquête de Paris

Juillet 1991. Rue François-I**er**, siège de Christian Dior

François Pinault et Bernard Arnault se connaissent un peu. Il y a quelques années, Jean-Paul Amiel, le directeur général du Crédit lyonnais, avait organisé un déjeuner pour mettre en contact les deux poulains prometteurs de sa banque. Les deux hommes, aussi différents que peuvent l'être un introverti et un extraverti, s'étaient jaugés. Ils avaient appris à se connaître. Aussi redoutables l'un que l'autre, ils s'étaient appréciés. Mais de là à faire des affaires, ni l'un, ni l'autre ne l'avait envisagé une seconde. Pinault, lui, avait simplement repris le bail de l'immeuble du boulevard Latour-Maubourg, l'éphémère siège de LVMH.

Or, les routes de ces deux financiers de haut vol finirent par se croiser un beau matin de 1991. Arnault, toujours obsédé par le contrôle de LVMH, cherchait à trouver le moyen de consolider sa position sur l'ensemble. C'est l'époque où il refuse tout déplacement en dehors de Paris. Il a trop peur que sa promise lui échappe. A priori, il n'y a pas matière à inquiétude. Le capital du groupe de luxe est verrouillé, comme on dit dans le jargon boursier. Mais la position d'Arnault l'est moins. Le patron de Dior contrôle en effet LVMH à travers une cascade de six sociétés. Si ce système lui permet de contrôler plus de 45 % du groupe, sa participation personnelle ne dépasse pas 2 % du capital. Il est urgent de dégager des ressources pour renforcer sa position. Il en a les moyens. De l'époque Boussac, il lui reste encore bon nombre de petites sociétés qu'il veut revendre. Conforama par exemple. Ce distributeur de meubles n'a rien à voir avec les activités de prestige de son groupe.

C'est précisément cette société que François Pinault souhaite racheter. Il est en train de bâtir un groupe de distribution. Il lui faut Conforama. Au plus fort de la bataille pour le contrôle de LVMH, Pinault avait déjà envoyé des émissaires pour tâter le terrain. A l'époque Arnault demandait 6 milliards de francs. Trop cher, avait décrété Pinault. Depuis, le PDG de LVMH a revu ses prétentions à la baisse.

Les revoilà face à face. Ils discutent seuls, d'homme à homme. Pas besoin de s'encombrer de banquiers. Ils se mettent d'accord sur les grandes lignes, avant de mandater les conseils pour la mise en œuvre. Le rendez-vous dure à peine une heure.

L'opération qu'ils projettent ne se résume pas à une transaction normale. L'un comme l'autre n'ont pas l'habitude de payer cher ce qu'ils achètent et tirent toujours un parti exceptionnel de ce qu'ils vendent. Résultat : l'accord scellé entre les deux hommes est d'une telle complexité que les analystes mettront plusieurs jours avant de le comprendre.

Lorsque Bernard Arnault et François Pinault font affaire, les deux y trouvent leur compte. Arnault cède ainsi Conforama pour 4,4 milliards de francs, alors que Pinault ne débourse que 750 millions de francs. Du grand art. C'est le genre d'opération qu'affectionne Pinault.

Et rien ne l'arrête. Il a trop de comptes à régler. Avec les puissants qui le narguaient naguère, avec la société, avec lui-même. Il a commencé par ramasser toutes les petites entreprises de bois avant de mettre la main sur Isoroy, le premier fabricant français de contreplaqué, qui réalise 2 milliards de francs de chiffre d'affaires. Les pouvoirs publics étaient tellement pressés d'en finir avec ce dossier qu'ils ont même accepté de verser 250 millions de francs de subventions publiques pour que Pinault accepte de reprendre l'entreprise pour 1 franc symbolique. Et puis il y a eu l'affaire Chapelle-Darblay...

La Chapelle-Darblay, dont les origines remontent au XIVe siècle, est le premier fournisseur de papier-journal en France. Depuis 1981, date de son premier dépôt de bilan, sa gestion est assurée par l'Etat. Elle est loin d'être brillante. Les opérateurs ne cessent de se succéder à la tête de l'entreprise. Sans grand résultat. Surtout, sous l'impulsion de Laurent Fabius ministre du Budget puis Premier ministre, l'Etat décide d'y injecter des milliards d'argent public. Il est vrai que Fabius est député de la circonscription où se trouve Grand-Couronne, là où sont installées les usines de La Chapelle-Darblay. Ce jeune socialiste aux ambitions dévorantes ne pouvait se payer le luxe d'endosser la responsabilité de l'une des plus grandes faillites de l'histoire de France, dont le coût social se serait chiffré à quelque deux mille emplois, dans son fief électoral. Juste avant les élections législatives de 1986, les conseillers du plus jeune Premier ministre de France échafaudent donc à toute vitesse un plan de reprise d'une complexité rare, comme seuls les plus brillants esprits français sont capables d'en imaginer. Il s'agissait de céder le contrôle de l'entreprise papetière, gavée de subventions publiques, à un groupe hollandais, Parenco. Mais, afin de sauver les apparences, le montage était suffisamment compliqué pour que les actionnaires français, l'Institut du développement industriel (IDI) et la banque Paribas, apparaissent de l'extérieur comme les maîtres à bord. Ils ne conservaient en réalité que 25 % de La Chapelle-Darblay.

Un plan ingénieux : les minoritaires finançaient, le majoritaire empochait les dividendes. L'opération promettait d'être tellement juteuse que le patron du groupe hollandais décida de participer au sauvetage de La Chapelle-Darblay à titre personnel.

Avec les élections législatives de 1986, l'Etat change de couleur. Alain Madelin, ministre de l'Industrie, tout aussi ambitieux que Laurent Fabius, pétri d'idéaux libéraux, décide de « couper la route des subventions ». L'Etat, qui avait généreusement doté La Chapelle-Darblay de 2,7 milliards, refuse de verser les 300 millions de francs complémentaires, comme promis. L'opérateur hollandais est dégagé. L'entreprise est à nouveau en vente.

François Pinault est convaincu que l'aventure vaut la peine d'être tentée. L'outil a été modernisé et les perspectives de l'entreprise sont plutôt bonnes. Mais il lui manque de l'argent. Le futur repreneur de La Chapelle-Darblay doit allonger 300 millions de francs. Et Pinault n'a pas le début du premier centime. Son entreprise est riche. Mais il ne peut s'en servir. Rebaptisée Pinault SA, elle va prendre le chemin de la Bourse. Il est hors de question de prendre le contrôle de La Chapelle-Darblay par ce moyen-là. Une telle opération risque de peser sur la valorisation de son patrimoine.

Il ira donc seul, en son nom propre. Il négocie un prêt de 300 millions avec le Crédit lyonnais, active ses relais politiques, Jacques Chirac et Alain Madelin en tête, et dépose une offre de reprise, accompagné d'un groupe canadien, caution industrielle du projet.

Au nom de la solution française, l'Etat remet ainsi les clés de La Chapelle-Darblay entre les mains de François Pinault.

Les affaires étant une discipline d'exécution, Pinault agit méthodiquement. Il se sépare de son associé canadien. Il revend ses 75 % dans La Chapelle-Darblay à sa société Pinault SA pour 450 millions de francs. Une somme également prêtée par le Crédit lyonnais à Pinault SA. Au passage, il empoche une plus-value de 110 millions à titre personnel. Un peu plus tard, Pinault SA reprend les parts de l'IDI et de Paribas (25 % au total) pour 250 millions et s'assure le contrôle de La Chapelle-Darblay à 100 %.

Seul maître à bord, il envisage de faire fructifier son investissement. La majorité ayant de nouveau changé en 1988, il fait alors les yeux doux à Pierre Bérégovoy. Les deux hommes se connaissent. Le patron breton est allé secourir de nombreuses petites sociétés dans la Nièvre, la circonscription électorale du ministre de l'Economie. Ces choses-là ne s'oublient pas. Fort de ces liens, François Pinault obtient une exonération fiscale sur les bénéfices futurs de La Chapelle-Darblay à hauteur de 900 millions, soit l'équivalent des pertes accumulées entre 1979 et 1989. Cette concession représentait, au taux de 33 %, près de 300 millions de francs de manque à gagner pour le fisc. Grâce à cette clause, Pinault se met à la recherche d'acheteurs intéressés par cette entreprise et finit par la céder pour 1,4 milliard de francs au groupe public finlandais Kymmene. Pinault SA empoche une plus-value totale de 620 millions, dont 70 millions seront reversés à l'Etat.

L'heure des comptes est douloureuse pour le gouvernement. L'Etat a dépensé plusieurs milliards de francs et n'a récupéré que 70 millions. Pinault a risqué 300 millions et a doublé sa mise. « Bien sûr ce n'est pas très brillant, mais l'outil reste sur le sol français et les Finlandais vont investir de l'argent, l'effet sur le commerce extérieur français sera positif », se justifient les conseillers de Pierre Bérégovoy. Quant à François Pinault, il se défend encore aujourd'hui d'avoir voulu réaliser un joli coup sur des fonds publics : « Dès 1988, le gouvernement a autorisé les concurrents étrangers à venir s'implanter en France. Dès lors, il était évident qu'on allait vers une surcapacité de production. Je n'avais ni l'intention ni les moyens de me battre contre eux », répète-t-il non sans raison. Les affaires n'ont jamais rien eu à voir avec la philanthropie, ni pour Pinault, ni pour personne.

Son succès est épatant. Mais il veut continuer. Revigoré, il passe au peigne fin toutes les cibles potentielles sur la Bourse de Paris avant de jeter son dévolu sur le Comptoir français de l'Afrique Occidentale (CFAO). Une entreprise qui pèse une fois et demie le poids de Pinault en Bourse. Il l'avale alors purement et simplement, selon une méthode bien à lui. Acte 1 : il séduit le patron du CFAO, inquiet pour l'avenir de son groupe. Le capital du CFAO est éparpillé et, de ce fait, risque de susciter des appétits. Trop heureux d'avoir trouvé Pinault sur son chemin, il l'accueille au sein de son conseil d'administration. Pinault, aimable et charmeur, ramasse même « pour lui faire plaisir » quelque 20 % du capital en Bourse, en s'endettant auprès du Crédit lyonnais. Acte 2 : Pinault tombe le masque et fomente un coup d'Etat lors d'une réunion du conseil d'administration, grâce à l'appui des autres actionnaires du CFAO avec à leur tête Pallas-Finance, dont il embauchera plus tard le directeur général Serge Weinberg. Le président du CFAO est limogé et remplacé par François Pinault, dont le groupe lance immédiatement une offre publique d'échange sur le Comptoir. Acte 3 : Pinault vend le siège du CFAO au Crédit lyonnais pour 1,3 milliard de francs afin de rembourser au même Crédit lyonnais une partie de sa dette.

Pinault SA triple de taille. La société pèse désormais quelque 10 milliards en Bourse. Beau parcours. Beaucoup s'en seraient contentés. Pas lui. Plus il obtient, plus il en veut. Il a décidé de passer à la vitesse supérieure et de créer un empire.

Cette première victoire boursière ouvre son appétit. Pinault partage la même obsession que Talleyrand, le jour de sa nomination au ministère des Relations extérieures du Directoire : « Et maintenant, il faut faire une fortune immense, une immense fortune. » Ce qui, dans la bouche de Pinault, donne : « C'est maintenant que tout va commencer. »

La Bourse tremble.

Pour attaquer ses futures proies, Pinault doit se refaire une virginité. Il se sépare de toute sa garde rapprochée.

Celle-là même qui restructurait à la hache les sociétés qu'il reprenait. Désormais ses conseillers seront plus présentables. Il a déjà embauché Serge Weinberg, il fera aussi appel à Patricia Barbizet, une jeune prodige de la finance.

Enfin, cerise sur le gâteau, il s'adjoindra les services d'Alain Minc, le penseur professionnel. Non pas que Pinault ait besoin de quelqu'un pour penser à sa place. Il a besoin de Minc pour tenir Paris. Cet inspecteur des finances est en effet très bien introduit dans les milieux financiers, politiques et médiatiques parisiens. Il sort beaucoup, et reçoit souvent. Surtout, il a la langue bien pendue. Il vaut mieux l'avoir à ses côtés que contre soi. Quel qu'en soit le prix.

C'est d'ailleurs le fonds de commerce de cet inspecteur des finances revenu de tout sauf de lui-même. C'est simple. A chaque changement de majorité à l'Assemblée, il se voit patron d'une grande entreprise ou encore ministre. Ce qui lui vaut le surnom de l'éternel ex-futur ministre.

Ses états de service dans les affaires ne sont pas plus glorieux que sa vision du monde politique. L'Italien Carlo De Benedetti, au bord de la faillite, en a déjà fait les frais. Mais voilà : Minc est la grande figure de la vie parisienne. Il faut faire avec.

Le dispositif de François Pinault est désormais fin prêt pour un grand coup. Il ne l'attendra pas longtemps. Quelques semaines après son entrevue avec Bernard Arnault, François Pinault se trouve à Genève. C'est là qu'il apprend la spéculation boursière sur le titre du groupe Printemps. « La famille Maus, principal actionnaire du groupe Printemps, pourrait être conduite à céder ses parts », entend-il à la radio. Fragilisés en raison de leurs investissements américains, les Maus sont en effet contraints de se défaire de leurs actifs français. Pinault appelle immédiatement son bureau et demande à ses collaborateurs de s'occuper du dossier Printemps, séance tenante. Il veut tout savoir à son retour.

Deux heures plus tard, boulevard Latour-Maubourg, Pinault grimpe deux par deux les marches qui mènent à son bureau au premier étage. Il convoque son équipe et commence à éplucher les comptes de l'entreprise.

Ce groupe, connu pour ses grands magasins du boulevard Haussmann, se révèle vite une « belle truffe ». Il vaut 5,2 milliards de francs en Bourse. Son capital est contrôlé par les familles suisses Maus et Nordmann qui ensemble en possèdent 42,2 %. De plus, il est riche. Il vient de vendre sa filiale Euromarché et recèle quelque 2 milliards de liquidités. Pinault est convaincu. Le Printemps, c'est pour lui. Bien sûr, il n'a pas d'argent. Pis, il est endetté. Mais il est décidé. Cela suffit.

Son plan est lumineux. Il sera mis à exécution en trois temps avec l'aide inestimable de Jean-Jacques Delort, le président de Printemps, qui n'a qu'une seule hâte : se débarrasser des Maus et des Nordmann. Lui aussi tombera dans le piège de Pinault, comme le président de CFAO.

D'abord, Pinault force la porte du grand groupe, et en prend un petit pourcentage. Ensuite, il revend Conforama au Printemps pour 5 milliards de francs. Somme que le Printemps lui règle rubis sur l'ongle. Grâce à ces liquidités, Pinault lance alors une offre publique d'achat sur 66 % du capital, et devient le patron incontesté des grands magasins. Quant à Delort, il sera vite remercié. Les affaires et la gratitude ne font pas toujours bon ménage.

La réussite de l'opération est totale. Mais elle fait grincer les dents. L'OPA de Pinault a certes permis aux familles propriétaires de réaliser leurs investissements. Mais tous les actionnaires minoritaires n'ont pas été traités de la même façon. Pinault n'en a cure. Il est dans son droit. Ce sont les lois qui sont à incriminer. Comme Bernard Arnault, il sera lui aussi à l'origine d'une amélioration des règles du jeu. Comme Arnault, il fermera la porte derrière lui. Après cette affaire, la Commission des opérations de Bourse modifiera la réglementation boursière en supprimant les OPA partielles.

Pour avoir la paix, l'homme d'affaires installe aussitôt

Ambroise Roux à la tête du conseil de surveillance de l'entreprise. Ainsi, les Grands des Affaires le laisseront tranquille. C'est du moins ce qu'il pense.

Pinault finit l'année patron d'un grand groupe. Rebaptisé Pinault-Printemps, l'entreprise vaut alors 20 milliards en Bourse, et réalise 70 milliards de chiffre d'affaires.

Riche et puissant, l'ancien flibustier n'a plus qu'à conquérir Paris. Alain Minc explique à qui veut l'entendre qu'il est le conseiller le plus écouté de Pinault, allant même jusqu'à revendiquer la conception du coup de force du Printemps.

Pinault laisse dire.

On s'intéresse à lui. On l'invite partout. Mais il a l'intelligence de rester en retrait. Ce n'est pas Tapie. Vivons heureux, vivons fastueux, vivons caché...

Il s'amuse de tout ce bruit autour de lui. Son succès ne lui monte pas à la tête. Mais il en jouit. Il multiplie avec un rare appétit l'acquisition des propriétés, quitte à les surpayer. Rien n'est trop beau pour lui. Installé dans un immeuble de rapport cossu, l'un des tout premiers construits à Paris, il décide d'en devenir propriétaire.

Comme Ambroise Roux, il achète un beau manoir à Montfort-L'Amaury. Comme Arnault et Frère, il acquiert une résidence tropézienne. Comme Rousselet, il collectionne les voitures, telle cette Aston-Martin qu'il prête volontiers à ses hôtes...

Grâce à son épouse Maryvonne, il s'intéresse de plus en plus à l'art et se constitue une véritable collection. Car l'homme est un esthète. Il voue un véritable culte aux peintres contemporains, depuis la première toile qu'il a acquise à Pont-Aven en 1966. En bon élève, il visite les galeries, fréquente le marché aux puces avec sa femme qui a incontestablement de l'œil et du goût. Les jardins qu'elle a aménagés dans ses différentes demeures n'ont, semble-t-il, pas d'équivalent. Comme son époux, elle est méthodique, et travaille sur archives.

Pinault prend très au sérieux ses escapades culturelles. Tel un élève curieux de tout, il note, apprécie et se fait l'œil comme on dit. Le résultat est patent. Ses maisons abritent aujourd'hui des trésors. Les œuvres classiques du XVIIIe et les impressionnistes ornent les murs de sa résidence parisienne, les peintures contemporaines se trouvent dans son manoir des Yvelines ou dans sa somptueuse propriété de Saint-Tropez. Et comme tout patron qui se respecte, il a bien sûr des Soulages dans toutes ses maisons.

Tout Paris lui trouve soudain un charme renversant. L'homme est trop avisé pour s'enorgueillir de ces compliments. Il est surtout fier de son parcours. Il y a de quoi : en trois ans, Pinault aura multiplié sa fortune par cinq. C'est sans doute pourquoi on le trouve d'un seul coup si beau, si charismatique et si intelligent...

29
Une exception française

Avril 1992. Boulevard des Italiens, siège du Crédit lyonnais

Chaque printemps, alors que les journalistes de mode courent les défilés de haute couture, les journalistes financiers assistent aux présentations des résultats des grands établissements de la place. Cette année, il y a foule au Crédit lyonnais. Rien d'étonnant. C'est la première banque du pays. Qui plus est, avec un patron de choc à sa tête. Jean-Yves Haberer y règne depuis bientôt trois ans.

Tout y sent le neuf. Le décorateur Michel Boyer s'est vu confier la charge de tout refaire. Il n'a pas lésiné sur les moyens. L'entrée de la rue du 4-Septembre, réservée aux clients de la gestion privée, a été réaménagée de fond en comble. Tout est vert, maintenant. Du marbre reluisant de l'entrée jusqu'aux peintures à l'éponge du sous-sol aménagé en salles de conférences. Haberer a veillé personnellement à tout jusqu'au moindre détail.

L'entrée principale du boulevard des Italiens n'a pas été oubliée. La peinture a été rafraîchie. Chaque étage a été tapissé d'une moquette de couleur différente. Celle de l'étage directorial est rouge, rehaussée de grands motifs de fleurs, celle de la communication est verte, celle des salles de marchés est grise... Le tout surplombé par une verrière.

Costume sombre, et coiffure impeccable, c'est un Jean-Yves Haberer au mieux de sa forme qui descend les larges escaliers vers le sous-sol. Il exsude la puissance et la gloire.

Il est loin le temps où il errait seul dans Paris, en ruminant ses rancœurs. Les socialistes ont fini par réparer l'ingratitude de l'Etat envers ce grand commis, forcé à un exil qui, pour doré qu'il fût, n'en était pas moins douloureux. Sa nomination à la tête du Crédit lyonnais, une banque autrement plus importante que Paribas, où s'étaient succédé tant de brillants inspecteurs des finances, François Bloch-Lainé, son idole, bien sûr, mais aussi Jean Saint-Geours, Claude Pierre-Brossolette, et son ami Jean-Maxime Lévêque, allait fermer la parenthèse cohabitationniste.

Haberer connaissait le Lyonnais depuis longtemps. Il y avait représenté l'Etat entre 1973 et 1981. Le Lyonnais, c'est plus qu'une banque, c'est une administration, comme en témoigne la taille du siège : un immeuble haussmannien qui occupe tout un pâté de maisons. « On aurait pu y installer le ministère des Finances [1] », s'était-il écrié, à peine nommé, en 1988.

Bien sûr, la banque avait perdu beaucoup de sa puissance. Naguère premier établissement mondial, elle était encore largement devancée par la BNP. Mais Haberer comptait bien rattraper ce retard.

Quelques semaines après son arrivée boulevard des Italiens, Haberer avait reçu un appel de René Thomas, président de la BNP, qui lui avait dit d'entrée de jeu : « Comme on a dû te le dire, nous nous entendons sur les bilans. Je suis le premier, tu es le second, et on se met d'accord avant l'arrêté des comptes. Où en es-tu pour le 31 décembre ?

— Nous tablons sur une augmentation de 12 % de notre

1. Eric Leser, *Crazy lyonnais, les infortunes d'une banque publique*, Calmann-Lévy, 1995.

bilan, lui avait répondu Haberer après s'être renseigné auprès de ses équipes.

— Je prévois pour la BNP une augmentation de 10 %. Il faudra prévoir le même chiffre [2]. »

Ces pourcentages, en apparence modestes, portent en réalité sur des sommes colossales. Le bilan d'une banque c'est schématiquement la somme de tous ses avoirs : des participations, des créances, des immeubles, etc. En cette année 1988, le total des actifs du Lyonnais était de l'ordre de 1 000 milliards, celui de la BNP de 1 500 milliards, et la Société générale 1 300 milliards. Un pour cent de plus ou de moins portait donc sur plus d'un milliard de francs.

En bon inspecteur des finances qu'il est, Haberer s'était exécuté. D'autant plus facilement que la comptabilité a toujours été un exercice d'une grande souplesse, en France. Or, voilà que le jour de la publication officielle des chiffres, la BNP annonçait contre toute attente une progression de 15 % de son bilan.

Malgré cet accroc, l'entente avait encore duré quelques mois. Pour le premier semestre de 1989, les résultats du Crédit lyonnais devaient se situer quelque part entre 1 600 millions et 1 610 millions. C'est en principe au président que revient l'arrêté final. Haberer avait choisi 1 610 millions, parce que le chiffre correspondait à la « date anniversaire de la mort de Henri IV » [3]. Toujours cet amour des symboles ! Une semaine plus tard, la BNP affichait 1 611 millions !

Cette prééminence de la BNP a vite agacé Haberer. Il y a vingt-deux ans, celui qui n'était encore que le jeune directeur de cabinet de Michel Debré avait organisé la naissance de la BNP grâce à la fusion de deux établissements de taille moyenne alors en piteux état. La création de la BNP avait brutalement délogé le Crédit lyonnais de

2. L'anecdote a été rapportée par Jean-Yves Haberer lors de son audition devant la commission d'enquête parlementaire sur le Crédit lyonnais, dont le compte-rendu est disponible à la bibliothèque de l'Assemblée nationale.

3. *Ibid.*

sa première place. Un outrage dont la banque ne s'était toujours pas remise.

Naturellement, Jean-Yves Haberer n'aimait pas trop cela. Premier, il avait toujours été. Partout. Une question de principe. Il n'y a pas de raisons que cela change au Lyonnais. Aussi, avait-il décidé de lancer sa banque dans une stratégie d'expansion tous azimuts. Sous le règne d'Haberer Paribas était le ministère de l'Industrie bis. Le Lyonnais serait celui des Finances. C'était du moins ce qu'il s'était promis.

Ce printemps-là, tout ceci est de l'histoire ancienne. Il suffit de comparer les résultats du Lyonnais à ceux des autres établissements de crédit. La banque a dégagé, pour l'année 1991, 3,1 milliards de francs de résultats. Bien sûr, le chiffre est en retrait par rapport à la performance de 1990, quand Haberer claironnait : « Nous sommes une banque en perpétuelle expansion (...) chaque année, il y aura des provinces nouvelles. » Pour 1991, il se contente de saluer : « une performance méritoire dans un contexte difficile ». La dernière performance méritoire de la banque.

L'environnement est, il est vrai, difficile. Paribas a ainsi dégagé ses premières pertes historiques à 200 millions de francs. Et les autres banques ne s'en tirent pas mieux. La crise provoquée par la guerre du Golfe a stoppé net la croissance.

Cette situation ne semble pas atteindre Jean-Yves Haberer. Il trône dans son nirvana. Il reste toujours aussi sûr de lui. Son attitude fascine et laisse perplexe. Son agressivité et sa course à la taille inquiètent. Tout le monde s'interroge, jusqu'à ses très brillants pairs de l'Inspection des finances. Et d'expliquer que son pari dépend de l'environnement économique. Si tout va bien, Haberer aura relevé son défi. Sinon ? Eh bien, on préfère ne pas trop penser à ce cas de figure.

Depuis trois ans, le Lyonnais est sur tous les fronts. Le moral des troupes est excellent, leur appétit aussi. Dans les régions, on ramasse les clients à la pelle, les bons comme les mauvais. A Paris, on consolide les relations avec les clients existants. La banque et ses filiales sont dans tous les coups. Le groupe avance 500 millions de francs à Tapie pour le rachat d'Adidas, apporte 600 millions à Vincent Bolloré, achète coup sur coup 5 % de Framatome pour 350 millions, 10 % de la Cinq pour 250 millions, et 20 % d'Arnault et Associés, le holding personnel de Bernard Arnault, pour 520 millions, prête 1,5 milliard au promoteur immobilier Pelège à qui il rachète en plus son siège social pour 600 millions, prend le contrôle de Concept pour 200 millions, apporte 170 millions aux hôtels Méridien, avance 500 millions à Alain Mallart, rachète 10 % de TF1 pour 370 millions, renforce ses fonds propres en prenant 20 % du capital d'Usinor-Sacilor, rachète l'ancien siège du CFAO pour 1,3 milliard pour venir au secours de François Pinault... Bref, son portefeuille de participations dépasse les 50 milliards de francs, essentiellement investis en valeurs cotées sur le marché et acquises en haut de cycle.

Même générosité dans les filiales étrangères. Giancarlo Paretti associé à Florio Fiorini, deux Italiens à la réputation sulfureuse qui veulent se lancer à la conquête de Hollywood, et des célèbres studios de cinéma Metro Goldwyn Mayer (MGM), réussissent à trouver leur financement auprès de la filiale hollandaise du Crédit lyonnais, le Crédit lyonnais Bank Nederland (CLBN). Sur ces deux seuls clients, les risques de la banque avoisinent les 20 milliards de francs. Haberer ne cille pas. Il fait totalement confiance à Georges Vigon, le président de CLBN, un héros en Hollande.

Dans le même temps, la banque accélère sa politique de croissance externe. Près de 25 milliards de francs seront dépensés pour compléter le maillage international de la banque. Le Lyonnais rafle tout ce qui se présente en Europe.

On ne parle que du Lyonnais. Bérégovoy, quant à lui, considère qu'« il n'y a qu'un vrai banquier en France, c'est Haberer [4] ». Et pour cause. Le président du Crédit lyon-

4. *Ibid.*

nais a l'oreille du ministre des Finances. Il rend de nombreux services et en échange obtient tout ce qu'il veut. C'est ainsi qu'en 1989, il a mis la main sur Altus, l'ancienne filiale bancaire de Thomson, spécialisée dans les activités de marché. Cette nouvelle province, conquise de haute lutte, permettait à la banque de faire d'une pierre deux coups : renforcer sa présence sur ce nouveau créneau et augmenter ses capitaux propres, c'est-à-dire sa capacité d'intervention. En prime, le Lyonnais s'assurait les services de Jean-François Hénin, l'artisan du succès d'Altus.

Lorsque Haberer le rencontre pour la première fois, il lance : « On m'a dit qu'on vous surnomme le Mozart de la finance, c'est flatteur. Mais vous n'êtes pas sans savoir que Mozart est mort jeune. Alors, moi, je préférerais un Verdi de la finance, mort octogénaire, laissant une œuvre considérable [5]. » Et de lui indiquer la voie : « Altus fera tout ce que le Lyonnais ne sait pas faire, ne peut pas faire, ou ne veut pas faire. »

Pendant deux ans, cette nouvelle filiale se diversifie tous azimuts. Elle se retrouve avec une large gamme d'actifs qui va de la distribution à l'informatique en passant par des stations de ski, des golfs, des transporteurs aériens. Début 1992, elle réalise une opération saluée unanimement aux Etats-Unis. Altus met 18 milliards de francs sur la table, c'est-à-dire presque une fois et demie ses capitaux propres, pour acquérir auprès d'une compagnie d'assurances américaine un portefeuille de *junk bonds* dont la valeur nominale est de 25 milliards de francs. Il s'agit d'obligations à haut risque émises par des sociétés qui ont généralement des difficultés à trouver des financements classiques, et qui de ce fait versent un intérêt très élevé aux souscripteurs de ces titres.

L'opération est audacieuse. Elle promet en plus d'être très juteuse. La finance américaine applaudit. Et Haberer reçoit pour l'occasion la plus haute distinction de la chambre de commerce internationale de New York.

En France aussi, il se fait décorer des insignes de cheva-

5. Eric Leser, *op. cit.*

lier de la légion d'honneur par Pierre Bérégovoy. Un mot court alors dans Paris : « Laissez Haberer à Béré. »

C'est l'époque où le président du Lyonnais est très sollicité. Invité partout, il fait un cours sur l'économie et la conjoncture d'une clarté impressionnante. Mais il irrite de plus en plus ses pairs.

L'ego d'Haberer enfle. Au sein de son conseil d'administration, les représentants de l'Etat ne prêtent guère attention aux faits et gestes de cet éminent membre de l'Inspection. Pour la plupart, ils ont travaillé sous ses ordres au Trésor. Plus encore, ils savent que l'homme est encore puissant. Un mot de trop et c'en est fini de leur carrière. Quant au directeur du Trésor, Jean-Claude Trichet, il ne réagit pas. Aurait-il la tête ailleurs ?

Mais plus le temps passe, plus la situation devient critique. La rentrée 1992 s'annonce difficile. Le nombre des faillites augmente. La courbe du chômage repart sérieusement à la hausse. Les résultats des entreprises plongent. La crise s'installe dans l'économie française.

Pour la première banque du pays, les perspectives ne sont guère encourageantes. Les agences de notation financière, qui ont la charge de surveiller la solidité des banques, s'inquiètent de l'avenir du Lyonnais. Il a accumulé trop de risques pour sortir indemne de cette période difficile, estiment-ils. Ils abaissent la notation de la banque ce qui revient à renchérir le coût de ses financements. La presse multiplie des articles inquiétants, Paris bourdonne de rumeurs, certains parlementaires commencent à s'intéresser aux méthodes d'Haberer. Quelques-uns, avec à leur tête François d'Aubert, tirent la sonnette d'alarme. Ils réclament même la constitution d'une commission d'enquête. Mais l'intervention opportune de Jean-Maxime Lévêque, l'un des principaux bailleurs de fonds du RPR, empêchera la mise en œuvre d'une telle initiative.

Haberer finit par sentir le vent du boulet. Au creux de l'été 1992, Sasea, l'entreprise de l'Italien Fiorini, dépose son bilan. Coût pour le Lyonnais : 1,8 milliard de francs, selon les calculs de son président. Celui-ci s'en ouvre au gouverneur de la Banque de France, lequel, traumatisé par la perspective d'une perte affichée par la plus grande des banques du pays, envoie les auditeurs de la Commission bancaire dans les locaux de la banque.

Vis-à-vis de l'extérieur, cependant, le président du Lyonnais garde le masque. Fin 1992, Haberer reste toujours aussi confiant. Son discours n'a pas changé d'un iota. Le Lyonnais a les moyens de tenir en temps de crise. La banque a un rôle macro-économique à jouer. « Il ne faut pas ajouter de la crise à la crise », martèle Haberer. Il se prend pour le sauveur de l'économie française.

En réalité, le paquebot Crédit lyonnais commence à tanguer sérieusement. La faillite retentissante de Sasea, la société de son client italien Fiorini, risque de coûter une dizaine de milliards, qu'il faut ajouter aux 15 milliards que la banque a engloutis en pure perte dans MGM. Il y a aussi l'immobilier. Les engagements de la banque dans ce secteur se chiffrent à une soixantaine de milliards de francs. Ils ne sont pas couverts. Ils risquent de coûter des dizaines de milliards de francs. Il y a enfin International Bankers SA (IBSA), la banque de Jean-Maxime Lévêque, dont le Lyonnais possède 25 % ; et qui est aussi très engagée dans la promotion immobilière. Au total, à ce stade, la banque est sûre d'avoir perdu une trentaine de milliards de francs.

Jean-Yves Haberer est conscient de la catastrophe qui s'annonce. Mais il refuse de s'avouer vaincu et continue à porter beau. Pour le commun des mortels, le Lyonnais donne encore l'image d'une banque agressive pleine de ressources. Même si les autorités de tutelle sont également inquiètes, pour d'obscures raisons qui relèvent plus de l'habitude et du laisser-aller, elles lui laissent toujours la bride sur le cou. Fin 1992, le conseil d'administration approuve le rachat de la banque allemande BFG par le Lyonnais. Coût : 1,8 milliard de francs. A ce prix, la banque récupère une vingtaine de milliards d'engagements immobiliers supplémentaires !

Haberer n'a qu'une obsession : préparer les résultats de

l'année. Il n'est plus question de rivaliser avec la BNP. L'objectif est désormais de minimiser l'ampleur des dégâts. Les participations font l'objet de va-et-vient entre les différentes filiales de la banque. Manœuvre habile : à chaque aller-retour, celle-ci peut dégager des plus-values tout en maintenant la propriété de son actif. Manœuvre hasardeuse aussi, car rien n'indique que ces actifs vont s'apprécier.

Le Lyonnais va même jusqu'à payer pour fabriquer des résultats. Prise au milieu du gué, la banque met en vente une partie de son portefeuille d'obligations américaines. Premier candidat au rachat : François Pinault. Cet habile financier se lèche les babines à la vue de ce portefeuille. Il y a un problème : il n'a pas le premier centime. Son groupe, Pinault Printemps Redoute (PPR), est fortement endetté. Il n'est pas question de le lancer dans cette aventure.

Qu'à cela ne tienne, le Crédit lyonnais va pourvoir à ses besoins.

L'homme d'affaires breton crée, avec l'aide du Lyonnais, une nouvelle société baptisée Artémis, dans laquelle Pinault place sa participation de 45 % dans PPR. C'est Artémis qui va se porter acquéreur des *junk bonds*. Artémis achète donc, pour 10 milliards de francs, une partie de ce portefeuille d'obligations américaines. Le tout financé par 10 milliards de crédits accordés par le Crédit lyonnais. Mieux : Pinault invite Altus dans le capital d'Artémis. La filiale du Lyonnais met donc 2,5 milliards de francs dans la société de Pinault contre 25 % du capital.

A l'issue de ces opérations, Pinault se retrouve avec un portefeuille de créances sur des sociétés aussi diverses que les bagages Samsonite ou les stations de ski au Colorado. Avec la reprise américaine, l'investissement s'avérera extrêmement juteux. Ces créances lui rapportent un rendement net de 30 % alors qu'il s'est endetté au taux de 7 %. C'est ce qu'on appelle faire fortune.

Au total, la banque du boulevard des Italiens aura augmenté ses engagements sur le groupe Pinault de 10 milliards, tout en lui apportant 2,5 milliards d'argent frais. En échange, en se délestant d'une partie de ses *junk bonds*, la banque réalise plus d'un milliard de francs de plus-values.

Hélas pour le Lyonnais, l'opération n'est pas aussi fructueuse. Tout juste lui permet-elle de réduire le montant de ses pertes pour l'année 1992, qui s'élèvent à près de 2 milliards de francs.

Pris entre la mégalomanie d'Haberer et l'inadvertance de ses actionnaires, le Crédit lyonnais commence lentement à s'effondrer.

Les traits d'Haberer sont de plus en plus tirés. Il demeure persuadé que la faute est à la conjoncture. Le temps commence à presser pour lui. Non seulement il doit colmater les brèches de la banque, surtout il doit désormais s'inquiéter pour sa position. Les élections sont proches.

CINQUIÈME PARTIE

1993-1995

Les enfants de Balladur

30

Édouard, le retour

Mars 1993. Hôtel Matignon

Pierre Bérégovoy a souvent les larmes aux yeux, ces temps-ci. Depuis quarante-huit heures, il a rejoint la confrérie des anciens Premiers ministres. Son aventure politique, commencée dans les syndicats d'EDF, se termine en catastrophe sur le perron de Matignon.

Bérégovoy est au bout du rouleau. Les affaires, la mauvaise conscience et les regrets le minent. Plus personne ne l'appelle, plus personne ne le flatte, plus personne ne l'encourage. Ses illusions s'effondrent. Et sa vie avec. Il a le regard fixe et parle de plus en plus lentement, la tête ailleurs. L'homme qui quitte Matignon est cassé.

Il est atteint d'un syndrome bien connu des politiques : celui de la dépression post-Matignon. Le travail de Premier ministre est si lourd qu'on supporte mal d'en être déchargé. Mais pour Bérégovoy, il y a plus grave encore. Le souvenir du prêt contracté auprès de Roger-Patrice Pelat, le tristement célèbre ami du Président, pour son modeste appartement du XVIe arrondissement le torture. Pendant la campagne des législatives, il avait été accueilli par des pancartes du genre : « T'as pas cent briques, Béré ? » En ville, ses amis ironisent. Même quand ils prennent sa défense. Comme Pierre Joxe, qui n'hésitait pas à se porter garant de la probité de Bérégovoy en attirant l'attention du public sur « ses chaussettes ».

Pierre Bérégovoy voit le mal partout. Humilié, perdu, et craignant la justice qui se rapproche dangereusement de lui avec l'ouverture du procès Pechiney où plusieurs de ses collaborateurs et amis sont soupçonnés de délit d'initié, il se donne la mort quelques jours après avoir quitté l'Hôtel de la rue de Varenne.

L'homme qui a pris sa succession lui ressemble à plus d'un titre. Lui aussi est avantageux, dominateur et vaniteux. Ils ont la même façon de se rengorger en permanence pour mieux jouir de leur gloire. Ils ont le même double menton.

Théoriquement, la tâche d'Edouard Balladur, deuxième Premier ministre de la cohabitation, est de préparer le terrain pour Jacques Chirac afin qu'il puisse accéder à la magistrature suprême à l'élection présidentielle de 1995. Mission d'autant plus facile à exécuter qu'il est peu probable que François Mitterrand se présente pour un troisième mandat.

Cette victoire, il la veut tout autant que Chirac. Mais il la veut pour lui. Le Premier ministre est bien décidé à se présenter à l'élection. Pour l'instant, nul, à l'exception de son entourage proche, ne soupçonne ses rêves secrets.

Edouard Balladur, qui n'a jamais péché par excès de modestie, a ses raisons. De son point de vue, il est plus intelligent, plus stratège, plus tacticien que tout autre pour assumer les plus hautes responsabilités de l'Etat. Surtout, ce prince de l'ambiguïté, peu partageux par nature, n'a aucune intention de dépenser son énergie pour quelqu'un d'autre.

Sa stratégie, il l'a peaufinée jusqu'au plus petit détail. Il en a eu le loisir. Depuis 1988, il a étudié son image auprès des électeurs, il a reconnu ses erreurs, il en a tiré la leçon et surtout il a élaboré un plan de campagne très sophistiqué. L'objectif est que sa candidature s'impose comme une évidence.

Côté arrière-cour, le Premier ministre s'attelle donc dès son installation rue de Varenne, à une opération de « déchiraquisation » des députés RPR. Il reçoit les députés de la majorité, les charge de missions d'étude diverses et variées et s'achète leur collaboration ainsi que leur gratitude. Sans oublier de leur glisser, en passant, une « vacherie » sur « ce pauvre Jacques ». L'UDF n'est pas oubliée non plus. Fort du soutien de François Léotard, ministre de la Défense, il amorce subrepticement la récupération de la confédération centriste.

Côté cour, Edouard Balladur occupe le plus pacifiquement du monde l'appareil d'Etat. Il installe ses hommes liges à la tête des directions centrales d'administrations, des grandes entreprises, des préfectures, etc. L'ancien président de la Générale de services informatiques ne dispose, il est vrai, d'aucun réseau d'amitiés. Or, dans la République, il faut avoir ses troupes. C'est pourquoi, il lance aussi une offensive de charme dans le gotha des affaires où Jacques Chirac compte encore beaucoup d'amis. Son premier déjeuner de chef du gouvernement, il le réserve à Jean-Marc Vernes, le « banquier du RPR ».

Côté jardin, enfin, il souhaite donner l'image d'un homme responsable, c'est-à-dire efficace, compétent et surtout respectueux du chef de l'Etat. Ses apparitions en public seront minutieusement préparées.

Ce dispositif s'appuie naturellement sur une communication de choc destinée à mettre en valeur la singularité de Balladur. Pour le commun des mortels, le nouveau Premier ministre apparaît ainsi comme un homme plein d'égards vis-à-vis de François Mitterrand, même si à chaque accès de maladie du Président, une campagne savamment orchestrée relance les spéculations sur son état de santé. Normal. Compte tenu de sa cote de popularité, Balladur a tout intérêt à ce que l'élection présidentielle ait lieu le plus tôt possible.

Pour le contribuable de base, Balladur donne l'image d'un homme qui n'est plus cette fois inféodé aux puissances de l'argent : il ne touche ni à la rémunération du livret A, ni davantage à l'impôt sur la fortune (ISF). Le

Premier ministre est un homme simple. Cela ne l'empêche pas de rester fasciné par tout ce qui brille. Il passe ainsi ses premiers jours à décorer des insignes de la Légion d'honneur ses principaux amis, tous mondains, pour la plupart dotés de patronymes à particule. Son ministre du Budget, Nicolas Sarkozy, quant à lui, se charge de satisfaire les milieux d'affaires. Grâce à l'ambiguïté du texte de loi relative à l'ISF, il rendra le plus légalement du monde des services fort appréciés aux présidents des grandes entreprises françaises. Ils sauront s'en souvenir. Sarkozy deviendra le politique préféré des « riches » qui l'inviteront à toutes leurs mondanités.

Pour le citoyen de base, le tempérament modéré de Balladur tranche avec le caractère impétueux de ses prédécesseurs. Ainsi, en apparence, le gouvernement ne procède à aucune espèce de chasse aux sorcières. Les mandats des responsables administratifs ou des présidents d'entreprises publiques courent donc jusqu'à leur échéance. En réalité, Edouard Balladur pulvérise tous les records. En neuf mois, le Conseil des ministres procédera à 208 nominations, presque deux fois plus que celles décidées par Michel Rocard sur la même période. L'homme qui écrivait en 1990 : « Dans quel autre pays le pouvoir attribue-t-il à ses obligés, à ses clients, à ses courtisans, les postes, les rémunérations, les honneurs, sans avoir de comptes à rendre à personne, dédaigneux des critiques fugaces d'une presse trop souvent respectueuse [1] ? », n'éprouve aucune gêne à se contredire. Il est vrai qu'il ne fait jamais ce qu'il dit et ne dit jamais ce qu'il fait.

Aux yeux du Français moyen, le Premier ministre se montre humble. Soucieux des deniers publics, ses premières mesures portent sur la réduction des dépenses du gouvernement : l'utilisation des voitures de fonction, des chauffeurs, des avions du Glam... sera limitée. Dans le même temps, à l'abri des regards, il demande aux jardiniers du parc de Matignon de modifier l'architecture florale pour planter des roses blanches. Cela coûte cher, mais

1. Edouard Balladur, *Douze lettres aux Français trop tranquilles*, LGF, 1992.

le Premier ministre ne peut pas poser son regard sur cette roseraie aux couleurs trop vives.

Enfin, les Français sont impressionnés par l'efficacité de Balladur. Son cabinet est composé de jeunes gens qui ont tous moins de 40 ans, son gouvernement est restreint, le pays a le sentiment d'être enfin géré.

Dans les coulisses, la situation n'est pas si harmonieuse. Comme dans un match de foot, les ministres se marquent les uns les autres. Charles Pasqua donne la réplique à Simone Veil, Gérard Longuet surveille Alain Madelin, et Nicolas Sarkozy supervise Edmond Alphandéry...

Les résultats de ces efforts sont impressionnants. Quand le Premier ministre lance l'emprunt Balladur, il est plébiscité. L'emprunt, qui porte sur un montant initial de 40 milliards de francs, draine 110 milliards de francs !

Edouard Balladur est désormais sur la rampe de lancement.

Sur le fond, pourtant, le gouvernement ne fait preuve d'aucune originalité. A l'instar des précédents Premiers ministres, Balladur donne la priorité à l'assainissement des finances de l'Etat. Le taux de la Contribution sociale généralisée (CSG) augmente de 1,1 % à 2,4 %, les cotisations sociales sont relevées, etc. Comme on est en période préélectorale, il faut aussi faire preuve de générosité. D'où la relance des privatisations. Mais cette fois, il n'est plus question d'utiliser les recettes de ces ventes massives pour résorber la dette de l'Etat. L'assainissement des finances publiques s'arrête là. Il s'agit désormais de trouver les moyens de financer les subsides et autres formes de redistributions. Balladur attend quelque 50 milliards de recettes supplémentaires pour mener à bien ce qu'il appelle son « train de réformes ». Pour cela, il faut commencer à mettre sur le marché les groupes les plus sains. Au passage, la relance des privatisations permet aussi à Balladur de compléter son réseau d'obligés, grâce aux nominations.

Une mini-liste est préparée ; elle contient les noms de

Rhône-Poulenc, Elf-Aquitaine, la BNP et l'UAP. Techniquement, ces quatre entreprises sont prêtes pour retrouver le chemin de la Bourse. Mais avant toute opération, il faudra aussi régler le problème des hommes.

La privatisation de Rhône-Poulenc ne pose aucun problème. L'entreprise est déjà cotée en Bourse. De plus, Jean-René Fourtou, son président, est connu pour ses affinités giscardiennes. Son changement ne s'impose pas, ne serait-ce que pour donner des gages à l'UDF.

La BNP ne pose pas davantage de problèmes. Son président, René Thomas, a plus de 65 ans et souhaite se faire remplacer par Michel Pébereau, un balladurien distingué, inspecteur des finances de son état et alors président du CCF. La nomination de Péberau à la BNP permet en outre de libérer son fauteuil pour Charles de Croisset, l'ancien directeur de cabinet de Balladur à Rivoli.

Pour Elf-Aquitaine, en revanche, l'enjeu est autrement plus important. Cette entreprise puissante et très présente sur le continent africain est un monument national. Sa puissance, ses réseaux, et sa dimension en font un enjeu politique. De tout temps elle a été présidée par un homme du sérail du pouvoir en place. Loïk Le Floch-Prigent, son président, est un proche des socialistes. Il faudra le remplacer par un homme de confiance. Pour Balladur, le candidat idéal, c'est Philippe Jaffré qui depuis des mois le bombarde de notes et de graphiques. Celui-ci a eu déjà l'occasion de démontrer ses talents dans la banque. L'industrie pétrolière, en revanche, est un domaine tout à fait nouveau pour lui. Peu importe. Jaffré est un inspecteur des finances, ce qui dans la République est synonyme de toutes les compétences. Il est surtout entièrement dévoué à la cause du Premier ministre.

Cohabitation de velours oblige, Loïk Le Floch-Prigent ne restera pas sur le carreau. Le gouvernement le nommera à la tête de Gaz de France, sans doute en raison de quelques menus services rendus par le passé !

Reste à régler le cas de l'UAP. A priori, le Premier ministre ne voit pas d'inconvénient à ce que Jean Peyrelevade soit maintenu à son poste. Mais il souhaite trouver un point de chute intéressant pour son conseiller et ami Jacques Friedmann. Intéressant, dans l'esprit de Balladur, veut dire stratégique. Il lui a donc proposé deux entreprises : Havas et l'UAP. La première, présente dans les médias, se doit d'être dirigée par un affidé de Matignon. D'autant plus que Pierre Dauzier, le président actuel et proche de Jacques Chirac, a le don d'exaspérer Edouard Balladur. C'est un chiraquien de la pire espèce, corrézienne. « Je n'ai aucune estime pour lui », répète le Premier ministre. Il n'y a rien à faire. Il ne se soumettra jamais à Balladur.

La seconde entreprise revêt une importance autrement grande. Elle est présente dans le capital de la plupart des grandes affaires françaises. C'est un point stratégique : l'une des tours de contrôle, avec Bercy, de l'économie française.

L'une est privée, mais le gouvernement compte suffisamment d'amis dans son conseil d'administration pour pouvoir déloger le président en exercice, quitte à prendre quelques libertés avec la doctrine libérale. L'autre est publique, et il suffit d'un décret de privatisation pour limoger le patron en poste et le remplacer par un ami.

Mais l'ami en question hésite. Prendre des décisions n'a jamais été le point fort de Jacques Friedmann. Gentil, rond, sympathique, l'homme est trop timide pour s'imposer. Il déteste les rapports de forces. Il ne supporte pas les éclats de voix. Surtout, il n'aime pas se dévoiler. Pour la présidentielle, il n'arrive même pas à choisir entre Balladur et Chirac dont il est le plus vieil ami. Il ne veut faire de peine à personne. Pour l'aider à se décider, Balladur lui propose la mission de renégociation de la concession de Canal + qui arrive à échéance. Cela lui permettra de se familiariser avec le monde des médias. Il choisira ensuite... s'il le peut.

En attendant, Balladur retire l'UAP de la liste des privatisations. Le premier décret ne concerne ainsi qu'Elf-Aquitaine, la BNP et Rhône-Poulenc.

L'été se présente sous les meilleurs auspices. Quand Balladur, heureux, et satisfait, s'en va à Chamonix.

31
Chronique d'un naufrage annoncé

Août 1993. Bercy, ministère des Finances

Depuis qu'il est rentré de vacances, le ministre de l'Economie a changé. Edmond Alphandéry paraît plus vieux. On dirait qu'il a dix ans de plus. Il a le teint légèrement hâlé par le soleil d'Italie. Son regard est toujours aussi sévère que par le passé, et son attitude tout aussi compassée. Ce sont les cheveux qui ont changé. Il ne les teint plus. Ils ne sont plus grisonnants. Ils sont tout blancs.

Il lui a fallu trois mois de cohabitation avec Nicolas Sarkozy, ministre du Budget, pour abandonner l'une de ses rares coquetteries. Excédé par les remarques déplaisantes de son collègue du Budget, qui ne manquait aucune occasion de se moquer de ses cheveux teints, Alphandéry a fini par opter pour un look nature.

Pauvre Alphandéry. C'est un calvaire qu'il vit dans l'immeuble néo-mussolinien de la rue de Bercy où trônent désormais le ministère des Finances et ses services. Un véritable bunker. Le ministre de l'Economie a du mal à y trouver ses repères. Installé au cinquième étage, il se trouve coincé entre Nicolas Sarkozy, au quatrième étage, et la direction du Trésor, au sixième. Celle-ci lui est hostile. Le Trésor n'aime pas les personnalités faibles, surtout quand elles sont prétentieuses. Or, c'est le cas de cet ancien professeur d'économie. Impétueux et abstrait, caractériel et donneur de leçons, Edmond Alphandéry a le don d'exaspérer ses collaborateurs. Du coup, le Trésor a décidé qu'il ne sera pas un grand ministre des Finances.

C'est d'ailleurs pourquoi Balladur l'a placé à ce poste. Comme tous les Premiers ministres qui sont passés par Rivoli puis Bercy, Balladur avait décidé de nommer un ministre de l'Economie faible. Dans son esprit, Alphandéry n'est à Bercy que pour faire de la figuration. Mais celui-ci refuse obstinément de l'admettre.

Au fond, malgré toutes ces difficultés, il est heureux d'être ministre. Il en éprouve une satisfaction inépuisable qui se transforme en obsession. Depuis qu'il est à Bercy, Alphandéry martyrise son service de presse pour apparaître sur le devant de la scène, pour être interviewé, pour avoir sa photo à la une des journaux...

Projeté sur l'avant-scène médiatique, il saisit tous les micros de la radio et de la télévision pour s'exprimer. Naturellement, il ne peut s'empêcher de gaffer. Comme lorsqu'il annonce en plein mois de juillet qu'il a convoqué son homologue allemand pour discuter des niveaux des taux d'intérêt. Cela a suffi pour jeter le doute dans l'esprit des opérateurs de marchés. Pariant sur une rupture de la politique économique française, ils ont commencé à vendre massivement du franc sur les marchés pour acheter du mark. L'Union européenne s'est vue obligée d'élargir les marges de fluctuations des monnaies pour éviter une dévaluation.

L'épisode a achevé la réputation de gaffeur d'Alphandéry. C'est plus fort que lui. Chaque fois que le ministre tente une aventure, le résultat laisse à désirer. Même le choix de son lieu de villégiature estivale s'avère aventureux. Pour ses premières vacances de ministre, il ne trouve rien de mieux qu'élire domicile dans le même hôtel que Nicolas Sarkozy en Italie.

De retour à Paris, l'homme apparaît plus serein. Sans doute a-t-il pris de bonnes résolutions. C'est compter sans la tempête qui s'annonce. Lorsqu'il regagne son bureau avec la superbe vue qu'offre la pièce sur Notre-Dame, il trouve deux missives sur sa table.

La première vient du président du Crédit lyonnais, Jean-Yves Haberer. Celui-ci y explique en substance que la banque qu'il préside traverse une zone de turbulence. Il annonce que les résultats de la première moitié de l'année vont être dans le rouge. En conséquence, il souhaite une intervention de l'Etat-actionnaire. Jean-Yves Haberer, dont la modestie n'a jamais été le fort, prescrit dans la foulée les remèdes aux maux du Lyonnais. Il exige que l'Etat le débarrasse de sa participation dans Usinor-Sacilor. Les titres du groupe sidérurgique lui avaient été apportés à un moment où la banque recherchait des capitaux propres. En détenant 20 % d'Usinor-Sacilor, non seulement, elle intégrait dans ses comptes les résultats du groupe sidérurgique, mais, surtout, elle rajoutait à ses capitaux propres 20 % de ceux de l'entreprise industrielle. Seulement, Usinor-Sacilor, à son tour frappé par la crise, est désormais en perte. Le Crédit lyonnais, déjà mal en point, ne peut décemment pas aggraver sa situation financière en supportant 20 % du déficit de ce groupe. Il faut donc revendre ces titres à l'Etat. Quant à l'effet négatif d'une telle cession sur les capitaux propres de la banque, il pourrait être neutralisé par l'apport d'une autre participation, comme France Télécom par exemple, suggère Haberer. En somme, le président de la banque publique propose un simple jeu d'écritures pour maintenir en survie artificielle un établissement déjà presque en faillite. La lecture de ce document agace le ministre. Alphandéry sent bien que la situation est grave. Il se rappelle des rumeurs sur l'état de cette banque. Il se souvient aussi de l'impassibilité d'un Haberer devant tous ces bruits. Le fait qu'aujourd'hui celui-ci l'appelle au secours, apporte bien la preuve que la catastrophe n'est pas loin.

Le ministre n'a pas tort. Ses inquiétudes se confirment à la lecture de la seconde lettre. Celle-ci est envoyée par la Commission bancaire, après un audit réalisé par ses services au sein du Crédit lyonnais. La Commission bancaire, dont le rôle est théoriquement de surveiller les établissements de crédit, c'est-à-dire d'éviter les désastres, s'est intéressée au Lyonnais après que Jean-Yves Haberer eut averti Jean-Claude Trichet, gouverneur de la Banque de France et président de ladite commission, de la situation financière de la banque. Les conclusions de ses travaux sont alarmantes. Le gendarme des banques estime à 7 milliards de francs les retards de provisions du Lyonnais. Soit autant de pertes. En l'absence d'un soutien affiché de la part de l'actionnaire, la plus grande banque française risque la faillite.

Ce diagnostic est confirmé par la Cour des Comptes.

Autant dire, que le ciel tombe sur la tête d'Edmond Alphandéry. Le Crédit lyonnais n'est pas n'importe quelle banque. Elle appartient à l'Etat. Plus de 4 millions de Français y possèdent un compte. C'est le plus grand établissement de crédit de l'Hexagone. Il totalise plus de 2 000 milliards de francs d'actifs, enfin il est fortement endetté auprès d'autres banques. Dès lors, une faillite du Lyonnais provoquerait la banqueroute de tout le système financier français. Pis, elle risquerait de dévaloriser la signature de l'Etat français qui émet tous les jours des milliards d'obligations sur les marchés pour financer sa dette. C'est une bombe.

Il faut agir vite. Mais là, compte tenu de l'ampleur des difficultés qui s'annoncent, le ministre refuse de prendre une quelconque initiative. Il refile cette patate chaude à Matignon.

Rue de Varenne, rien ne perturbe le calme estival. Le Premier ministre est à Chamonix, où il respire l'air pur des montagnes avant une rentrée difficile. Au sommet des Alpes, il rêve à l'Elysée. N'a-t-il pas envoyé ses troupes en repérage rue Saint-Honoré lors de la garden-party du 14 Juillet ? Dans sa tête tout commence à prendre forme. Il réfléchit déjà à la manière dont il distribuera les bureaux, au gouvernement qu'il nommera, etc.

L'ivresse est telle que lorsqu'il apprend les mauvaises

nouvelles de Paris, il ne réagit guère. C'est en tout cas l'impression qu'il donne. Il est vrai qu'il a toujours tendance à dédramatiser. Au fond, tous les groupes financiers traversent des difficultés, ne serait-ce qu'en raison de l'explosion de la bulle financière de la fin des années 1980. Le Crédit lyonnais, compte tenu de sa taille, un peu plus.

Sans doute n'a-t-il pas encore conscience de la nature des problèmes. Dans l'immédiat, il décide de procéder avec doigté pour calmer le jeu. Ce qui revient dans son esprit à changer la direction, c'est-à-dire à évincer Jean-Yves Haberer. Pratique courante dans la technocratie : lorsque les affaires ne vont pas, on mute les responsables et on attend. C'est une culture.

Nommé en septembre 1988, renouvelé en juin 1989, le président du Lyonnais achève son mandat en juin 1994. Prétextant les problèmes du Lyonnais, Balladur décide donc d'anticiper les échéances. Il faut trouver un moyen de le remercier sans semer la panique. Ce qui veut dire qu'il faut lui dégager de la place ailleurs, dans une autre entreprise publique où le président est sur le départ. C'est précisément le cas du Crédit national, une institution financière spécialisée dont l'actionnariat est totalement privé, mais dont les dirigeants sont nommés par l'Etat. Le mandat d'Yves Lyon-Caen, le jeune patron de cette banque, arrive à expiration fin septembre. Il sera remercié et remplacé par Haberer.

Reste à lui trouver un successeur au Crédit lyonnais. Ce sera Jean Peyrelevade, patron de l'UAP. Son arrivée à la banque libère ainsi la présidence de la compagnie d'assurances. Ce qui permet de l'offrir à Jacques Friedmann. La boucle est bouclée : Haberer ira au Crédit national, Peyrelevade au Crédit lyonnais et Friedmann à l'UAP dont le décret de privatisation sera signé sur-le-champ. Quant à Yves Lyon-Caen, tant pis pour lui. Il est trop rocardien pour que Mitterrand se manifeste à son sujet, et trop peu médiatique pour provoquer une campagne de presse.

Ce jeu de chaises musicales, s'il arrange Balladur, ne résout en rien les problèmes du Crédit lyonnais. Pour l'heure, personne ne réfléchit à un plan de soutien, encore moins à un sauvetage. Sans doute les gouvernants pensent-ils que la créativité technocratique française sera en mesure de venir à bout de ce drame.

Personne à Bercy ne trouve rien à redire. Personne ne tire la sonnette d'alarme. Personne ne réagit.

Alphandéry, pour sa part, obtempère.

Vers la fin août, le ministre de l'Economie reçoit donc Jean-Yves Haberer. L'entretien est courtois. Il lui annonce l'intention du gouvernement de le débarquer de la présidence de la banque, et lui propose comme lot de consolation la direction du Crédit national.

Haberer se révolte. « Trop petit », dit-il en substance avant de comparer les bilans respectifs des deux établissements. Réaction spontanée ou attitude tactique ? Un peu des deux, sans doute.

De ce point de vue, Haberer ne change pas. Bien au contraire. Sur la forme, un personnage tel que lui ne peut se contenter d'un entretien avec un simple ministre. La décision de la puissance publique doit lui être signifiée par le Premier ministre, personne d'autre.

Sur le fond, la présidence du Crédit national ne lui plaît pas. Elle n'est pas prestigieuse. En tout cas pas suffisamment aux yeux de l'ancien directeur du Trésor. Rien ne dit pourtant qu'il n'acceptera pas cette sinécure. Mais il veut gagner du temps.

Celui qui se prend pour le sauveur de l'économie française a en effet demandé l'intervention bienveillante de ses grands clients pour sauver son fauteuil. Certains comme Bernard Arnault, peu porté par nature à la médiation, ou encore François Pinault, furieux de l'attitude d'Haberer qui avait refusé de lui céder la Fnac qu'il a fini par racheter, se sont abstenus. D'autres au contraire, comme Robert Hersant ou encore Jean-Luc Lagardère, n'ont pas hésité à soutenir publiquement le président du Lyonnais. L'initiative sera en tout cas du pire effet. En privé, Balladur s'étonnera : « Un banquier défendu par ses clients ! Ce n'est pas très bon signe ! »

Le sort d'Haberer est donc scellé.

Est-il vraiment conscient du naufrage du Lyonnais ? On peut en douter. Jean-Yves Haberer n'aime pas les vérités blessantes. Il est capable de se mentir à lui-même. Une intelligence aussi brillante, une vision aussi vaste, une compétence aussi extraordinaire, ne peut souffrir l'échec. Les problèmes qui surviennent ne peuvent être de son fait. Les responsables sont ailleurs.

Lui, il n'a fait que son métier. Si de nombreuses PME n'ont pas mis la clé sous la porte, c'est grâce au soutien du Crédit lyonnais. La banque qu'il préside a ainsi permis de sauver plus de 100 000 emplois. Ces arguments, il ne cesse de les répéter à ses interlocuteurs. Et pour se dédouaner, il explique à qui veut l'entendre : « Mon départ du Crédit lyonnais n'est pas une sanction, il répond à un calcul politique. Il fallait caser Friedmann à l'UAP et trouver un point de chute à Peyrelevade [1]. »

L'explication est certes un peu courte, mais hélas réelle. Une chose est sûre : le gouvernement agit avec une telle délicatesse avec ce grand commis qu'il est difficile de parler de sanction. A tel point qu'Haberer s'étonnera lui-même des « conditions de charme » dans lesquelles le Premier ministre l'a reçu pour signifier son congé du Crédit lyonnais. A en croire le président du Lyonnais, Balladur lui a assuré « veiller particulièrement au maintien du réseau européen de la banque après son départ [2] ».

C'est sans doute pourquoi cet homme qui n'a jamais eu peur de rien, continue à se délivrer des satisfecits. Quelques jours avant son départ, en visite à Saint-Pétersbourg, à l'occasion de l'inauguration de la nouvelle filiale de la banque, il ne résiste pas au plaisir d'une dernière provocation. « Je profite de l'occasion pour me remercier. Comme personne ne le fera, je le fais moi-même [3]. »

---

1. Rapport de la commission d'enquête parlementaire sur le Crédit lyonnais.
2. *Ibid.*
3. Eric Leser, *op. cit.*

Au fond, c'est un peu son testament qu'il récite. Une page se tourne pour ce grand serviteur de l'Etat. Il a tout conquis avant de tout perdre, la direction du Trésor, Paribas, le Lyonnais...

Place Vendôme, l'humeur n'est pas à la gaieté. Jean Peyrelevade a la gorge serrée. C'est la deuxième fois qu'il vit une épreuve douloureuse. Après avoir été limogé de la présidence de Suez, voilà qu'il doit quitter l'UAP. C'est injuste, pense-t-il. Depuis le milieu de l'été, Paris bruit de rumeurs sur son départ de la compagnie d'assurances. Autant dire qu'il a passé d'épouvantables vacances, porté par l'espoir et abattu par les bruits savamment distillés par Matignon. Peyrelevade en est révolté. L'homme n'est pas du genre à verser dans le sentimentalisme. Simplement, il pense qu'il aurait mérité un meilleur traitement.

En cinq ans, il a fait de cette entreprise un grand groupe d'assurances. L'UAP talonne désormais Allianz, le premier assureur européen. Le dernier bastion a été conquis il y a à peine quelques jours, lorsqu'il a signé un protocole d'accord avec le groupe Suez pour mettre enfin la main sur Colonia, cette société allemande qu'il convoite depuis deux ans. Et puis, il a su être un président intègre. Il n'a pas participé au raid sur la Société générale. Il a toujours tenu à préserver les intérêts de sa maison. Bien sûr, il y a eu l'épisode de la banque Worms, touchée de plein fouet par la crise immobilière. Cette filiale de l'UAP a perdu l'équivalent de trois fois ses fonds propres, une dizaine de milliards de francs. Mais Peyrelevade n'y était pour rien.

L'une des particularités de l'économie mixte réside dans le fait que les patrons des filiales des entreprises publiques sont aussi nommés par la puissance publique ! En l'occurrence, cette banque était gérée par un distingué inspecteur des finances. L'autre particularité est que les responsables ne sont pas jugés à l'aune de leurs performances. Il vaut mieux.

Le Crédit lyonnais, Peyrelevade en a rêvé depuis longtemps. Il y a commencé sa vie active. Il a tenté de s'y faire nommer en 1988. Mais aujourd'hui, il n'en veut plus. La banque est en piteux état. Tous les jours, il entend parler des « casseroles » empilées dans les placards de l'établissement du boulevard des Italiens.

A-t-il vraiment le choix ? Théoriquement, la réponse est oui. Les Britanniques de Barings ne cessent de faire son siège pour qu'il accepte la présidence de cette banque, fonction au demeurant très agréable. Mais dans ce cas, il devra faire ses adieux à tout jamais à sa carrière hexagonale. Il ne sera plus personne en France. Il n'existera plus. Il ne le supportera pas. Lorsque Edouard Balladur le reçoit, il le ménage particulièrement. « Nous avons besoin de vous », lui dit-il. Peyrelevade n'est pas dupe. Mais il prend au mot le Premier ministre. Il accepte la présidence du Crédit lyonnais, à ses propres conditions. Conscient de l'embarras de la puissance publique, il est décidé à imposer sa loi. Il n'ira au Lyonnais que s'il obtient l'engagement ferme qu'on lui donnera les moyens financiers nécessaires au redressement de la banque. Il n'a aucune idée ni de l'ampleur des problèmes ni davantage de la manière dont il va remettre le Crédit lyonnais sur les rails. Mais, fidèle à son habitude et à ses expériences, il préfère d'abord s'assurer des moyens avant de dessiner la stratégie. Il veut un chèque en blanc.

L'ancien directeur adjoint de cabinet de Pierre Mauroy qui était choqué par les conditions imposées par Haberer lors de sa nomination à Paribas en 1982, suit à la trace l'exemple du sauveur du groupe de la rue d'Antin.

Peyrelevade joue sur le velours. Sitôt qu'il a donné son accord de principe pour le Crédit lyonnais au cabinet du Premier ministre, la direction du Trésor, la Commission bancaire et l'état-major du Crédit lyonnais reçoivent des consignes très claires pour coopérer avec le futur président de la banque publique. A l'issue de plusieurs semaines de réunion, Jean Peyrelevade arrive à un premier diagnostic : les pertes latentes [4] du Crédit lyonnais ne sont pas de 7 milliards mais de 25 milliards de francs !

4. Il s'agit des retards de provisionnements sur les risques non couverts.

Aussi exige-t-il des mesures immédiates : une recapitalisation de 4,5 milliards de francs, plus une structure où seront transférés 43 milliards de francs d'engagements immobiliers qui portent au bas mot une quinzaine de milliards de francs de pertes. Le tout aux frais de l'Etat, c'est-à-dire du contribuable.

Trop pressé d'en finir avec les nominations, le cabinet du Premier ministre accepte toutes les exigences de Jean Peyrelevade. Celui-ci est trop aguerri pour se contenter d'une promesse verbale. Il demande un engagement écrit de la part du Premier ministre. Cela aussi, il l'obtiendra.

Enfin, Peyrelevade précise bien qu'il s'agit là d'un premier diagnostic, laissant clairement entendre que la facture risque de s'allonger plus tard.

32

Le Poussin et l'Oursin

Octobre 1993. Place Vendôme

« C'est dur de vider deux fois la même personne. »

Jean Peyrelevade ne peut s'empêcher d'accueillir son visiteur avec cette remarque acerbe. Il en veut à Jacques Friedmann, et il n'est pas du genre à réfréner ses sentiments. Celui qui s'apprête à le déloger de son fauteuil l'avait déjà « licencié » une première fois de la présidence de Suez, il y a tout juste sept ans. Sans raison valable.

Ce jour-là, Peyrelevade sait bien que Friedmann n'est pas le vrai coupable. Peu lui importe. Il a besoin de se défouler.

Jacques Friedmann ne pipe mot. Crâne chauve parsemé de quelques rares cheveux, ce qui lui a valu dans le passé le surnom de « Poussin », il a le regard flou des myopes, un commencement de ventre et un air de parfait gentilhomme. Tout le contraire d'un dur. Lui aussi est gêné par les circonstances de cette deuxième rencontre. Mais il n'y peut rien. La présidence de l'UAP ne se refuse pas. De toute façon, cette fois, Friedmann a la conscience tranquille. Contrairement à 1986, Jean Peyrelevade ne se retrouvera pas sur le carreau puisqu'on lui propose le Crédit lyonnais.

Pour réchauffer l'atmosphère, Friedmann rend hommage au travail réalisé par le patron de l'UAP et l'assure de sa totale coopération ainsi que de celle de l'Etat tout entier pour régler les problèmes du Lyonnais.

Peyrelevade ne sait plus à qui il a affaire. Friedmann est-il son successeur ou bien un émissaire du gouvernement ? Mystère. Il y a de quoi s'interroger, en effet. Tout le monde sait que Friedmann est très proche de Balladur, qu'il dispose d'un bureau à Matignon, qu'il a supervisé la réforme de la Banque de France, qu'il a renégocié le renouvellement de la concession de Canal +, qu'il a enfin mis au point la deuxième vague de privatisations...

Mais, psychologue, Peyrelevade comprend vite que le discours aimable de Friedmann est en fait une pirouette purement diplomatique. Il finit par lui lancer : « J'ai fait les choses amusantes, c'est-à-dire la croissance externe. Vous arrivez à un moment particulièrement délicat. C'est la phase de digestion. Je vous suggère de modifier le statut de la maison en directoire et conseil de surveillance, en confiant la présidence du directoire au directeur général actuel, Didier Pfeiffer. Ainsi vous pourrez vous occuper à votre aise des participations. »

C'est tout Peyrelevade. Il ne résiste pas au plaisir de déstabiliser celui qu'il prend pour son adversaire. D'autant plus que celui-ci est en position d'infériorité, n'ayant qu'une idée sommaire de ce qu'est l'UAP.

Friedmann pense que la compagnie d'assurances est la clé de voûte de tout le système capitaliste français. En qualité de président de l'UAP, il siégera dans de nombreux conseils d'administration, et il sera au fait de tout ce qui se passe à Paris, croit-il. Il faut reconnaître à sa décharge que Peyrelevade a beaucoup misé là-dessus. Tout au long de sa présidence, il n'a cessé d'attirer l'attention sur l'importance de la compagnie. D'où son image.

Le futur patron de l'UAP reste de marbre. Il n'apprécie pas franchement la façon dont Peyrelevade le traite. Celui-ci le prend pour un « pantin ».

Sans doute Friedmann est-il desservi par un physique d'éminence grise et bonnasse. Mais c'est le conseiller parfait, avec des idées sur tout, l'assurance bien sûr, mais aussi la banque, la Bourse, l'immobilier, la Sécurité sociale, la communication, la politique, les relations franco-chinoises, la privatisation, ... D'ailleurs ses amis politiques n'hésitent jamais à le consulter.

Sur le papier, le curriculum vitae de Jacques Friedmann laisse à désirer. Sa carrière professionnelle apparaît, pour le moins, chaotique. Ce n'est pas de sa faute. C'est qu'il a beaucoup d'amis dans les milieux politiques. A l'approche de chaque élection, ceux-ci lui offrent la présidence d'une prestigieuse entreprise publique. Mais selon le bon principe comptable *last in first out*, il fait systématiquement les frais de l'alternance politique. Son parcours se confond un peu avec l'histoire de la colonne Vendôme. Comme le célèbre monument, sa carrière s'égrène comme une suite ininterrompue d'effondrements et de rétablissements : plusieurs passages dans les cabinets ministériels, deux petites années à la tête de la Compagnie générale maritime (CGM), neuf mois à la présidence d'Air France, quelques années à la Compagnie parisienne de chauffage urbain (CPCU), président de la Sagi (office des HLM de la Ville de Paris), président de la Caisse d'épargne de Paris...

A priori donc rien ne le prédestinait à devenir assureur. Mais en 1993, Edouard Balladur en a décidé autrement. Dans la perspective de l'élection présidentielle de 1995, il entend disposer, on l'a vu, d'un réseau de relations sûres dans des positions stratégiques. Et comme Friedmann est un ami, et qui plus est un proche de Jacques Chirac, il fallait lui trouver un poste à la mesure de son utilité.

Après avoir été conseiller, puis armateur, puis gros porteur, Friedmann devient donc à 60 ans assureur. L'homme est inspecteur des finances, donc compétent pour tout. En plus, il ne peut rien refuser à l'Etat. Déjà en avril 1988, au lendemain de la victoire socialiste, il met au panier le plan d'entreprise qu'il a concocté pour

Air France au motif qu'il ne pensait pas « convenable de mettre le nouveau ministre devant le fait accompli[1] ».

Friedmann est ainsi fait. Il agit comme on lui dit d'agir. Lorsque le ministre socialiste des Transports lui demande de quitter la présidence d'Air France, il s'exécute aussitôt, admettant tout à fait le motif politique de son limogeage.

A l'UAP, ce grand serviteur de l'Etat est décidé à perdurer. Il n'est pas question pour lui de suivre les conseils de son prédécesseur. Avant toute chose, il veut se concentrer sur la privatisation de l'UAP. Ce n'est qu'ensuite, une fois assuré de la pérennité de son poste, qu'il se lancera dans les « choses amusantes ». Il a déjà quelques idées. Naturellement, elles ne portent guère sur la situation du marché de l'assurance. Le conseiller et ami de Balladur porte un intérêt relatif à la gestion des entreprises en général, et à celle de l'UAP en particulier. Les calculs d'actuaires, l'évolution des sinistres, les tables de mortalité... l'ennuient profondément. Tout comme les problèmes immobiliers de la banque Worms. Il faut dire que Friedmann est de la vieille école technocratique. Camarade de promotion de Jean-Yves Haberer, il est plus à l'aise dans le maniement des concepts, dans les constructions abstraites de grands ensembles, dans le Monopoly d'entreprise. A ses yeux, seule prime la taille. Pour la rentabilité, on verra plus tard. Lorsqu'il renégociait le renouvellement de la concession de Canal +, il avait rêvé à la création d'un grand groupe de communication qui réunirait, sous la houlette d'Havas, à la fois Canal + et la Compagnie luxembourgeoise de télédiffusion. Las, ce projet de « grand Havas » s'est avéré difficile à mettre en œuvre. C'est pourquoi il a décliné la présidence du groupe de communication.

Place Vendôme, il rêve tout autant. Il souhaite faire de l'UAP un grand groupe financier en la rapprochant de la BNP. Comme ses prédécesseurs. Jean Peyrelevade et René Thomas avaient en leur temps envisagé une telle opération. Mais Pierre Bérégovoy avait opposé son veto.

1. *Libération*, 8 novembre 1993.

Aujourd'hui, la donne a changé. Friedmann entretient des relations suffisamment amicales avec Edouard Balladur pour mener à bien son projet. Une fois la BNP et l'UAP mariées, il laissera les commandes à un gestionnaire, et réfléchira aux contours du paysage capitaliste français !

L'idée n'est pas irréaliste. D'autant qu'au même moment, boulevard des Italiens, Michel Pébereau, le tout nouveau patron de la BNP, caresse le même rêve. Pourtant celui-ci est plus jeune et plus pragmatique. Mais de toute évidence il partage la même culture des affaires que Friedmann.

Les deux hommes sont aux antipodes l'un de l'autre. Friedmann est tout en rondeur, Pébereau a la raideur d'un parapluie. Le premier a le sourire affable, le second a les yeux et les lèvres plissés d'un teigneux. L'aîné sait écouter, le cadet ne peut que commander. Tout les sépare, si ce n'est leur appartenance à l'Inspection des finances. Ceci expliquant sans doute cela. Comme tous les membres de cette prestigieuse confrérie, ils ne mesurent la réussite qu'à l'aune de la taille. Ils partent d'un constat simple : plus l'entreprise qu'ils président est grande, plus ils sont puissants. Leurs groupes ont déjà noué un début d'alliance par le passé. L'UAP possède 10 % de la BNP, et la BNP détient 10 % de l'UAP. Il s'agit désormais d'aller plus loin. Pour l'instant, ils se contenteraient de 20 %. Après, ils verront.

Seulement voilà : cette idée originale risque de leur coûter cher. Elle nécessite au bas mot 5 milliards de francs de part et d'autre. Qu'importe. Rien n'est trop cher pour réaliser ce rêve.

Mégalomane, Pébereau ? Sans doute. A sa décharge, il faut reconnaître que la chance n'a pas toujours été de son côté. Ce n'est pas de sa faute. Toute sa vie, cet homme solitaire s'est mesuré aux autres. Cadet d'une famille de quatre enfants il a d'abord grandi sous l'ombre pesante d'un premier frère polytechnicien-corps des Ponts, d'un second Sup-Aéro et d'une sœur agrégée de lettres. Il fallait qu'il fasse mieux. Aussi, a-t-il tenté l'Ecole polytechnique, où il est sorti brillamment, avant d'entrer à l'Ena, avec le même succès puisqu'il a intégré l'inspection des finances. De ce point de vue, il n'y a rien à dire. Il a surpassé ses aînés.

Ce goût de la compétition scolaire s'est exacerbé à l'Inspection des finances. Ce club où les membres se soutiennent tout autant qu'ils se haïssent. Cela lui a réussi. Son entrée dans la vie active, c'est-à-dire au Trésor, s'est réalisée avec succès. Tout a été rose jusqu'à ses 40 ans. Là, cet homme qui avait tout sacrifié sur l'autel de la haute fonction publique, a dû négocier un virage à 180 degrés. La victoire de la gauche l'a brisé en plein vol vers la direction du Trésor. Il s'est retrouvé exécuteur des nationalisations de 1981.

La situation était trop intenable pour qu'il puisse rester au Trésor. Pébereau décide de quitter l'Administration, moins cependant pour des raisons idéologiques que par simple réalisme carriériste. Il y a fort à parier que s'il avait été nommé directeur du Trésor, il serait resté dans l'Administration quelle que soit la couleur politique du gouvernement. Mais le sort en a décidé autrement.

Le voilà donc banquier à 40 ans au Crédit commercial de France. L'expérience s'avère rude. En tout cas au début. Lui qui, pendant le giscardisme triomphant, incarnait à la perfection l'intelligence française se retrouve à la direction générale d'une banque de second rang dans un état plus que médiocre.

Méthodique, responsable, consciencieux, il nettoie et redresse ce petit établissement pendant cinq ans et sous trois présidents. Il finit par en prendre la tête en 1987 avant de le privatiser. Le bilan est remarquable : sous sa gestion, le CCF est devenu une belle banque de taille moyenne haut de gamme, profitable et rentable. Force est de lui reconnaître une prudence rare : il a su se mettre à l'abri de toutes les modes et tous les comportements moutonniers si fréquents dans le monde bancaire.

Résultat : après l'ivresse de la période spéculative de la

fin des années 1980, alors que l'ensemble des banquiers pleure, Pébereau, lui, rit. Belle revanche. Il en est tellement fier qu'il théorise son exploit et son cas personnel.

Chaque fois que l'occasion se présente, il explique ainsi sa propre réussite par le fait qu'il a su quitter la fonction publique « avant d'avoir 40 ans ». Une manière de sous-entendre que ses pairs, pour l'essentiel catapultés à la tête d'entreprises publiques après cet âge, sont trop attachés au service de l'Etat pour réussir dans la gestion de groupes industriels et financiers.

Pourtant, il n'est pas disposé lui-même à couper le cordon ombilical avec l'Etat. Sa suffisance masque en effet des années de frustrations. Il était certes heureux au CCF. Mais la taille moyenne de la banque le dérangeait. Comme tout bon inspecteur des finances qui se respecte, il souhaitait veiller aux destinées d'un grand groupe de dimension « macro-économique ». Autrement dit, il rêve depuis toujours d'une entreprise aussi importante que la direction du Trésor.

Il lui faut donc attendre juillet 1993 pour accéder enfin à la gloire. Nommé patron de la BNP, qu'il s'acharne à appeler la Banque nationale de Paris, il change de taille.

A 51 ans, Pébereau entre enfin dans l'univers des Grands.

Dans le Paris des affaires, Michel Pébereau dérange. Moins iconoclaste qu'Haberer, mais tout autant donneur de leçons, moins mondain que Friedmann, mais capable d'amabilités, il est inclassable. Il est surtout imprévisible. En temps normal, c'est un parfait technocrate, visage lisse, démarche lente, œil et oreille attentifs, et regard hautain. Un masque qu'il n'enlève que lorsqu'il se trouve devant des contradicteurs. Alors là, le regard s'assombrit, la silhouette se raidit, le ton monte et le personnage devient un bloc de glace. Au fond, pour lui, la vie se résume à un rapport de forces permanent. Sur un terrain de tennis, il préfère se casser le bras plutôt que perdre un match. Dans les négociations, ce n'est pas la victoire qu'il poursuit mais la défaite de l'adversaire. Il est capable de tout.

A l'exception de l'Inspection des finances, l'homme ne

goûte guère les charmes des réseaux d'influence et des amitiés coûteuses. Il n'est membre d'aucun club, d'aucune association, d'aucun cercle de réflexion. En revanche, il voue un véritable culte à l'Inspection. Dans son bureau, sous le regard de Colbert dont le portrait ne le quitte jamais, les rayonnages sont remplis d'annuaires de l'Ena, de l'Inspection, de l'Ecole polytechnique...

Pébereau doit beaucoup à l'Inspection, notamment son accession à la tête de la BNP, rendue possible grâce à une solidarité de corps qui a admirablement joué. René Thomas, l'ancien président de la BNP, n'aimait pas son dauphin naturel Daniel Lebègue. Non seulement les deux hommes ne s'entendaient pas, mais surtout, Lebègue présentait l'inconvénient de n'être qu'un simple administrateur civil à l'origine. Pour l'inspecteur des finances qu'est René Thomas, il était hors de question de se laisser succéder par un « minus ». Il avait bien pensé faire venir Jean-Claude Trichet, le directeur du Trésor et inspecteur des finances, mais celui-ci hésitait en raison d'un strict calcul politique. Trichet savait que si la droite revenait au pouvoir, il aurait la Banque de France. Thomas s'était donc maintenu en poste, franchissant allègrement l'âge limite de la retraite, en attendant le verdict des urnes. C'est sans doute pourquoi d'aucuns soupçonnent Trichet d'avoir mieux assumé son rôle de représentant de l'Etat au conseil de la BNP qu'à celui du Lyonnais. Toujours est-il que le directeur du Trésor s'est retrouvé à la Banque de France. Dès lors, Thomas n'a eu de cesse d'encourager l'arrivée de Michel Pébereau.

Cette cuisine est naturellement l'affaire de l'Inspection. Pour le commun des mortels, Pébereau entre à la BNP avec la bénédiction de son prédécesseur René Thomas qui est venu le chercher. Preuve s'il en est que sa compétence est unanimement reconnue. Pébereau le croit tellement fort, qu'il finit par en être convaincu.

Le voilà désormais sur le devant de la scène. Il n'en revient pas. Son entourage non plus. C'est une résurrection qu'il vit. Aux réunions de l'Association française des banques, cette instance patronale qui réunit régulièrement autour de la même table les banquiers de la place, le timide président du CCF qui prenait la défense de tous les petits a bel et bien disparu. Michel Pébereau, cuvée 1993, est un banquier sûr de son fait aux prétentions hégémoniques. Désormais, c'est lui le patron de l'AFB. Son attitude rappelle étrangement celle d'Haberer, son ennemi et rival de toujours.

Ironie de l'Histoire : son ascension au sommet coïncide avec le déclin amorcé du même Jean-Yves Haberer. Entre ces deux-là, les relations relèvent de l'amour-haine. Haberer a longtemps fasciné Pébereau. Mais son caractère cassant a sans doute eu des effets déplorables sur son cadet, qui depuis, lui voue un sentiment mitigé. Du temps de René Monory, ils s'écharpaient sur tout, jusque sur l'attribution de l'interministériel, le nec plus ultra des instruments de pouvoir, ce téléphone qui permet de joindre tous les ministres de la République en composant quatre chiffres. Plus tard, réfugié au CCF, Pébereau assistait à la consécration d'Haberer. Aujourd'hui, le mouvement s'est inversé. Alors que les journaux multiplient les articles, plus alarmants les uns que les autres, sur la situation du Crédit lyonnais, le nouveau président de la BNP est célébré par des articles hagiographiques de certains journalistes qui vont jusqu'à l'appeler Maestro Pébereau.

Sa nomination à la tête de la BNP lui permet aussi de régler ses comptes avec son frère Georges. Michel Pébereau réussit une entrée en douceur à la BNP, quatre ans après le raid manqué de son frère aîné de onze ans, sur la Société générale.

Compétiteur et revanchard, Pébereau réussit, à l'aube de ses 50 ans, à solder tous ses comptes. Pour la première fois de sa vie, il n'a plus rien à envier à personne. Il faut qu'il aborde l'avenir en conquérant. Friedmann lui a préparé le terrain.

33
Et Édouard « l'a tuer »...

Février 1994. Quai André-Citroën, siège de Canal +

« Je vous présente ma démission de président-directeur général d'Havas... de Canal Plus. »

Le lapsus d'André Rousselet ne fait pas sourire : dans l'immense salle aux murs blancs du conseil de Canal +, l'atmosphère est glaciale. Les administrateurs restent de marbre devant le président-fondateur de la chaîne cryptée. Tous présents pour l'occasion, ils affichent leur mine des mauvais jours.

A la fin de la réunion, qui ne dure que dix-sept petites minutes, tout ce monde se scinde en deux groupes. Il y a ceux qu'André Rousselet a salués en arrivant : François Dalle, l'ancien président de L'Oréal, qui l'a appuyé lors du lancement chaotique de la chaîne, Marc Ladreit de Lacharrière, président de Fimalac et ancien de L'Oréal, et Philippe Gildas, présentateur de l'émission vedette *Nulle part ailleurs*, représentant du personnel. Ce sont ceux qu'André Rousselet considère comme les « gentils ».

Il y a aussi les méchants, ceux à qui le président-fondateur n'a même pas daigné jeter un regard. Les « amis » d'hier, ceux que Rousselet considère comme ses débiteurs : Guy Dejouany d'abord, le patron de la Compagnie générale des eaux, que l'ancien directeur de cabinet de Mitterrand avait sauvé en 1983 alors qu'il était assailli par Saint-Gobain ; Jean-Paul Delacour, ensuite, numéro deux de la Société générale, qui n'a pas à se plaindre de son investissement, enfin, Pierre Dauzier, que Rousselet appelle aimablement « garniture de cheminée ».

Ce trio quitte la salle, accompagné de Pierre Lescure, le tout nouveau président de Canal +. Le crime de ces « méchants » ? Avoir décidé d'agir de concert dans Canal +, c'est-à-dire se comporter comme un seul et unique actionnaire. Pourtant, leur participation globale ne change pas. A eux trois, ils détiennent depuis le début de l'aventure 48,7 % du capital de la chaîne cryptée. Mais en faisant alliance, ils privent André Rousselet d'une partie de son pouvoir. Jusque-là, il jouait les uns contre les autres. Désormais, il ne pourra plus être le patron puissant et omnipotent de Canal. Et cela, il ne le supporte pas. D'où sa colère et son départ.

Dans les couloirs de Canal, les équipes sont tristes. Rousselet n'était pas vraiment aimable, il était même rogue, mais c'était un patron charismatique. On le respectait et on l'aimait.

Rousselet aurait dû se méfier. Au fond, son sort était scellé dès les élections législatives. Contrairement à 1986, François Mitterrand ne représentait plus aucune protection. Affaibli et malade, il n'était plus question qu'il tente un troisième mandat. Aussi, un boulevard s'offrait à la droite. Rousselet savait, dès le soir du 30 mars, qu'il allait au-devant des difficultés, ne serait-ce qu'en raison de la renégociation de la concession de Canal +.

Accordée le 6 décembre 1983, elle est renouvelable par tacite reconduction en 1995, sauf si elle est dénoncée avec un préavis de deux ans. Or, l'avenir de sa chaîne en dépend. Si le nouveau gouvernement maintient les conditions d'exploitation de Canal +, la chaîne conservera sa santé florissante ; 22 % de rentabilité nette sur fonds propres contre 3 % seulement pour Bouygues ; et André Rousselet pourra satisfaire sa soif de puissance. Une soif inextinguible. A 72 ans, Rousselet, fier et manipulateur, est bien décidé à conserver sa position du grand ordonnateur de la Communication en France.

Ce dossier avait été confié à Jacques Friedmann, dont les compétences audiovisuelles étaient presque aussi vastes que celles de Rousselet en psychologie.

Les craintes du fondateur de Canal + s'avéreront vite infondées. Friedmann écoutera la voix de la sagesse. Convaincu qu'il ne faut pas toucher à la chair de la chaîne, il accepte de renouveler en l'état les conditions d'exploitation de la chaîne cryptée.

Cela n'empêchera pas Rousselet d'entretenir l'incertitude. Pour le plaisir sans doute. C'est l'époque où il multiplie les déclarations du genre : « Le gouvernement veut m'assassiner. » Une manière habile de rester dans le jeu et d'alimenter sa légende de bagarreur. Car Rousselet s'apercevra vite que la partie qui va se jouer dépasse largement le cadre de Canal + pour déborder sur le capital d'Havas, son premier actionnaire.

De tout temps « domaine réservé » du pouvoir en place, le capital d'Havas attise toujours autant de convoitises. Or, qui tient Havas, tient Canal +. Cela n'a pas échappé à l'attention de Rousselet. On l'a vu, il a tenté de privatiser Havas. En vain. Fin 1992, il a envisagé une fusion entre Canal + et Havas. Là encore, il a dû abandonner l'idée en raison de la proximité des échéances électorales. Mais il reste toujours aussi vigilant sur le sort de son premier actionnaire. Depuis 1982, il dicte sa loi chez Havas. Il est plus décidé que jamais à continuer. Après tout, il en a les moyens. Canal + est le premier actionnaire d'Havas avec 8,4 % du capital.

En juin 1993, il est acquis que le gouvernement va amender la loi sur l'audiovisuel. On parle de plus en plus de la modification de la limite maximale de détention, d'un groupe audiovisuel par une entreprise. Fixée à 25 % dans la loi de 1986, il est prévu de la porter à 49 %. Ce qui pose la question de la future configuration du tour de table de Canal + dont l'actionnariat est dispersé : Havas possède 23 % des titres, la Compagnie générale des eaux 20,3 % et la Société générale 5,4 %.

De ces trois actionnaires, le premier a naturellement les faveurs du président de la chaîne. Histoire de se faire bien comprendre par tout le monde, Rousselet le dit haut et fort à sa manière à l'occasion de l'assemblée générale de ses actionnaires : « En tant qu'actionnaire d'Havas, je ne verrais que des avantages à ce que ce groupe monte dans le capital de Canal Plus, mais en même temps, nous avons de très bonnes relations avec la CGE. »

Rue d'Anjou, au siège de la Générale des eaux, Guy Dejouany n'a pas besoin de décoder le message de Rousselet. Toujours méfiant, il est sur ses gardes. Ce polytechnicien de 77 ans a la silhouette de Fred Astaire et l'appétit de Gargantua. Minutieux et pointilleux, il connaît dans les plus petits détails la situation instantanée de ses deux mille filiales. Autocrate et secret, il intimide jusqu'à ses administrateurs qui n'osent ni poser des questions ni émettre un avis. Amateur de bons vins, d'opéra et de peinture, et surtout de la Générale des eaux, au point d'y passer ses nuits et ses week-ends, Guy Dejouany est l'un des hommes les plus puissants de la République. Il se partage avec la Lyonnaise des eaux, les services aux collectivités locales. Ce qui lui assure une belle rente de situation.

Son nouveau hobby est l'audiovisuel. Présent dans le capital de Canal +, il ne souhaite pas que son groupe devienne minoritaire dans la chaîne. Il ne tient pas non plus à ce que la CGE dépense des sommes colossales pour asseoir son pouvoir sur Canal. Une telle opération lui coûterait au moins 7 milliards de francs. Et sûrement plus si Havas entrait en jeu. Impécunieux de nature, il peut d'autant moins se lancer dans de telles dépenses que la crise frappe durement ses filiales immobilières.

Sur les conseils de son banquier fidèle Jean-Marie Messier, l'ancien conseiller technique de Balladur recruté par

Lazard, il frappe à la porte de Pierre Dauzier, le président d'Havas, avec une proposition simple : au lieu de nous lancer dans une bataille coûteuse pour le contrôle de Canal, associons-nous. Le patron d'Havas n'est pas contre. Mais il préfère réfléchir.

Jouant toutes les cartes en même temps, Pierre Dauzier veut mettre à profit ce délai pour étudier une solution alternative avec Albert Frère, le président du Groupe Bruxelles-Lambert (GBL) avec lequel il partage le contrôle de la Compagnie luxembourgeoise de télévision (CLT).

Le patron d'Havas veut arrimer solidement la CLT à son groupe. Mais les négociations patinent. Frère ne veut pas troquer son contrôle sur la CLT à n'importe quel prix. Fidèle à son habitude, il fait monter les enchères.

Dauzier est mal à l'aise. Edouard Balladur n'a jamais pu l'encadrer. Depuis 1987, cet homme anxieux et ombrageux joue un numéro d'équilibriste entre les deux hommes forts de son conseil qui ont fini par devenir ses ennemis : André Rousselet et Jean-Marc Vernes. Le temps presse pour lui. Avec l'épée de Damoclès que l'hostilité de Matignon fait peser au-dessus de lui, Dauzier se considère en sursis à la tête de son groupe. Pour contrevenir aux desseins de ses ennemis, il s'adjoint aussi les services de Jean-Marie Messier, le banquier balladurien de Dejouany, et finit par se décider à étudier la proposition du patron de la CGE.

Les deux hommes mettent au point un montage subtil avec... la Société générale. Cette banque est à la fois actionnaire de Canal, d'Havas et de la CGE. Leur projet : la CGE et la Société générale apportent à Havas leurs parts dans Canal +, et Havas rémunère ces apports par une augmentation de son propre capital. Ainsi les deux « Générale » se retrouvent premier actionnaire d'Havas avec près de 30 % du capital. Quant au groupe de Pierre Dauzier, il prend le contrôle de Canal +.

Seulement, le projet est loin de voir le jour.

En septembre, à l'occasion d'un conseil d'administration d'Havas, Rousselet s'insurge contre ce schéma : « Il est hors de question pour Havas de devenir une filiale de la Générale des eaux », dit-il sur un ton plus qu'agressif. Il ne peut envisager une seconde qu'Havas soit dirigé par Dejouany, qu'il aime bien par ailleurs. Rousselet n'accepte la montée en puissance de la CGE dans le capital d'Havas qu'à une seule condition : qu'elle soit contrebalancée par l'entrée d'un autre groupe. Souci partagé par les pouvoirs publics.

Certains administrateurs acquiescent. A leur tête, Jérôme Monod bien sûr, qui n'apprécie guère Guy Dejouany, et surtout Jean-Marc Vernes. Le banquier RPR, dont les affaires vont de mal en pis, ne jure depuis quelque temps que par Albert Frère. Il milite ouvertement pour une alliance d'Havas avec GBL.

Frère se met donc à la table des négociations. Cet homme qui n'écoute que son instinct veut une position significative dans Havas, c'est-à-dire celle du premier actionnaire.

Guy Dejouany, bien sûr, ne l'entend pas de cette oreille. Il connaît bien Albert avec qui il déjeune chaque année le jour de son anniversaire. Mais leur relation est ambiguë. Pendant des mois ils s'appellent tous les jours, puis d'un seul coup ils ne se parlent plus. La CGE est associée, pour une part minoritaire, aux affaires de Frère en Belgique. Dejouany souhaite que l'équilibre géographique soit maintenu. Dès lors, il est hors de question que Frère obtienne la même position que lui dans Havas. Il le lui fait savoir en lui disant en substance : « En Belgique vous êtes chez vous, ici je suis chez moi. »

Le message est clair. Frère finit par réduire ses ambitions. Il accepte le principe d'une entrée symbolique dans le capital d'Havas.

De toute façon, il ne perd rien. La montée en puissance de la CGE dans Havas sera freinée par le gouvernement. Prévenu par Matignon, Jean-Marie Messier avertit ses deux clients, Dejouany et Dauzier, de l'impossibilité de mettre en œuvre leur projet. Et comme c'est un banquier imaginatif, il sort de son chapeau un schéma alternatif. L'idée est simple : il s'agit de verrouiller le capital de Canal + en réunissant les participations d'Havas et de la Générale des eaux au sein d'une même société en participation.

Début janvier, tout est fin prêt. C'est le moment que choisit Dauzier pour prévenir ses actionnaires. Tous donnent leur accord, sauf Jean-Marc Vernes, Jérôme Monod et André Rousselet.

Le premier n'apprendra la nouvelle qu'au cours du conseil d'Havas réuni pour l'occasion. Le second est mis au courant dans les grandes lignes quelques heures avant le conseil. Quant au dernier, c'est Guy Dejouany qui souhaite le mettre au parfum.

Le 3 février, le patron de la CGE invite donc André Rousselet à déjeuner chez Joël Rebuchon. Dans le décor flambant neuf du restaurant, dont l'immeuble appartient à la Générale des eaux, Guy Dejouany attaque dès l'entrée : « Je me demande si je n'aurais pas intérêt à réunir mes actions Canal dans une société avec Havas. Qu'en pensez-vous ? »

Rousselet répond : « Ce serait la pire des choses, si vous voulez, on en reparlera », mais Dejouany entend : « Moi, ça m'est égal, ce sera dur pour mon successeur. »

Qui est sincère ? Qui ne l'est pas ? Probablement les deux.

Le 9 février au soir, le président de Canal + reçoit la visite de Pierre Dauzier. Ce dernier lui dévoile avec une jubilation provocatrice, toutes les motions qu'il compte soumettre au conseil du lendemain. Rousselet le congédie sans ménagement.

Le ton est donné. Le jour du conseil, ce sont des administrateurs angoissés qui entrent dans la salle du conseil d'Havas. Après l'arrêté des comptes, ils examinent les questions diverses et notamment la constitution d'une société en participation regroupant les parts d'Havas et de la CGE dans Canal +. Rousselet s'énerve. Il hurle et gratifie l'assistance de tous les noms d'oiseaux possibles et imaginables. Les plus courageux quittent la salle. D'autres tentent de calmer le jeu. Sans succès. C'est au milieu de ce psychodrame, donc, que les administrateurs votent les résolutions. Sur treize personnes présentes, seulement trois votent contre : André Rousselet, Jérôme Monod et Jean-Marc Vernes.

Ironie de l'Histoire, dans cet ultime combat André Rousselet n'est soutenu que par ses adversaires d'hier. Ceux avec lesquels il avait naguère recomposé le capital d'Havas. Tous les autres l'ont lâché. Même Marc Viénot, le patron de la Société générale, qu'il avait tenté d'avertir à la veille du raid manqué de Georges Pébereau.

Plus que tout, il n'admet pas d'avoir été roulé par Dejouany qui est plus vieux que lui, encore moins par Dauzier qu'il tient en piètre estime. Dans son esprit, ces deux-là ne sont pas capables d'avoir concocté ce plan. Il ne souffre pas l'idée d'avoir pu être leur victime.

Homme de pouvoir, il lui faut trouver un ennemi à sa mesure pour expliquer sa défaite. Ce sera Edouard Balladur. Aussi prend-il sa plus belle plume pour publier à la une du *Monde* une tribune libre intitulée « Edouard m'a tuer », s'inspirant de la formule d'un fait divers macabre où la victime, dans un dernier sursaut, aurait inscrit le nom de son présumé tueur.

On n'a jamais vraiment su qui avait perpétré le crime.

Dejouany est ravi. Dauzier aussi.

Boulevard Haussmann, au siège de la banque Lazard, Jean-Marie Messier souffle. Il prend son téléphone et invite immédiatement Pierre Lescure, le successeur de Rousselet, à déjeuner.

Quelques mois plus, « J2M » entre à la Compagnie générale des eaux avec un contrat confortable et l'engagement de prendre rapidement la place du chef.

34

La grande casserole

Mars 1994. Boulevard des Italiens

En ce début de printemps, tout semble sourire à Edouard Balladur. Depuis la rentrée, il a été confronté à plusieurs dossiers difficiles qu'il a réussi à négocier sans trop de casse. Il suffit de voir les sondages qui affluent vers Matignon. Sa cote de popularité ne cesse de grimper. Mieux, l'hypothèse de sa candidature à la présidence est bien acceptée par les Français.

Hélas, la sérénité du Premier ministre sera vite balayée par les comptes calamiteux du Crédit lyonnais. Non qu'il ne les connaissait pas. Au contraire. L'arrêté des comptes de la banque publique s'est fait à Matignon. Le Premier ministre avait simplement sous-estimé la réaction de l'opinion publique devant la déroute du Lyonnais.

L'annonce des résultats du Crédit lyonnais fait l'effet d'une bombe. Près de 7 milliards de pertes, plus de 14,5 milliards à venir sur les actifs immobiliers transférés à une structure de défaisance ! Tout le monde crie au scandale, les députés, les sénateurs, les fonctionnaires, la presse, etc. Comme si l'affaire Crédit lyonnais avait déclenché une haine trop longtemps refoulée. La société réclame un responsable.

Débordés, le Premier ministre et ses collaborateurs ne savent plus quoi faire. Conscients de l'urgence d'une réaction, ils finissent par décider de révoquer Jean-Yves Haberer de la présidence du Crédit national. Le laisser finir son mandat serait du pire effet aux yeux d'une opinion publique fatiguée de l'impunité des élites françaises. Haberer est le coupable idéal. En lui faisant endosser toute la responsabilité du drame, le gouvernement pense pouvoir implicitement mettre en cause les socialistes et plus spécialement Pierre Bérégovoy. Mieux, désigner Haberer à la vindicte publique permet aussi de protéger les autres. Tous les autres. Le directeur du Trésor de l'époque promu à la tête de la Banque de France, la technocratie dans son ensemble, les confrères d'Haberer, tous inspecteurs des finances et tous particulièrement silencieux lors de la mise en œuvre de la grande stratégie du Lyonnais, les amis politiques, ceux-là mêmes qui étaient intervenus dès 1992 pour que la droite abandonne son projet de former une commission d'enquête parlementaire, etc.

Au nom de ce principe, Haberer sera donc limogé du Crédit national pour les erreurs commises à la tête du Crédit lyonnais. C'est logique comme du Descartes.

C'est au directeur de cabinet du Premier ministre qu'incombera la tâche de signifier son congé à Haberer, car personne d'autre ne souhaite le faire. Balladur veille à son image de marque, et les conseillers techniques, trop respectueux de Jean-Yves Haberer, ancien directeur du Trésor, ne veulent se permettre une telle offense.

Au fond, tout le monde sait que la tragédie du Lyonnais signe la faillite de tout un système. Haberer s'est certes égaré. Mais les autres aussi sont fautifs. Pour l'heure, il portera seul le chapeau.

Un grand chapeau. En neuf mois, les pertes de la banque ont triplé, passant de 7 milliards de francs (l'estimation de la Commission bancaire) à plus de 21 milliards, et sans doute plus à l'avenir.

L'occasion est trop belle pour que le chef de l'Etat ne

réagisse pas. Pour contrarier Edouard Balladur qui l'agace de plus en plus, François Mitterrand exige la formation d'une commission d'enquête parlementaire sur le drame du Lyonnais avant de signer le décret de révocation d'Haberer.

Le printemps s'annonce ainsi plus difficile que prévu. Au fond de lui-même, Balladur n'est pas favorable à cette commission qui mettra son nez partout. Mais il n'a pas d'autre choix que d'accepter.

Composée d'éminents parlementaires, cette assemblée se propose de trouver une explication valable à la faillite du Crédit lyonnais. Un bon prétexte pour régler quelques comptes... Certains chercheront à mettre en lumière le rôle de Bérégovoy. En vain. D'autres tenteront de faire plonger le gouverneur de la Banque de France, directeur du Trésor à l'époque des faits. Tentative tout aussi vaine. D'autres enfin essaieront de comprendre ce qui s'est réellement passé. Sans plus de succès.

Les conclusions de cette commission sont consternantes. Il suffit de relire les comptes-rendus des auditions.

Pour Jean-Yves Haberer, il n'y a aucun scandale au Lyonnais. Sa gestion était agressive et dynamique. Un point, c'est tout. Quant aux pertes de la banque, elles sont exagérées. Selon lui, Peyrelevade a « passé la paille de fer » pour mieux bénéficier d'un rebond. Persuadé qu'il était en mesure de gérer cette crise, Haberer finit par constater : « Il manque à la culture de Jean Peyrelevade de ne pas être passé par l'Ena. »

Jean-Claude Trichet, quant à lui, partage la première partie de l'argumentation d'Haberer. Selon lui aussi, Peyrelevade a chargé la barque. De toute façon, dit-il, les pertes du Crédit lyonnais représentent à peine 1 % de son total de bilan qui se chiffre à 2 000 milliards. En proportion, ce n'est pas grand-chose. Certes. Reste que dans l'absolu cela porte quand même sur le chiffre astronomique de 20 milliards de francs, c'est-à-dire 10 % des recettes de l'impôt sur le revenu.

Au milieu de ces débats d'experts, personne ne cherche à établir un diagnostic sérieux sur l'état du Lyonnais, ni davantage à faire une estimation définitive de la facture. Ceci, pour le plus grand bonheur de Peyrelevade.

Celui-ci craint en effet que la situation n'empire. Chaque jour, il découvre un nouveau cadavre dans un nouveau placard. Voilà un an qu'il mène son audit dans la banque. Les résultats sont accablants. Les mauvais risques du Lyonnais plus ces retards de provisions lui coûteraient la bagatelle de 50 milliards de francs au bas mot. Son objectif est simple : séparer la banque en deux entités, l'une belle et prospère, riche de beaux actifs, et l'autre, un débarras de risques et de créances irrécouvrables. Une telle solution ne passe pas. L'Inspection des finances, dont deux des membres veillent aux destinées des concurrents du Lyonnais, refuse d'entendre parler de ce schéma à moins que l'Etat ne leur cède la partie profitable. Bercy affiche la même hostilité. Un montage de ce type serait trop coûteux pour les finances de l'Etat. Peyrelevade n'a qu'à gérer la banque, décrètent-ils à l'unisson.

Reste que Peyrelevade aime avant tout les rapports de forces. Il sait qu'il peut à tout moment démissionner de son poste. Ce qui mettrait le gouvernement dans une situation délicate. Teigneux, persévérant, entêté, il poursuit les discussions. Il sait qu'au fur et à mesure que l'échéance électorale s'approche, le gouvernement s'affaiblit. Le Premier ministre-candidat ne veut pas d'esclandre. Aussi Peyrelevade met-il à profit le printemps pour négocier dans les plus petits détails les modalités d'un vrai plan de sauvetage de la banque. Un plan certes coûteux, mais qui lui laissera un outil nettoyé et plutôt en bonne santé. Bien sûr, il ne réussit pas à imposer son schéma dans son intégralité. Mais il obtient beaucoup.

Le projet consiste à transférer 140 milliards d'actifs dits à risques, du bilan du Crédit lyonnais à l'Etat. De quoi s'agit-il ? Ce sont essentiellement des biens dont la valeur a substantiellement baissé, c'est-à-dire des pertes. Mais pas seulement. Pour punir le Crédit lyonnais des erreurs commises dans le passé, l'Etat décide également de sortir du bilan de la banque quelques belles participations à plus-value. La cession de ces actifs pourrait compenser les pertes par ailleurs, pense-t-on au Trésor.

Ainsi une structure est créée pour accueillir toutes ces participations. Baptisée Consortium de réalisation (CDR), elle a pour mission de céder l'essentiel de ce portefeuille dans un délai de trois ans. A priori, ce montage est incohérent. Pris dans l'urgence de liquider ses actifs, il semble évident que le CDR serait amené à sacrifier les prix de ses belles participations plus facilement vendables. Mais personne ne semble s'en inquiéter.

Pour avoir un semblant de bilan, le CDR doit disposer d'argent. Son financement est assuré par la mise en place d'un prêt accordé par un établissement public, l'Etablissement public de financement et de restructurations (EPFR), lequel se refinance auprès du Crédit lyonnais à un taux inférieur à celui du marché. Une manière de faire payer le Crédit lyonnais. Pour Peyrelevade un tel schéma n'est pas tenable. La banque n'a pas les reins suffisamment solides pour supporter des pertes sur une ligne de crédit aussi importante. Mais rien n'y fait. Au Trésor, on ne l'écoute pas. En parfait tacticien qu'il est, il finit par se soumettre aux arguments des pouvoirs publics. Pour l'instant. L'essentiel est qu'il nettoie son bilan. Dans l'immédiat. Il renégociera le moment venu toute la conception du système, notamment la partie concernant le prêt accordé par la banque à l'EPFR.

L'Etat prend donc en main la gestion des engagements à risque de la banque. Ce sont au total 140 milliards d'actifs. A priori, tout n'est pas perdu. Mais le ministère des Finances refuse de faire un état des lieux, y compris à usage interne.

Depuis 1988, les finances publiques ont appporté 20 milliards de francs au Crédit lyonnais, une somme à laquelle il faudra ajouter les pertes à venir. Dans l'immédiat, le gouvernement décide d'annoncer 50 milliards de pertes. Pourquoi 50 ? Personne n'en sait rien.

En réalité le coût total de cette affaire se chiffrera à près de 150 milliards de francs selon les dernières estimations, peut-être même un peu plus, soit plus de 10 000 francs par foyer fiscal imposable !

Pour l'heure, Edouard Balladur n'en a cure. Dans son esprit, il est impératif de calmer la tempête médiatique sur le Crédit lyonnais. Quitte à engager les finances publiques sur des montants colossaux. Qu'importe. Une fois qu'il sera élu président de la République, il aura la paix pour sept ans. Il pourra alors imaginer des tas de nouveaux prélèvements pour résorber ce déficit abyssal.

35

La dernière décoration d'Édouard

Novembre 1994. Hôtel Matignon

Il est heureux, Bernard Arnault, de franchir l'entrée de l'hôtel de la rue de Varenne. Dans quelques minutes, Edouard Balladur lui remettra l'insigne de chevalier de la Légion d'honneur. La République le consacre enfin.

Emu, la voix teintée de ce léger accent du Nord qui s'accroche, le président de LVMH fait une courte allocution pour remercier le Premier ministre. Il est au septième ciel. Si haut, qu'il prédit à Edouard Balladur sa prochaine victoire à l'élection présidentielle...

Il n'y a pas foule. Nicolas Sarkozy, le ministre du Budget et le nouvel ami d'Arnault, est présent, comme Antoine Bernheim son banquier, et bien sûr sa nouvelle épouse et ses enfants. L'homme n'a pas les larmes aux yeux. Mais il suffirait d'un rien pour qu'il pleure de bonheur.

Ce n'est pas tant la reconnaissance qui le ravit. C'est le chemin parcouru en dix ans. Il y a encore peu, Edouard Balladur ne l'aurait même pas reçu. Aujourd'hui, c'est le même Balladur qui lui remet sa décoration.

En cette circonstance, Bernard Arnault ne peut s'empêcher de penser à ses grands-parents. A ce grand-père dans le cercueil duquel il avait déposé en 1959 son bulletin de notes avec la mention spéciale du jury. A cette grand-mère dans l'ombre de laquelle il avait grandi. Elle avait sacrifié toute sa vie à la réussite de son époux et voulait réitérer l'exploit avec son petit-fils. Mission largement accomplie. Ils auraient été très fiers de lui.

Il pense aussi à ceux qui le comparaient à Bernard Tapie. Les deux hommes s'étaient croisés au tout début de leurs aventures respectives. Tapie lui avait vendu le *Chasseur français*, quand Arnault voulait coûte que coûte diversifier le groupe familial.

Ils n'avaient rien à voir l'un avec l'autre. Tapie n'avait pas les épaules suffisamment solides pour digérer le succès. En témoignent ses démêlés judiciaires... Arnault, lui, est d'une autre race. Celle des vainqueurs. L'homme est désormais célébré. Il y a tout juste dix ans, c'était l'aventurier. Aujourd'hui il incarne le prestige, la gloire et la réussite. N'a-t-il pas embauché comme salarié de luxe, mais néanmoins salarié, Jean Dromer, cet inspecteur des finances qui faisait naguère la pluie et le beau temps dans le monde des affaires ?

Au fur et à mesure de sa réussite, le président de LVMH est devenu affable. Il n'a plus grand-chose à voir avec le patron brutal et sans pitié de ses débuts. Comme s'il avait enfin appris à vivre en harmonie avec lui-même. Il a fini par s'assouplir. Le temps est loin où il refusait toutes les invitations, à Saint-Tropez notamment. Il expliquait alors à qui voulait l'entendre, mi-provocateur, mi-sérieux : « Je ne peux pas rendre les invitations, je n'ai pas suffisamment d'assiettes. »

Sans doute sa nouvelle épouse y est-elle pour beaucoup. Cette pianiste émérite avec laquelle il se montre devant les parterres les plus prestigieux, s'est transformée en muse. C'est elle qu'il consulte pour les nouvelles fragrances, c'est elle aussi qui est sollicitée pour donner son avis sur les dernières créations. Il lui arrive même d'ouvrir les portes de sa demeure parisienne. Là, il mélange les genres. Chez lui, Edouard Balladur côtoie le créateur John Galliano, Henry Kissinger, la comédienne Marisa Berenson, le violoncelliste Vengerov, la romancière Barbara Cartland, ou l'actrice Isabelle Adjani...

Mais il y a aussi que l'homme a pris de l'assurance. Non qu'il n'ait jamais eu confiance en lui. Au contraire. Il se trouve simplement qu'il a désormais réalisé presque tous ses rêves. LVMH qu'il contrôlait il y a encore quatre ans à seulement 2 %, lui appartient désormais à 22,5 %. Sa fortune est estimée à plus de 25 milliards de francs. Bernard Arnault, le corsaire d'hier, s'est transformé en grande figure du capitalisme français. Il demeure toujours classé dans la catégorie des « puissants avec lesquels il faut s'entendre, mais qu'on n'aime guère ». Qu'importe si on le craint. Tout lui sourit. Ses quatre enfants le remplissent de bonheur, surtout sa fille dont le parcours scolaire promet d'être aussi excellent que le sien.

C'est dans le faste qu'il s'offre aux regards du monde entier. Les fêtes qu'il organise au titre de président LVMH sont royales, et parrainées par des têtes couronnées. La reine de Danemark s'est déplacée à Paris à l'occasion de l'exposition des arts de la table. La princesse de Galles répond à chaque fois présente aux invitations de Bernard Arnault. Il a même failli accueillir à sa table le roi d'Espagne, mais un malentendu de calendrier l'en a empêché. Pour un peu, il serait à tu et à toi avec toutes les sommités du gotha. A l'exception notable de Caroline de Monaco, qui lui en veut depuis qu'il a écarté Marc Bohan sans ménagement. A cette exception près, tout le monde se bouscule à ses réceptions. Mais pour lui, l'essentiel est d'y retrouver ses collaborateurs les plus proches. Ceux qui l'ont épaulé dès le début, comme sa secrétaire.

Grâce à ses couturiers, il a noué d'étroites relations avec Bernadette Chirac, il s'est aussi frayé un chemin dans le monde politique. Particulièrement apprécié par Edouard Balladur, il entretient également des relations cordiales avec Jacques Chirac.

Il vient même de s'offrir un quotidien, *La Tribune*. Lentement, sans faire de bruit. Une petite intrusion dans le monde de la communication, dans celui du pouvoir.

Au pays des ingénieurs qui ont inventé le Train à grande vitesse, le Concorde et autres merveilles technologiques de cette fin de siècle, il a réussi à faire prospérer une entreprise qui vend du champagne, des parfums, des sacs à main et des robes : LVMH, malgré une raison sociale à consonance moléculaire, vaut plus de 100 milliards de francs. Il n'y a pas de doute, le savoir-faire français se reconnaît dans le luxe, le seul domaine où nos partenaires ne viennent pas nous disputer notre suprématie. Rien de nouveau. Mais pour que cette expertise soit légitimée, il a fallu le talent d'un financier hors pair, épanoui par un hasard incroyablement favorable. Décrié en France, pendant qu'il était célébré hors des frontières, Bernard Arnault s'est ainsi transformé en moins de dix ans en symbole vivant de l'art de vivre français. Les hommes politiques, quelle que soit leur couleur politique, s'empressent de l'inviter avant tout le monde aux banquets organisés en l'honneur de tel ou tel chef d'Etat étranger. Un peu comme si on exposait une merveille du patrimoine national.

Sa notoriété a largement dépassé les frontières de l'Hexagone. En Grande-Bretagne, c'est déjà une célébrité. Premier actionnaire de Guinness, l'un des tout premiers groupes anglais, il s'y est imposé comme une grande figure du capitalisme. Il est fréquemment reçu à la table de Margaret Thatcher, l'ancien Premier ministre britannique, qui l'apprécie beaucoup.

Ces petits plaisirs d'amour-propre, même s'ils le flattent beaucoup dans l'instant, sont bien accessoires par rapport à ses vraies motivations. Comme tous ses pairs, il reste obsédé par la perspective d'une nouvelle conquête et des milliards qui suivront. Cela ne changera rien à sa vie. Mais c'est important pour son *self-esteem*.

36

Le complot des technos...

Avril 1995. Place Vendôme

En cette fin d'après-midi du 14 avril 1995, un soleil radieux éclaire la place Vendôme. La foule est dense devant l'hôtel Ritz où serait descendue, semble-t-il, une célébrité. Enthousiaste et impatiente, elle concentre son attention sur le ballet régulier des Mercedes qui s'arrêtent le temps de débarquer ou d'embarquer des passagers aux toilettes élégantes et parfois extravagantes. En attendant ses visiteurs, Jacques Friedmann contemple la scène à partir des fenêtres de son bureau. Elles offrent une très belle vue de la place. Au fond de lui-même, il doit envier la joie facile de cette foule, lui qui s'apprête à recevoir des sommités en costumes gris. L'heure n'est cependant pas aux regrets, il faut travailler. Non qu'il soit hédoniste, mais il préfère l'ombre à la lumière.

« Faites-les entrer ! »

Friedmann se lève pour accueillir ses invités. Trois hommes pénètrent dans la pièce. Le premier, Jean-Louis Beffa, président de Saint-Gobain, est grand, a les épaules larges et l'air sévère d'un conspirateur. Le second, c'est Michel Pébereau, patron de la BNP, il est légèrement voûté et affiche une mine sceptique. Le troisième, plus rond et gonflé de son importance, est le seul souriant. Il s'appelle Bruno Roger et il est associé-gérant chez Lazard, la célèbre banque d'affaires.

Pour la dixième fois depuis trois mois, ils prennent place sur les fauteuils en cuir blanc qui encadrent la cheminée sur laquelle trône une belle horloge en bronze du XIXe siècle. Et pour la dixième fois depuis trois mois, ils tiennent la réunion qui doit entraîner un bouleversement majeur du paysage industrialo-financier français, pensent-ils. Et surtout les sortir d'une mauvaise passe.

Marcel Dassault disait : « Pour faire une grande fortune, commencez par une petite. » En France, par les temps qui courent, « pour provoquer un grand problème, on commence par un petit ». C'est précisément ce qu'a entrepris de faire ce quatuor de choc en réfléchissant à la réalisation d'une très grande opération qui a vu, en septembre 1994, le mariage de la BNP avec la Compagnie de Suez, puis en février 1995 celui des deux avec l'UAP, puis en mars 1995 celui des trois avec la Générale des eaux, et enfin en avril 1995 celui des quatre avec Saint-Gobain. Et peu importe si la finalité industrielle de l'opération, baptisée dans leur jargon TGF ou Très Grande Financière, demeure difficile à démontrer. L'essentiel est qu'ils parviennent à une taille suffisante qui leur permettra de résister aux assauts à l'heure de la mondialisation.

Ils n'ont pas encore conscience qu'ils s'apprêtent à jouer l'un des épisodes les plus grotesques de l'histoire du capitalisme français de cette fin de siècle. Une comédie tragique qui se noue autour de la Compagnie de Suez. Une belle endormie sur laquelle veille l'UAP, telle une duègne, et qui est déchirée entre deux prétendants. L'un est pauvre : la BNP. La belle le repousse. L'autre est riche : François Pinault. Elle en rêve.

Tout commence en septembre 1994.

« Gérard, il faut réactiver le projet de rapprochement de la BNP et du Suez. »

Michel Pébereau ne perd pas de temps. En ce mois de septembre, un an à peine après la privatisation de la BNP, il s'est mis en tête de réaliser une grande opération. Sa cible : Suez.

Pébereau a ses raisons. Sa situation n'est pas brillante. Ni davantage les perspectives d'avenir. Un an après sa privatisation, la BNP continue à se traîner en Bourse. Mise sur le marché à 240 francs, l'action s'échange aux alentours de 200 francs. En douze mois la banque a perdu 7 milliards de francs de sa valeur. C'est colossal. Et c'est un drame pour Michel Pébereau. D'apparence lisse, mais de tempérament rugueux, cet amateur de cigare, qui fume ses havanes dès 8 heures du matin, est un personnage rancunier, orgueilleux et solitaire. Cet inspecteur des finances, voue un immense culte à sa propre excellence. Certains cherchent l'or, lui passe son temps à démontrer son intelligence, avec l'air blasé de celui que la vie a contraint à se justifier devant des imbéciles. C'est sans doute pourquoi il exhale la rancune comme d'autres sentent la fatigue ou le plaisir. Il se donne des airs de victime sous prétexte qu'il serait un fort obligé de vivre parmi les faibles. Et comme tous ceux qui présentent les mêmes symptômes, la fatalité ne l'épargne pas. Sa privatisation n'est pas une réussite. Mais cet échec n'est pas de son fait. Il l'explique par la mauvaise santé de l'UAP. Les performances de cette compagnie d'assurances dont la BNP détient 20 % pèsent lourdement sur les comptes de la banque.

C'est que la privatisation de l'UAP en avril 1994 a aussi été un fiasco. Mise sur le marché à 150 francs, l'action du numéro un de l'assurance perd en moins de trois mois 30 % de sa valeur ! La perte est encore plus importante pour la BNP qui avait payé ses propres titres 200 francs. Friedmann avait tout essayé. Il était même allé à Bercy pour demander à l'Etat de lui apporter de l'argent frais. On lui avait courtoisement rappelé que son groupe était désormais privé et n'avait plus aucun lien avec l'Etat.

Le coup est rude pour Michel Pébereau. Son premier investissement à la tête de la BNP se solde par un manque à gagner instantané de quelque 2 milliards de francs. Le mariage avec l'UAP n'a plus de sens. Tous les indicateurs sont au rouge dans le secteur de l'assurance. Il faut qu'il fasse quelque chose. Sinon, tout l'édifice va s'effondrer.

Le choix est difficile : soit il réduit sérieusement la voilure de la BNP, soit il prend en main l'UAP. La première option ne lui plaît pas. Il n'a pas attendu treize ans dans une petite banque pour se retrouver à nouveau à la tête d'un petit établissement. La deuxième option est plus intéressante, mais aussi plus délicate à réaliser. Il ne peut se payer le luxe d'affronter Friedmann, très en cour chez Balladur. Il faut le circonvenir. Autrement dit, avant de dicter sa loi chez l'assureur, il faut que la BNP grossisse de son côté. D'où la proposition de mariage à Suez.

La compagnie de la rue d'Astorg n'est certes pas en bonne santé, mais elle abrite une banque, Indosuez, totalise 45 milliards de francs de fonds propres et dispose d'un portefeuille de plusieurs dizaines de milliards de participations facilement cessibles. L'ensemble Suez-BNP donnera naissance à une belle compagnie financière qui pèsera près de 100 milliards en Bourse, disposera de belles participations, contrôlera jusqu'à 25 % de l'UAP et, compte tenu de sa taille, marginalisera l'assureur dans son propre capital.

Gérard Worms, le patron de Suez, écoute Michel Pébereau poliment. Il écoute toujours tous ses interlocuteurs avec le même air attentif, la tête penchée, un doux sourire aux lèvres. Worms connaît bien Pébereau. Il sait bien qu'un rapprochement des deux groupes entraînera automatiquement sa mise à l'écart. Il n'a pas l'intention de se laisser faire. Il décline donc aimablement la proposition.

A-t-il les moyens de résister ? Théoriquement, la réponse dépend de l'attitude de son conseil d'administration. Or, Gérard Worms n'y compte pas que des alliés. Jacques Friedmann joue le rôle du Père Joseph, Jean-Louis Beffa (Saint-Gobain) ne peut pas le sentir, Philippe Jaffré (Elf-Aquitaine) se prend pour le grand défenseur des actionnaires depuis qu'il a été nommé à la tête d'Elf-Aquitaine et donne des leçons de bonne gestion. Plus sérieusement, les actionnaires ont quelques raisons de ne pas être contents. Depuis 1990, le cours de l'action Suez s'est presque divisé par deux.

Cela fait quelque temps que Gérard Worms a décidé de se débarrasser de la tutelle pesante de ses administrateurs. Il négocie dans le plus grand secret le rapprochement de la compagnie avec le groupe de François Pinault.

A priori, les activités des deux groupes n'ont pas grand-chose en commun. Suez est une entreprise financière, alors que Pinault-Printemps-Redoute (PPR) est un grand de la distribution. Néanmoins, une telle opération fait l'affaire des deux. Worms en finit avec ses actionnaires. Quant à Pinault, il ramasse les truffes, comme à son habitude. PPR qu'il contrôle à 45 % vaut en Bourse 30 milliards de francs, c'est-à-dire presque autant que le groupe Suez. En absorbant la compagnie, il se trouve avec 20 % d'un ensemble qui pourra peser plus lourd que 60 milliards de francs. L'homme d'affaires sait qu'en vendant par appartements les actifs de Suez, il peut gagner beaucoup d'argent. C'est le genre de coup qu'il affectionne.

Les deux hommes négocient dans le plus grand secret. Il est prévu que l'opération se réalise au cours de l'été, une fois que les actionnaires de Suez auront approuvé le principe d'une augmentation de capital de leur compagnie destinée à rémunérer l'apport par Pinault de sa participation dans PPR.

Michel Pébereau n'aime pas qu'on lui résiste. L'attitude de Gérard Worms le surprend. Puisque le patron de Suez ne veut pas entendre parler de son projet, il tentera la manière forte. Ce qui l'oblige à changer ses plans. Désormais, il se lancera à l'assaut de la compagnie de la rue d'Astorg avec l'UAP avec comme objectif : une fusion entre Suez, la BNP et l'UAP.

Il n'a pas d'autre choix. Jacques Friedmann a été mis

dans le coup, probablement par Gérard Worms. Le président de l'UAP est naturellement d'accord. L'ensemble des trois groupes donnerait naissance à une entreprise importante, la plus grande de la cote parisienne. L'opération présenterait aussi l'avantage de le débarrasser des tâches quotidiennes de gestion, qui ne l'amusent guère.

Pébereau et Friedmann décident donc de travailler sur cette mégafusion dont le nom de code sera TGF. Officiellement, on expliquera à la cantonade qu'il s'agit de doter la France d'un grand groupe financier à l'instar de ceux qui existent aux Etats-Unis, en Hollande ou ailleurs. Officieusement, on espère que l'assemblage des trois apportera une solution aux problèmes de chacun. Un temps ils envisagent d'associer Saint-Gobain et la Générale des eaux. Mais l'idée est vite abandonnée.

Leurs équipes commencent alors à travailler sur les évaluations et les nominations. Un holding coiffera les trois entreprises et sera présidé par Jacques Friedmann. Worms sera nommé vice-président et Pébereau directeur général, sachant que deux ans plus tard c'est Pébereau qui succédera à Friedmann.

Peu importe si Gérard Worms n'est pas d'accord. Ils passeront en force. Le conseil d'administration de Suez leur est acquis en majorité. Ils peuvent compter sur le soutien de Jean-Louis Beffa, et de Philippe Jaffré. Saint Gobain a 6 % de Suez et Elf, un peu plus de 4 %. Quant à l'UAP, elle possède près de 7 % du capital de la compagnie de la rue d'Astorg.

Pour être sûr d'être pris au sérieux, Pébereau commence alors à ramasser des titres Suez. D'abord discrètement, ensuite plus ostensiblement.

Rue d'Astorg, Gérard Worms s'inquiète. L'œil rivé sur les écrans Reuter, il comprend vite qu'on ramasse du Suez sur le marché. Il ne sait pas encore qu'il s'agit d'une manœuvre pour éviter la réalisation de son opération avec Pinault, ou s'il s'agit au contraire d'un mini-raid. Il sera vite fixé. Pébereau en personne lui annonce que sa banque est devenue actionnaire de Suez.

Face à ce danger, Gérard Worms prépare rapidement sa riposte. Alors que le président de Suez avait annoncé des prévisions optimistes pour les résultats de 1995, il demande à ses équipes de revoir leur copie. Suez va faire une opération-vérité. C'est ainsi que la compagnie finit l'année 1995 avec un déficit de 4,7 milliards de francs.

Avait-on trouvé soudain un foyer de perte ? S'agissait-il d'un krach dans l'une des filiales du groupe ? Rien de tout cela. Suez avait décidé de constater ses pertes dans l'immobilier. Ce qui faisait plonger ses résultats et donnait le signal au marché que les autres groupes, comme la BNP, doivent faire preuve de la même orthodoxie comptable.

Loin de dissuader la BNP, cette opération-vérité donne un coup d'accélérateur aux ramassages de Pébereau. Fin mars, la banque détient ainsi près de 5 % de la Compagnie de Suez. Une participation que le patron de la BNP qualifiera jusqu'au bout de « placements financiers ».

De l'autre côté de la scène, François Pinault s'apprête à se rendre à son tour place Vendôme. Sur les sages conseils d'Alain Minc, il a décidé de rendre visite à Jacques Friedmann, pour le mettre officiellement au courant de l'opération qu'il projette avec la Compagnie de Suez. Tout bien pesé, Minc n'a pas tort. Pinault ne peut s'offrir le luxe de déclencher une levée de boucliers de la « crème » de l'establishment balladurien. Certes, les sondages évoluent favorablement pour Jacques Chirac. Le candidat à la présidence de la République est un ami très proche de l'industriel breton. Mais pour l'heure c'est toujours Balladur qui est à Matignon. Et les relations Balladur-Pinault ne sont pas vraiment au beau fixe.

Il entre dans l'immeuble, grimpe les quelques marches qui séparent l'entrée de la grande galerie, tourne à droite et monte l'imposant escalier qui mène à l'étage présidentiel. Décidément, l'UAP n'est pas économe avec ses deniers, se dit-il. A côté de cet étalage de marbres et de dorures, ses propres bureaux font figure de loge de gardien. Mais par les temps qui courent, la rentabilité d'une entreprise n'est-elle pas inversement proportionnelle au luxe de ses quartiers généraux ?

Très déterminé et un brin amusé, il se fait annoncer. Quelques secondes plus tard, on le fait entrer dans l'immense bureau du PDG, Jacques Friedmann, qui se lève et vient à sa rencontre. Complet gris, et lunettes en écaille, il a la panoplie complète de l'inspecteur des finances, l'affabilité en plus, la prétention en moins. Il invite son visiteur à s'asseoir sur l'un des fauteuils de cuir blanc. On imagine bien la conversation :

« Comme vous en avez été prévenu, j'envisage de rapprocher mon groupe Pinault-Printemps-Redoute de la Compagnie de Suez. Naturellement, je ne procéderai à cette opération que si j'ai l'accord des principaux actionnaires de la compagnie.

— Quel sera le pourcentage de dilution des actionnaires existants ?

— Un peu moins de 50 %. Mais ayez à l'esprit que PPR et Suez ensemble vont connaître un beau parcours boursier, ce qui permettra à l'ensemble des actionnaires de Suez de prendre leur gain. »

Pinault a raison. Depuis 1988, la valeur de son groupe a été multipliée par sept en Bourse alors que celle de Suez ne cesse de s'effondrer. En le soutenant, les actionnaires de la compagnie pourront enfin réaliser leur investissement à un bon prix.

« Pourquoi pas ? Laissez-moi le temps de réfléchir, j'en aviserai les autres membres du conseil d'administration et je vous rappellerai », répond Friedmann avant de raccompagner son visiteur.

En quittant la place Vendôme, François Pinault demeure perplexe. Friedmann ne lui inspire pas confiance. Il attendra un peu. Pour voir.

Friedmann est une anguille. Il s'échappe. On croit le tenir et le voilà ailleurs. Dans le passé, il s'est toujours tiré d'affaire en mettant un soin particulier à ne jamais apparaître. Volontiers flou, il brouille les cartes pour se protéger. C'est la meilleure façon de se trouver du côté des vainqueurs, une fois les jeux faits bien sûr. C'est ainsi qu'il a réussi l'exploit de conserver sa place de conseiller à la fois auprès de Jacques Chirac et d'Edouard Balladur, pendant la campagne présidentielle qui a fait tant de morts et de blessés parmi les amis des deux candidats. Quand Balladur montait dans les sondages, Friedmann expliquait à qui voulait l'entendre : « Cela fait longtemps que je n'ai pas vu Jacques Chirac. » Chargé par les balladuriens de forcer Chirac de se retirer de la course présidentielle pendant l'hiver 1994, celui de toutes les trahisons, il a tenté de se défausser de cette mission en faisant appel à des proches du Président. En vain. Il a fini par ne pas donner suite. Toujours dans le souci de conserver tous ses atouts. Si bien que, lorsque Chirac a commencé à marquer des points dans les enquêtes d'opinion, Friedmann, stoïque, a pu faire valoir qu'il « n'avait pas vu Edouard Balladur depuis longtemps ».

Fort de son expérience, le patron de l'UAP compte encore une fois mettre en musique sa méthode dans l'affaire qui le préoccupe. Mais cette fois, il se trompera.

En raccompagnant François Pinault, Jacques Friedmann s'interroge. Pinault dispose sur lui d'un avantage certain. Il a des moyens. Précisément ce qui lui manque ainsi qu'à Michel Pébereau.

Quant à Gérard Worms, il ignore tout simplement le patron de l'UAP. Il n'a pas cru bon de le prévenir à temps. Pis, il tente même de lui planter un couteau dans le dos. Worms a en effet glissé subrepticement une petite disposition dans les résolutions de l'assemblée générale de Suez. Une petite disposition, spéciale Pinault, qui prévoyait, ni plus, ni moins, une augmentation de capital destinée à rémunérer l'apport de l'industriel.

En ce mois d'avril, le trio réuni autour de Jacques Friedmann examine donc les moyens adaptés pour mettre à l'écart le président de Suez. Leur plan est simple : ils vont voter une motion de défiance à l'assemblée de Suez qui se tiendra le mois prochain, ils proposeront la révocation de Gérard Worms et son remplacement par Didier Pfeiffer, le directeur général de l'UAP. C'est d'autant plus facile à mettre en œuvre que Friedmann a obtenu le feu vert des autorités de tutelle. Il n'en avait pas besoin. Toutes les entreprises concernées sont privées. Mais c'est ainsi : en France on est toujours sous tutelle.

Pinault, pour sa part, s'interroge. La sagesse lui dit de laisser tomber. Ce n'est pas le quatuor qui lui fait peur. C'est leur capacité de nuisance. Chirac va être bientôt élu. Il est plus prudent d'attendre.

Hélas pour les conjurés, les choses ne se passent pas comme prévu. Même s'ils y ont cru jusqu'à la dernière minute.

En sirotant leur café en ce début d'après-midi du 8 juin, Jacques Friedmann, Michel Pébereau et Jean-Louis Beffa revoient une dernière fois leur stratégie de mise à mort de Gérard Worms. Dans quelques minutes les présidents de l'UAP et de Saint-Gobain se rendront à la maison de la Chimie pour jouer l'acte final. Quant à Pébereau, il retournera à son bureau, où il suivra la cérémonie par téléphone portable. En sortant, les trois compères félicitent par avance Didier Pfeiffer, le directeur général de l'UAP et prochain président de Suez.

Vers 14 h 30 tous les administrateurs sont réunis. Jacques Friedmann ouvre la séance en demandant la démission de Gérard Worms. La résolution est mise au vote : les contre l'emportent sur les pour. Le président de Suez sauve sa peau. Provisoirement. Car les discussions reprennent. Cette fois, les administrateurs-actionnaires passent au peigne fin toutes les autres résolutions à l'ordre du jour. Celle concernant l'opération de rapprochement avec le groupe Pinault est naturellement rejetée.

Pendant ce temps, à l'extérieur, les petits porteurs de Suez s'impatientent. La foule est dense. Face à l'affluence, la Compagnie a dû prévoir une petite salle supplémentaire pour les actionnaires.

Vers 15 heures, tous ont pris place. Mais la séance n'est toujours pas ouverte. Le président de Suez, à qui revient cette charge, se trouve toujours avec ses administrateurs pour le conseil qui se tient habituellement avant la réunion de l'assemblée générale. 15 h 15 : toujours pas de nouvelles. Vers 15 h 30, Gérard Worms fait son entrée, seul, sans aucun autre administrateur de la compagnie, le visage pâle et la mâchoire occupée par un chewing-gum.

Le conseil continue toujours à délibérer. Personne ne sait ce qui s'y passe. Dans l'antichambre gardée par deux vigiles, Bruno Roger fait les cent pas. A intervalles réguliers, il sort, se mêle aux journalistes et leur lance : « Je n'ai rien à déclarer. » Cela tombait bien. Personne n'avait rien à lui demander non plus.

Philippe Jaffré sort pour se diriger vers les toilettes. « Worms est fini, il va démissionner ce soir », lance-t-il péremptoire.

Vers 16 h 15, la porte de la petite salle s'ouvre enfin. Les administrateurs de la vénérable maison sortent par petits groupes.

Il y a d'abord ceux qui affichent de tristes figures : Jérôme Monod (Lyonnaise des eaux) proche de Gérard Worms et Bernard Mirat (représentant des petits actionnaires). Quelques minutes plus tard, ils sont suivis par ceux qui demeurent perplexes, avec à leur tête Etienne Davignon, le président de la Société générale de Belgique, la puissante filiale de Suez. Enfin, vers 16 h 30, c'est au tour des heureux de rejoindre l'assemblée avec à leur tête Jean-Louis Beffa (Saint-Gobain), démarche volontaire et épaules plus larges que jamais, Philippe Jaffré (Elf-Aquitaine), le sourire carnassier, et enfin Jacques Friedmann, chaleureux et serein.

Cette bande a décidé de demander la tête de Gérard Worms à l'assemblée, mais pour cela il faut que les scrutateurs fassent un décompte exact du nombre de suffrages dont ils disposeront. En principe, à eux trois ils totalisent 17 % du capital, auxquels il faut ajouter 5 % supplémentaires de la BNP. Soit donc 22 % au total. Mais comme tous les actionnaires ne sont pas présents, ils ont une chance de passer. D'autant plus que l'ambiance est très hostile à Gérard Worms. Ils peuvent compter sur le vote des actionnaires présents.

Alors que Bruno Roger fait des calculs dans tous les sens, ils s'aperçoivent qu'ils ne réunissent pas le quorum. Ils soupçonnent Worms d'avoir prévu le coup et d'avoir fait acheter des titres à d'autres groupes amis, pour éviter que les comploteurs ne puissent avoir sa peau. Dès lors, ils ont le choix entre tenter le coup ou abandonner.

Au lieu de cela, ils décident de lancer un avertissement sur le thème : « Retenez-moi ou je fais un malheur ! » Friedmann se lève et demande la parole en pleine séance. Il sort un papier de sa poche et le lit. Le message est clair : nous ne sommes pas contents de votre gestion et nous tenions à vous le dire. Ses deux factotums, Jaffré et Beffa, le suivent immédiatement en demandant la parole pour expliquer qu'ils vont dans le sens de Friedmann.

Le président de Suez, déstabilisé, encaisse les coups et ne dit rien. Il n'a guère d'autre alternative. Il pense déjà à demain. L'opération avec Pinault étant mort-née, il lui faut trouver un autre partenaire. Ce sera la Lyonnaise des eaux.

De retour à l'UAP, Friedmann, Beffa et Jaffré sont quelque peu dépités. Leur putsch s'est terminé en tragi-comédie. Eux qui avaient félicité un peu vite Didier Pfeiffer, se sentent particulièrement gênés pour lui relater l'assemblée.

De son côté, Pébereau fulmine violemment. Il reste « collé » avec ses 5 % de Suez. A l'extérieur, il jure ses grands dieux qu'il s'agit là d'un « placement financier ». Pour un peu, on dirait qu'il le croit lui-même. Ainsi, invité par le Club Entreprises et Cité, il explique le plus froidement du monde, sans que personne lui pose la question, que sa participation dans Suez est un simple « investissement financier ». L'assistance reste de marbre. Depuis ce jour, une plaisanterie fait le bonheur des dîners en ville : « Quelle est la différence entre les deux frères Pébereau ? Il y en a un qui ment et qui le sait, et l'autre qui ment et qui ne le sait pas. »

SIXIÈME PARTIE

1995-1997

Les courtisans de la République

37

La chute de Robin des bois

Juin 1995. Marseille

En ce matin de juin, il fait un temps de rêve à Marseille. Marc Fournier, déjà sur place, n'a qu'une seule idée en tête : expédier rapidement son assemblée générale et le déjeuner qui suit avant d'aller pêcher. Il aime bien le Vieux-Port. Cela fait longtemps qu'il tient cette réunion annuelle à Marseille. Non seulement il peut enchaîner sur un week-end agréable mais, surtout, il ne s'embarrasse pas d'une foule de petits porteurs. Personne ne se déplace en dehors de Paris pour ce type de réunion. D'ailleurs, là où les groupes de sa taille sont obligés d'accueillir les actionnaires dans les grands salons parisiens, Fournier se contente d'une petite pièce de 30 mètres carrés à peine. L'assemblée, quant à elle, ne dure même pas une heure.

Marc Fournier attend ses administrateurs dans la grande pièce du conseil. Elle est toute simple. Devant les fenêtres qui s'ouvrent sur le port, on a posé une vieille table dont les extrémités effleurent les murs. Chaque année, c'est le même cirque. Il faut déplacer la table afin que les administrateurs puissent prendre place sur une rangée de chaises en bois posées en toute hâte.

Vers 11 h 30 les membres du conseil arrivent. Curieusement cette année, les actionnaires ont préféré dépêcher leur représentant. Aucun gros calibre, à l'exception notable de Jean-Claude Lény, ne s'est déplacé. Pourtant Fournier croyait qu'André Lévy-Lang allait venir. Lui aussi, il a préféré se faire représenter par deux de ses adjoints, Robert de Metz, un technocrate pur sucre, et Daniel Amaury de Sèze, le nouveau venu à la compagnie. Quant à son « ami » Jean-Marc Vernes, il s'est fait remplacer par un Italien très élégant avec son inévitable téléphone portable. Le président de la Mixte ne s'inquiète pas outre mesure.

Commence l'assemblée. D'une voix suave, le président de la Mixte retrace l'activité du groupe durant l'année passée, et donne lecture de toutes les résolutions. Tout le monde les approuve. Fournier esquisse un sourire de soulagement. Il se lève pour clore la séance lorsque l'un des représentants de Paribas l'interrompt. Sortant un papier de sa poche, la voix ferme mais les mains tremblotantes, il demande, à la surprise générale, la révocation de tous les membres du conseil d'administration, à commencer par Marc Fournier.

Hébété, celui-ci ne comprend pas très bien ce qui lui arrive. Il cherche alors à gagner du temps. En vain. La motion déposée par Paribas est soumise au vote. Tout le monde approuve à l'exception de ceux qui n'étaient pas au courant, c'est-à-dire Fournier lui-même, Léopold Georger, le représentant de la Société générale et Jean-Claude Lény.

Le président de la Mixte se lève et quitte la pièce, sans doute pour éviter de se donner en spectacle. Il a toujours été ainsi : secret, discret et pudique.

Le choc est pourtant rude. Très rude. Sa carrière venait de s'écrouler en quelques secondes. On venait de lui prendre son enfant. La Mixte ce n'était pas seulement une entreprise, mais toute sa vie.

Ne changeant rien à ses habitudes, il se rend au restaurant où il reçoit, comme chaque année, ses administrateurs et tous ceux qui ont fait le voyage à Marseille. Rien ne transparaît. Visage carré, les yeux bleu d'acier, le regard déterminé, il accueille ses invités comme si de rien n'était. Seules les cigarettes qu'il grille l'une après l'autre trahissent son désarroi. Il venait d'arrêter de fumer. Mais là, il a craqué.

Toute sa vie, il a été un autocrate révolté. Aujourd'hui, il n'est plus qu'un employé qu'on met à la porte sans ménagement.

Ce fils d'avocat était né avec une cuiller d'argent dans la bouche. Il aurait pu devenir lui-même avocat et couler des jours heureux dans sa Normandie natale. Mais amoureux de la mer, il se rêvait corsaire naviguant au fil de l'eau et ramassant les trésors au gré des circonstances.

C'est pourquoi il abandonne vite ses études de droit après son baccalauréat. En attendant de savoir vraiment ce qu'il va faire, il entre à l'armée à Saumur. Il en sort lieutenant de cavalerie. Il lui faudra attendre la fin de la guerre pour retrouver ses amours. Il commence alors sa carrière dans une pêcherie industrielle à Boulogne-sur-Mer. Là, il se fait repérer par les frères Chegaray, tous deux assureurs, qui finissent par le recruter. Le jeune Fournier les aide alors à bâtir un véritable groupe d'assurances maritimes.

Le succès aidant, leur appétit s'aiguise. Ils lorgnent tous trois la Compagnie de navigation mixte (CNM), un armateur dans la ligne de mire des Chargeurs. Proposant leur soutien à la famille propriétaire de la Mixte, ils prennent le contrôle de cette entreprise avant d'évincer ses anciens maîtres. Fournier est alors catapulté à la présidence de la CNM. C'est là que se révèlent ses talents de financier.

Fort d'une structure désormais importante, le jeune président de la Mixte ne poursuit qu'un seul but : utiliser ses moyens pour faire des coups boursiers. Tel un flibustier, il balaie la cote de la Bourse de Paris à la recherche d'investissements intéressants. C'était d'autant plus facile que le marché n'était alors tenu par aucune espèce de réglementation.

En 1968, la Bourse est secouée par une bataille homérique entre Paribas et Suez pour le contrôle du CIC. Fournier, flairant la bonne affaire, achète discrètement un paquet de titres CIC qu'il vendra au plus offrant.

C'est l'époque où il ramasse tout ce qui lui passe entre les mains, des sociétés agro-alimentaires, des sociétés d'assurances, des sociétés de transport... A défaut de naviguer en mer, ce corsaire navigue dans les eaux troubles de la Bourse. Sans oublier de bousculer les usages en cours. Il arrache 40 % de Lesieur à la BNP, il lance plusieurs bateaux sur les lignes exploitées par les grands armateurs, provoquant leur tollé...

L'establishment finit par se rebiffer. Il décide de lui infliger une sévère leçon. En 1977, les plus grands noms des affaires parisiennes s'associent pour lancer une offre publique d'achat sur la Mixte. Il y a là, la BNP qui veut faire payer à Fournier l'épisode Lesieur, Delmas-Vieljeux qui souhaite reprendre les bateaux de la Mixte et Bernard Pagézy, l'assureur qui lorgne les actifs d'assurances du groupe.

La Mixte résiste. En réalité, Fournier devra son salut à deux personnes : Jack Francès, l'homme fort de Suez qui l'apprécie, et son ami Robert Boulin, alors ministre de l'Economie, qui finira par bloquer l'opération.

Fournier rentre alors dans sa coquille.

Il n'oublie pas pour autant de renvoyer les ascenseurs. Juste avant l'arrivée de la gauche au pouvoir, il aide Francès à mettre Victoire à l'abri de Suez. Mais dans l'esprit de Fournier, la gratitude en affaires ne joue qu'une seule fois. En 1984, alors que le même Francès négocie avec Suez sur l'avenir de Victoire, Fournier propose à Jean-Marc Vernes, l'associé de Francès, de lui vendre ses parts dans le groupe d'assurances Victoire. A l'insu de Francès. Vernes hésite et finit par refuser.

Francès ne lui en tient pas rigueur. Ce n'est pas le cas de tous ceux qui ont eu, à un moment ou à un autre, affaire à Fournier. Celui-ci s'en moque. Le monde est grand. Il peut toujours trouver des alliés. Cela fait belle lurette qu'il sait qu'en affaires, l'argent et l'amitié ne font pas bon ménage. Il répète inlassablement : « Vous savez, il faut avoir un épiderme de crocodile pour faire ce métier... »

Plus tard, quand Paribas se lance à l'assaut de la Mixte, Fournier fait les yeux doux à l'assureur Allianz, à qui il trouve le moyen de céder au prix fort une partie de ses filiales d'assurances, séduit Jean-Yves Haberer, qui achète un gros paquet de la Mixte, et rappelle à son bon souvenir Jean-Marc Vernes, qui se prend alors pour un grand des affaires, Jean-Claude Lény, PDG de Framatome, qu'il avait appuyé dans sa tentative avortée de prise de contrôle de Schneider, et enfin la Société générale.

Ces nouveaux alliés le soutiennent pendant de longues années. Mais, trop autoritaire et indépendant, Fournier ne résistera pas à la tentation de les malmener. Il veut forcer la main d'Allianz pour racheter au prix fort le reliquat de ses propres participations dans les sociétés d'assurances. En vain. Du coup, il se lance dans une bataille juridique sans fin.

Il lâche Jean-Marc Vernes pendant qu'il cherchait à se défendre contre l'OPA de Suez sur Victoire. Il est vrai aussi que ce « lâchage » rapporte gros à Fournier : il cède à Suez ses titres Victoire et empoche 630 millions de plus-values.

Las, les alliés d'hier finissent par le lâcher à son tour. Au fond il s'y attendait. Mais en ce jour de juin, ce ne sont pas les trahisons qui lui font mal. Il regrette surtout de ne pas avoir eu le temps de réaliser la plus grande prise de sa carrière. Il y a encore peu, il rêvait de Paribas. Fort de sa participation de 10 % en capital et 15 % en droit de vote de la compagnie de la rue d'Antin, il envisageait de rallier autour de lui quelques actionnaires de la banque, afin d'acquérir un poids suffisant pour prendre le pouvoir à Paribas. La maison somnolait. Affaiblie par la crise immobilière, puis par la crise tout court, elle était de surcroît en train de traverser une tourmente judiciaire sans précédent en raison d'une sombre histoire d'abus de biens sociaux pratiqués dans l'une de ses filiales, les Ciments français. Cette affaire risquait d'éclabousser André Lévy-

Lang, le président de Paribas. Dès lors, Fournier n'attendait qu'une chose : la mise en examen d'André Lévy-Lang. Après quoi il aurait fait un putsch : il aurait révoqué Lévy-Lang, pris sa place, et décidé la fusion Paribas-Mixte.

Seulement voilà. Paribas a dégainé plus vite. Anticipant le coup tordu de Fournier, Lévy-Lang avait contacté Vernes et les Allemands, pour faire son putsch avant celui du président de la Mixte. Tout ceci est loin maintenant.

Fournier sait qu'il ne reverra plus jamais la Mixte. Il y a tout juste vingt-cinq ans, il aurait pu se payer cette entreprise pour seulement 6 millions de francs. Il ne l'a pas fait. Aujourd'hui elle vaut 18 milliards de francs, et emploie 33 000 personnes. Son épopée s'arrête là. Peut-être parce qu'il avait présumé de ses forces et surestimé ses atouts. Peut-être aussi parce qu'il s'était pris pour le capitaine d'un grand navire de guerre alors qu'il n'était toujours qu'un corsaire.

Quelques mois plus tard, il assistera, non sans un certain plaisir, à la lutte féroce dont la Mixte sera l'enjeu. François Pinault tente de prendre le contrôle de ce groupe. Traumatisé, Paribas finit par réagir, en bloquant l'opération et en fusionnant avec la Mixte.

L'ultime revanche de Fournier.

Il tourne la page et crée une banque : l'Altra-banque. L'autre banque. Mais le corsaire est désormais fatigué.

38

Le sacre de Pinault

Juin 1996. Montfort-L'Amaury

« La considération se mesure à l'épaisseur du portefeuille. » François Pinault aime répéter cette phrase. Un constat cynique, mais lucide, qui résume bien cet homme réservé, toujours sur ses gardes, qui entend « ne se faire rouler par personne ». D'ailleurs personne ne s'y hasarde. Il est trop puissant maintenant. Il a eu l'occasion de le vérifier lors de la fête du mariage de son fils et dauphin, François-Henri, en 1996.

Ce soir-là, François Pinault a vu défiler dans son château tout ce que la France compte de chefs d'entreprise importants, de banquiers puissants, de politiques en vue, d'artistes connus, d'écrivains célèbres... Tous ceux qui, à quelques rares exceptions, n'auraient pas parié un centime sur lui, il y a peu. Tel est Paris : on aime ce qu'on méprisait, pourvu que ça brille.

Il n'a pas lésiné sur les moyens. Dans ses jardins exquis, aménagés comme au Grand Siècle, les jarres regorgent de caviar, les bouteilles de château-latour coulent à flots... « C'est Versailles », s'écrie André Rousselet. Mais Versailles ne s'est pas fait en un jour.

Au fur et à mesure de sa réussite, la propension de

Pinault à prendre les éminences parisiennes pour des simples d'esprit n'a cessé de se développer. Il y a quelques années, un grand banquier de la place lui propose de le parrainer pour entrer au Siècle, un club ultraselect qui regroupe tous ceux qui pensent compter dans les affaires et la politique en France. Ils se retrouvent le troisième mercredi de chaque mois pour s'autocélébrer et s'échanger quelques tuyaux. Pinault fait semblant d'être intéressé par cette proposition. Et voilà notre banquier, fier de son parrainage, qui remue ciel et terre pour que la cooptation se réalise dans les plus brefs délais. Le recrutement de nouveaux adhérents du Siècle doit en effet respecter un rituel strict où les membres les plus éminents invitent le candidat à un premier dîner pour le tester. Le jour J, Pinault déclare forfait, ne prévient même pas le banquier et ne se présente pas à l'examen de passage.

C'est toujours Pinault qui choisit. On ne choisit pas Pinault.

Pour le mariage de son fils, il a passé Paris au tamis. Il y avait ceux qui étaient conviés, et les autres. Les bons et les mauvais en somme. Brillent par leur absence Jacques Friedmann, Pierre Dauzier, Michel François-Poncet, André Lévy-Lang. Le premier l'exaspère. D'ailleurs, il ne s'est pas gêné pour le dire au président de la République. Un jour que Chirac l'interrogeait sur le patron de l'UAP, Pinault n'a pas hésité à répondre : « C'est un incapable. »

Alors le Président : « C'est exagéré, il a d'immenses talents de diplomate.

— Dans ce cas, il faut le nommer ambassadeur... disons au Vatican. »

Pierre Dauzier, il ne le connaît pas bien. A priori, il n'aime pas le personnage. De toute façon, pour lui c'est un salarié de luxe. Quant au tandem qui dirige Paribas, il les ignore purement et simplement. Car Pinault peut être mauvais joueur. Lévy-Lang et François-Poncet lui ont coupé l'herbe sous le pied lorsqu'il voulait prendre le contrôle de la Mixte.

Tous ces gens, il les considère comme de fausses valeurs. Il y en a d'ailleurs parmi ses invités, au milieu des obligés et des gloires éphémères. Mais c'était le choix de l'hôte. Il n'a pas oublié de faire signe à Alain Minc, qui se présente comme le poisson pilote de Pinault. Cette exceptionnelle intelligence, dont la France seule détient le secret de fabrication, joue dans les affaires par personne interposée. Il a monté une petite entreprise de conseil pour faire bénéficier les grands de ce monde de ses précieuses réflexions.

A l'écouter, il a été à l'origine des meilleurs coups de l'homme d'affaires. Pinault n'en a cure, il laisse dire. En réalité, ce genre de personnage l'amuse. Alain Minc est l'archétype du brillant haut fonctionnaire français qui sait tout sur tout.

Ce conseiller des princes qui ont réussi déambule ce soir-là avec une certaine fierté parmi les invités.

Tout comme Jean-Marie Messier, le tout nouveau patron de la Compagnie générale des eaux. Il est très entouré. Visage plus poupin que jamais, corpulence en perpétuelle expansion, il exsude le pouvoir et la puissance. Il parle avec l'autorité de la suffisance. Il a quelques raisons. Ce n'est pas donné à tout le monde de veiller, à moins de 40 ans, sur l'un des plus grands groupes français qui emploie quelque 200 000 personnes.

Non loin de là, Patricia Barbizet, la collaboratrice de Pinault, glane quelques confidences. Dans la foule des gens que Pinault a croisés depuis ses succès, elle est l'une des rares en qui il a une confiance totale.

Les conseillers de Chirac sont également de la fête. Jean-Pierre Denis, inspecteur des finances, le clone quasi parfait de Messier, au tour de taille près. Le secrétaire général adjoint de l'Elysée est le compagnon de vélo de François Pinault. L'industriel lui a d'ailleurs offert une bicyclette avec laquelle il lui arrive de se rendre à l'Elysée.

Pinault, éclectique, a aussi convié à cette fête des personnalités du monde des arts. Avec à leur tête Alain Delon qui fait une entrée remarquée en hélicoptère. Les deux hommes s'apprécient depuis qu'ils se sont croisés à l'occasion du tournage du long métrage de Bernard-Henri Lévy. Car l'écrivain est l'un des intimes de François Pinault.

L'industriel, qui était très lié au père de BHL, a fini par se rapprocher de celui-ci. Au point de le soutenir dans toutes ses aventures artistiques. Il apprécie particulièrement la compagnie de cet intellectuel, avec qui il passe des heures à refaire le monde.

Les tables et les chaises, toutes recouvertes de tissu au chiffre des mariés, étaient installées sous une immense tente. Pour placer les huit cents hôtes, Maryvonne Pinault s'était donné du mal. François Pinault, quant à lui, ne s'était occupé que de la table qu'il présidait ainsi que de celle de son épouse.

Elles sont réservées aux invités de marque. Parmi eux, figurent l'éminent Ambroise Roux, le parrain, et Bernard Arnault, le pair, le seul dans cette assemblée, avec peut-être Albert Frère, qu'il considère comme étant capable de rivaliser avec lui. Non qu'ils aient forcément des atomes crochus. Mais ils sont de la même race. Pinault et Arnault suivent à la trace leurs faits et gestes respectifs. Ils s'apprécient et s'estiment. Normal, ce sont les deux seules grandes réussites personnelles françaises de cette fin de siècle.

Il y a aussi les vieux amis de Trévérien et des alentours. Des inconnus avec lesquels l'industriel partage son histoire. Ils viennent de Bretagne, la terre qui l'a vu naître. Ils seront aussi placés à sa table. Et surtout le président de la République et son épouse qui à leur arrivée, sont accueillis par des applaudissements chaleureux !

Jacques Chirac et François Pinault ne se connaissent que depuis vingt ans. Mais ils sont très proches. Pinault a toujours été fasciné par la volonté et la détermination de Chirac. Depuis ce jour de 1975 où celui qui était alors Premier ministre a réussi à lui faire acheter une petite menuiserie en Corrèze, Pinault n'a cessé de l'appuyer. C'est lui qui, en pleine campagne électorale, lui a laissé la disposition d'une petite propriété voisine de son manoir pour que le candidat termine son ouvrage, *Réflexions 1*. Il ne lui a jamais manqué pendant cette période des grandes trahisons, alors qu'il était harcelé par les balladuriens. Depuis, il n'aime guère les vieux amis de Jacques Chirac, qu'il juge pour la plupart versatiles et inconséquents. Il se souvient encore de ceux qui étaient venus le voir en décembre 1994 pour qu'il cesse de le soutenir et, surtout, pour qu'il pèse de tout son poids en faveur d'un retrait de sa candidature.

Chirac est plus qu'un ami pour Pinault. Avec le Président, il effleure aussi un peu du pouvoir politique – le seul qui compte encore en France...

D'ores et déjà on lui prête beaucoup de pouvoirs : celui d'avoir été à l'origine de la nomination de Loïk Le Floch-Prigent à la présidence de la SNCF, celui d'être un adversaire acharné d'Alain Juppé au point de bombarder régulièrement le président de la République des analyses graphologiques comparatives du Premier ministre et de l'un des collaborateurs qu'il a évincé...

A l'instar des Jean Riboud, André Rousselet, ou encore François Dalle, qui formaient la garde rapprochée de François Mitterrand, Pinault n'hésite pas à capitaliser sur ses bonnes relations avec le Président. Comme eux, il en joue. On ne sait jamais, cela peut servir ou au pire faire peur.

Tel est François Pinault. Une force de caractère fascinante, une habileté effrayante, une ténacité impressionnante et un sang-froid à toute épreuve. Il a laissé beaucoup de blessés sur son chemin. Mais un tel parcours exige qu'on passe par pertes et profits les scrupules et les tabous.

Parti de rien, il s'est constitué un empire. Aux Etats-Unis, un tel parcours vaut consécration, en Grande-Bretagne et en Belgique, il entraîne l'anoblissement, en France, il conduit à la table présidentielle.

Mais c'est précisément cette proximité qui lui causera quelques ennuis et réduira ses possibilités de conquêtes. Pour l'heure, il savoure son bonheur. En attendant des lendemains qui promettent d'être durs.

39

Le Poussin et le Chasseur

Novembre 96. Avenue Matignon, siège d'Axa

Claude Bébéar, le patron d'Axa, est un chasseur. Solitaire, patient et vigilant. En cet automne, il admire sa proie, l'UAP, le numéro un français de l'assurance. Cela fait dix ans qu'il la vise. Sans succès. Mais là, elle semble bien cernée. Elle montre encore quelques résistances. Rien de trop grave, cependant. L'ultime soupir peut-être.

Cette prise est hautement symbolique pour Bébéar. C'est un peu le couronnement d'années d'efforts. L'homme est déjà consacré. Mais après cet exploit, il sera enfin canonisé de son vivant dans le monde du *big business* parisien.

Sorti dans les tout derniers de l'Ecole polytechnique, revenu découragé et dégoûté de la guerre d'Algérie, ce fils d'instituteur, né en Dordogne, a failli devenir ingénieur et commencer sa carrière en Amérique du Sud. C'était compter sans son ambition dévorante. Il voulait rester en France. Il voulait exister en France.

Alors il a choisi de faire ses classes à Belbeuf en Normandie, dans une petite société d'assurance, les Mutuelles unies. Téméraire et discipliné, il lui a fallu peu de temps pour se piquer au jeu. Ce n'est pas tant les calculs actuariels qui l'ont fasciné, mais les charmes si particuliers du mutualisme où l'actionnaire n'existe pas, où le patron bénéficie d'une garantie de l'emploi ad vitam aeternam, et où l'argent des assurés permet de financer ses rêves les plus fous. Un levier extraordinaire pour un conquérant. L'homme voit juste, d'autant plus qu'en ce temps-là, l'assurance en général et le mutualisme en particulier demeuraient des activités de second rang.

La chance sourit à ceux qui ne font pas d'erreurs. En 1974, à la faveur d'une grève qui secoue les petites mutuelles, il dégage le directeur général et prend sa place. A l'époque, les Mutuelles unies n'étaient que le quinzième groupe national. Trop petit au goût de Bébéar, qui rêve déjà de la place de numéro un. Il avale donc toutes les petites mutuelles : la Mutuelle Saint-Christophe (celle des prêtres), la Mutuelle parisienne de garantie... Seulement voilà, les mutuelles prenables ne sont pas nombreuses.

Claude Bébéar doit donc s'adapter. Il achètera des sociétés anonymes. Le gros coup sera en 1982, lorsqu'il souffle Drouot à Francis Bouygues. Quatre ans plus tard il rafle Providence, une belle société d'assurances dans le giron de Paribas, au nez et à la barbe de Bernard Pagézy, patron protestant de la riche Compagnie du Midi. C'est la Saint-Barthélemy de l'assurance. Les actionnaires catholiques de Providence n'hésitent ainsi pas à faire pencher la balance en faveur de Bébéar, le patron catholique.

Ce n'est pas encore la fortune. Mais Paris commence à parler de Bébéar. Ses différentes sociétés, regroupées dans un holding nommé Axa – « parce que cela sonne mieux à l'étranger » –, réalisent 20 milliards de chiffre d'affaires et dégagent un milliard de bénéfices. Celui qu'on narguait jadis, parce qu'il était assureur – « C'était dur de passer pour un con alors qu'on sait qu'on ne fait pas un métier d'imbécile [1] » – est désormais un personnage connu. Il part chasser avec le gotha parisien chez le comte de Beaumont.

1. *Le Nouvel Observateur*, le 15 mai 1987.

Ce qui, pour ce fils d'instituteur épaté par les particules, vaut plus qu'une consécration.

Il se fait alors construire, avenue Matignon, un siège aussi pharaonique que son ambition. C'est-à-dire immense. Le résultat n'est pas d'un goût heureux, mais ça en jette : du marbre à profusion, des colonnes antiques, un escalier majestueux, etc. Son propre bureau est orné de ses souvenirs de chasse : des peaux de léopard, des éléphants d'ébène et des photos d'Afrique, bien sûr, où Claude Bébéar part chasser avec Valéry Giscard d'Estaing.

L'homme est reçu dans les dîners les plus huppés de Paris. Il se voit déjà comme Ambroise Roux. Mais un Ambroise Roux jeune. C'est pourquoi il monte Entreprises et Cité, un cénacle de jeunes PDG tous inconnus à l'époque. Officiellement, cette association regroupe une bande de copains qui « chassent ensemble ». Dans la savane ou en Bourse ? Là, c'est moins clair. A l'instar d'« Ambroise », il utilise surtout Entreprises et Cité comme levier de pouvoir. Lors de la première cohabitation, il affiche ainsi clairement ses desiderata à Edouard Balladur. Il veut l'UAP. Mais la compagnie ne sera pas privatisée.

Il jette alors son dévolu sur la Compagnie du Midi. Patriote, il propose ses services à Bernard Pagézy alors cerné par les Italiens de Generali, et provoque la fusion du Midi avec son propre groupe. Autocrate, il vire Bernard Pagézy, en pleine assemblée générale, et prend sa place. Une première en France où on n'avait jamais osé pareille insolence. Cela lui vaudra de solides inimitiés. Qu'importe. Il s'est juré d'être le numéro un. Il le sera.

En attendant d'accomplir ses rêves, il regarde vers les Etats-Unis. En 1990, il traverse l'Atlantique. Il loupe une première cible. L'année suivante, il s'attaque au groupe mutuel Equitable, alors très mal en point, le démutualise et en prend le contrôle. Il ne jure alors que par les Etats-Unis. Il se pose en défenseur acharné du libéralisme américain, lui le mutualiste. A cette occasion, ses collaborateurs s'aperçoivent que durant son périple le patron d'Axa n'a pas oublié ses propres intérêts patrimoniaux. Tandis que l'entreprise grandissait, le portefeuille du patron se garnissait. Grâce à ses stock-options, Bébéar pèse plus d'un milliard de francs. Les autres cadres du groupe bénéficient eux aussi de stock-options, ces actions que l'on attribue au rabais, mais comparé à Bébéar, ils pèsent le poids d'une cacahuète. Tant pis pour les états d'âme, Bébéar les réunit tous sur la muraille de Chine et les lance à la conquête de l'Asie. C'est ainsi qu'Axa rachète puis démutualise National Mutual. De toute évidence, le mutualisme a épuisé ses charmes aux yeux de Bébéar.

Respecté, écouté, l'ancien directeur général des Mutuelles unies se transforme en cinq ans en Père Joseph de l'assurance française.

Mais voilà, il reste désespérément assureur. Il souffre de ne pas pouvoir peser dans la vie de la cité, là où les Friedmann, Peyrelevade et les autres sont consultés, voire écoutés. Il multiplie les interviews sur tous les sujets, les retraites, la fracture sociale, la flexibilité, le temps de travail... Rien n'y fait. Il reste un homme à idées, rien de plus.

Bébéar n'est pas à proprement parler un homme de l'establishment. Il est raider d'entreprises, mais mutualiste. Il joue les francs-tireurs sans jamais dépasser la ligne jaune. Il est riche, bien plus que les salariés de luxe, mais bien moins que les Arnault, Pinault et Frère. Il a créé un véritable groupe, mais ne le contrôle pas.

Situation délicate pour un ego surdimensionné. Bébéar compense ses frustrations avec Axa. Il est heureux de voir que son entreprise est la plus rentable, la mieux gérée, et la plus belle. Il est fier de constater qu'il passe pour un patron moderne qui travaille à temps partiel et qui a tout prévu jusqu'à sa succession. Selon la légende, il aurait même confié un testament à ses administrateurs pour le cas où il viendrait à disparaître prématurément. Cela l'amuse de regarder certains d'entre eux expliquant, l'air mystérieux : « On connaît l'identité du successeur éventuel, mais on ne peut rien dire. »

Le fait est qu'il n'y a jamais eu de successeur désigné. Bébéar apprécie les intelligences, mais seulement tant qu'elles ne présentent pas de risques pour lui. Il suffit de regarder le nombre des éphémères numéros deux qu'a comptés le groupe Axa ! Il n'est pas question qu'il abandonne en cours de route.

A l'aube de ses 60 ans, Bébéar a presque tout réussi, sauf à réaliser le rêve qu'il caresse depuis dix ans. Il veut l'UAP.

Le premier assureur hexagonal, deuxième européen, le fait fantasmer. Sa privatisation en 1994 a réveillé les appétits de Bébéar. Mais elle était trop chère à son goût. L'UAP capitalisait en Bourse 50 milliards, alors qu'Axa ne pesait que 30 milliards.

Le temps a fini par faire son œuvre. Affaibli par l'échec de la tentative de son rapprochement avec la BNP et Suez, fragilisé par le poids des risques immobiliers de sa filiale, la banque Worms, malmené par son actionnaire la BNP, le numéro un français de l'assurance s'est peu à peu essoufflé. Avec le temps, le rapport de forces entre Axa et UAP s'est inversé : Axa s'est apprécié en Bourse pour capitaliser 50 milliards, alors que l'UAP s'est dépréciée jusqu'à 30 milliards. C'est le moment ou jamais de tenter l'assaut.

D'autant plus que Jacques Friedmann est alors au bout du rouleau, même si son ami Jacques Chirac est venu à son secours en le chargeant du déménagement du musée de l'Homme. Histoire de lui changer les idées. Une bouffée d'air frais pour Friedmann qui, depuis, ne cesse de s'extasier devant le nombre de squelettes humains qui peuplent ce musée.

Claude Bébéar sait bien que l'ambiance n'est pas vraiment à la franche camaraderie au sein de l'UAP. Friedmann n'est pas aimé place Vendôme. Le climat n'est pas plus amène au sein de son conseil d'administration. Le patron de l'UAP supporte de plus en plus mal les remarques sèches de Michel Pébereau, ses regards menaçants, ses manières de moins en moins courtoises à son égard. L'épisode de l'arrêté des comptes semestriels de l'UAP a ainsi montré au grand jour les dissensions au sommet de la compagnie. Friedmann et ses collaborateurs avaient décidé de nettoyer de fond en comble les comptes de la maison, au risque de supporter de lourdes pertes. Rien de très original. Depuis deux ans, la mode est aux pertes colossales. Cela dope le titre en Bourse. Elf a dégagé 7 milliards de pertes, la CGE 3 milliards, Alcatel 25 milliards, etc. et les actions se sont envolées. L'UAP veut les imiter. Mais il y a un hic. La BNP, qui prend en compte 20 % des résultats de l'UAP, n'est pas disposée à faire plonger les siens dans le rouge. Au contraire. Michel Pébereau veut afficher des bénéfices en progression. Il faut que l'UAP assume cette contrainte.

Friedmann finit par céder. Après de longues séances de négociations, l'UAP affiche 2 milliards de pertes. Pébereau s'en tire. Mais l'action UAP pique du nez.

C'est plus que n'en espérait Bébéar. Dès lors, il fait travailler ses équipes sur le dossier. Les munitions prêtes, il commence les travaux d'approche.

D'abord discrètement. Il se voit alors opposer un refus ferme. Puis il déploie les premières ruses en garantissant à Friedmann la sécurité de l'emploi. Il prévoit pour le futur ensemble Axa-UAP une structure bicéphale à directoire et conseil de surveillance. Ce qui permet au patron de l'UAP de sauver la face.

Ensuite, il commence à cerner la proie. Bébéar parvient à convaincre tous les actionnaires de l'UAP, à l'exception notable de la BNP, de la cohérence de son projet. Ceux-ci lâchent Friedmann les uns après les autres, d'autant plus facilement que Paris pense qu'au sommet de l'Etat on ne voit aucune objection à un rapprochement entre UAP et Axa. Aussi libéral que soit Bébéar, il reste avant tout un patron français. Il n'aurait jamais entrepris une aventure de ce type sans en référer au président de la République.

Enfin, fort de la bénédiction présidentielle, il utilise la menace. C'est que Bébéar est pressé. La Bourse spécule sur un rapprochement et le prix du titre UAP ne cesse de grimper. La veille du week-end du 11 novembre, le patron d'Axa pose un ultimatum : « Soit vous acceptez mon offre publique d'échange, soit je lance dès lundi une offre publique d'achat », dit-il en substance à Jacques Friedmann. Pur bluff. Bébéar n'a pas le premier centime pour financer cette acquisition en espèces sonnantes et trébuchantes. Mais, en affaires, il faut savoir intimider.

De toute évidence, la démarche du patron d'Axa s'avère fructueuse. Friedmann tombe dans le piège. Il est vrai aussi qu'il n'a pas le choix. Ses appuis ont jeté l'éponge. Albert Frère (actionnaire de l'UAP) négocie déjà avec Bébéar les conditions de départ de Didier Pfeiffer, le directeur général. De toute façon son principal actionnaire, la BNP, ne peut par définition accepter une offre publique d'achat sur l'UAP. Elle a acquis ses titres sur la base d'un prix unitaire de 200 francs. L'action se négocie autour de 130 francs. Une OPA n'offrira pas plus de 150 francs. Ce qui revient à constater immédiatement une perte sèche d'environ 3 à 4 milliards de francs. Impensable pour Michel Pébereau. Une offre publique d'échange permet en revanche, grâce à la créativité comptable du bon inspecteur des finances qu'il est, d'atténuer l'impact de ce « triste » investissement.

A partir de là, l'Histoire s'accélère. Conscient des limites de Friedmann, le président de la BNP demande à représenter l'ensemble des actionnaires de l'UAP dans les discussions avec Bébéar. Teigneux et brutal, il finit par obtenir un excellent prix : celui de la privatisation de l'UAP.

Le 13 novembre c'est un Claude Bébéar au mieux de sa forme, accompagné d'un Jacques Friedmann plutôt déprimé, qui arrive au Pavillon Gabriel pour présenter le nouvel ensemble à la presse et aux analystes.

« C'est un grand jour pour l'UAP, Axa, l'assurance et l'économie française », dit en guise d'introduction Jacques Friedmann. C'est aussi un grand jour pour lui, car il met fin à deux ans de calvaire.

Il a finalement sauvé sa mise. Mais dans l'état-major de l'UAP, il est le seul à s'en être tiré. Personne n'a été défendu. Personne n'a été retenu. A l'exception de Friedmann, chargé de présider un conseil de surveillance on ne peut plus mondain qui regroupe encore une fois le nec plus ultra de l'establishment des affaires ! Son travail sera plus agréable : il ne fera plus que de la représentation. C'est que Jacques Friedmann peut dorénavant faire le tour du monde pour représenter Axa-UAP. Une belle sinécure jusqu'à sa retraite. Il prend ses fonctions très au sérieux. Désormais il n'accepte de déjeuner en ville que lorsque les invitations sont dûment motivées !

Claude Bébéar, quant à lui, se félicite de cette « fusion des égaux ». Il a touché au but. Il a définitivement acquis ses lettres de noblesse.

A y regarder de près, l'opération laisse à désirer. En tout cas pour les actionnaires d'Axa. Quelques mois plus tard, Bébéar nettoie les comptes de l'UAP : 7 milliards de pertes. Et ce n'est pas fini.

Qu'importe. Au début, Bébéar a utilisé l'argent de ses assurés, aujourd'hui il pioche dans ceux de ses actionnaires. L'essentiel est d'avoir fait le chemin. Installé au firmament du capitalisme français, reconnu comme le plus grand des professionnels, jouant les parrains, Bébéar a gagné son pari.

40

Le séducteur de vieux

Décembre 1996. Hôtel Plaza-Athénée

Jean-Marie Messier va avoir 40 ans. Cela ne lui pose aucun problème. Si ce n'est qu'il est obligé de rebaptiser le club qu'il a créé, le Club des 40, qui réunit les réussites précoces d'avant 40 ans. Pour l'heure, il peaufine les derniers détails de l'organisation de sa fête d'anniversaire. Il y a convié ses cent cinquante « meilleurs amis », tous des personnalités très parisiennes très en vue, et pour certains très puissants. Il y a trois ans, ce père de cinq enfants avait fêté ses dix ans de mariage avec ses deux cents « meilleurs amis ». A l'époque, il était encore banquier. Il avait besoin de ses clients. Désormais, il est patron de la Compagnie générale des eaux, l'une des plus importantes entreprises hexagonales, un poste autrement plus prestigieux. C'est sans doute pourquoi le cercle de ses amis se rétrécit.

Les plans de table ont été établis avec soin. A la sienne, siégeront notamment Albert Frère, le puissant financier belge, et Patricia Barbizet, la collaboratrice de François Pinault. Celui-ci a répondu absent. Sans doute pense-t-il que les fêtes d'anniversaire sont pour les copains, les vrais.

Il a aussi invité Jacques Friedmann, placé bien loin de lui, près de l'issue de secours. Depuis l'absorption de l'UAP par Axa, l'homme est un peu démonétisé aux yeux de Messier. Guy Dejouany, son prédécesseur à la Générale des eaux, s'en amuse d'ailleurs bien. En 1993, alors que Friedmann était très en cour auprès de Balladur, Messier ne cessait de parler de lui. Depuis quelque temps, il hésite même à prononcer son nom.

Guy Dejouany est bien sûr de la fête. Il est admiratif devant Messier. Comment peut-il en être autrement ? C'est lui-même qui l'a fait entrer à la Générale des eaux en 1994 en l'adoubant d'entrée de jeu comme son héritier. Messier avait pris sa tâche très au sérieux. L'année suivante, il a même mis dans la balance sa démission pour afficher les premières pertes de l'histoire de la Générale des eaux. Dejouany, secoué et affaibli par les affaires, n'avait plus voix au chapitre. Il lui en veut sûrement un peu, mais sans plus.

L'Inspection des finances est naturellement surreprésentée. Beaucoup de chiraquiens sont présents. En revanche, les balladuriens ont baissé en nombre par rapport à la célébration des dix ans de mariage. Les temps changent, les amis aussi. Il faut s'adapter.

Toute cette assemblée a droit à un petit mot personnalisé écrit de l'auguste main de Jean-Marie Messier. Une attention très remarquée et très appréciée.

Pour la plupart, les invités sont bien plus vieux que leur hôte. Messier n'y peut rien. Cela fait belle lurette qu'il a supplanté les gens de sa génération. C'est un surdoué, cet homme-là. Il a toujours eu de l'avance : conseiller technique à 30 ans à peine, associé-gérant de la banque Lazard à 32 ans et président de la Compagnie générale des eaux à 39. Il en est on ne peut plus fier. Partout où il passe, il met un soin particulier à rappeler son parcours météorique.

Messier est doté d'une « brillante mécanique intellectuelle », selon la terminologie consacrée. Mais il a plus que cela : un talent inégalé pour maîtriser le temps, c'est son côté polytechnicien, et un art consommé pour séduire les vieux, c'est son côté inspecteur des finances.

Lorsqu'il termine ses études, le jeune Messier se distingue de ses camarades par une charmante bonhomie. De façade, cela va de soi. Là où ses camarades pérorent, suffisants et prétentieux, lui écoute et observe le plus humblement du monde. Son attitude paraît d'autant plus sincère qu'il est servi par un physique rassurant : petit, rond, un visage de premier communiant, une coiffure impeccable de jeune homme sage, il a de surcroît l'art de rendre ses interlocuteurs intelligents. Messier a compris que pour être lancé il a besoin d'un parrain. Et pour cela, il est indispensable de se faire tout petit. Moyennant quoi, il a collectionné les « parrains ».

Au tout début des années 1980, curieux de la révolution libérale qui fait rage en Grande-Bretagne et sans doute persuadé que cette tempête atteindra la France, il entre dans un groupe de travail dont la vocation est d'étudier les privatisations britanniques. Fort de ces nouvelles connaissances, il bombarde de notes l'Inspection des finances, en attendant qu'un de ses camarades finisse par être ébloui par ses qualités d'analyse. Cela ne rate pas. Jacques Friedmann, qui avait déjà repéré Alain Juppé, s'intéresse aux travaux du jeune Messier. D'autant plus qu'il réfléchit alors aux premières privatisations françaises. Il le prend alors sous son aile protectrice.

Ainsi, alors qu'il n'a même pas 30 ans, le jeune Messier est chargé de la conception des privatisations en France. C'est lui qui inspire la loi sur les privatisations et tout ce qui va avec : les fameux noyaux durs, les offres publiques de vente, les participations croisées... Il sera payé de retour. Pendant la première cohabitation, grâce à Jacques Friedmann, Messier entre au cabinet de Camille Cabana, l'éphémère ministre chargé des privatisations.

Il est content. Mais il est loin d'être satisfait. Rue de Rivoli, il réalise vite que le pouvoir, le vrai, se trouve à l'étage de Balladur le ministre de l'Economie. Parrainé encore une fois par Jacques Friedmann, il se faufile dans l'entourage du ministre d'Etat.

Edouard Balladur fascine le jeune Messier. C'est comme s'il avait enfin trouvé son modèle. Pour le ministre d'Etat, il est prêt à tout : travailler vingt-quatre heures sur vingt-quatre, accepter sa vanité, subir ses colères et composer avec ses caprices. Il encaisse tous les coups de gueule du ministre, même en public, sans le moindre froncement de sourcils. Il va même jusqu'à le mimer dans sa façon de se mouvoir, de parler, d'écouter. Il veut se rendre indispensable. A tel point que cet homme particulièrement attaché à sa famille n'hésite pas à mélanger vie privée et vie professionnelle. C'est ainsi qu'il choisira la marraine d'un de ses enfants parmi l'entourage de Balladur.

Cette admiration pour le ministre d'Etat ne l'empêche pas de veiller à ses propres intérêts. Lucide, il sait que les hommes politiques ne sont pas forcément les meilleurs chevaux de course. La rentrée 1987 se présente plutôt mal. Messier ne peut pas négliger sa propre carrière en misant tout sur Edouard Balladur. Si François Mitterrand est élu à la présidentielle de 1988, il risque de se retrouver dans un sinistre bureau de la direction du Trésor. Cela, il ne peut l'admettre. Il est trop jeune pour être parachuté à la tête d'une entreprise, et trop ambitieux pour envisager une carrière politique.

Aussi commence-t-il vite à s'occuper de son avenir. Il veut « pantoufler », c'est-à-dire entrer dans le secteur privé. Pourquoi pas dans une banque d'affaires ? La tentation est d'autant plus grande, que chargé de la mise en œuvre des privatisations au cabinet de Balladur, il reste médusé par le montant des honoraires que perçoivent les banques conseils. Seulement voilà : les places sont rares et chères, et les candidats nombreux.

Il doit mettre tous les atouts de son côté. Jean-Marie Messier sait qu'une banque d'investissement recrute avant tout un carnet d'adresses. Il agit méthodiquement. Commandeur, il laisse à ses collègues le soin de gérer les privatisations bancaires. Philanthrope, il se justifie en leur expliquant en substance : « C'est une excellente expérience pour celui qui veut faire de la banque d'affaires. » Rusé, il oublie de leur dire que pour un banquier d'affaires, il vaut mieux connaître ses clients que ses futurs concurrents.

Messier jette ainsi son dévolu sur tous les dossiers industriels : Matra, Havas, TF1, Saint-Gobain, etc. Leur gestion lui permet de nouer un maximum de contacts avec les grands industriels et leurs conseillers.

La chance frappe à sa porte avec la cession du quotidien économique *Les Echos*, que souhaite vendre sa propriétaire Jacqueline Beytout. Le groupe Havas, candidat au rachat de ce journal, entend financer cette acquisition par une émission de titres. Impossible, décrète Jean-Marie Messier, sous prétexte qu'une telle opération ne peut se réaliser avant la privatisation du groupe de communication. Sans compter qu'il ne porte guère Pierre Dauzier, le président d'Havas, dans son cœur, comme Balladur d'ailleurs. Résultat : *Les Echos* tombent dans le giron du Britannique Pearson, conseillé par la banque Lazard.

C'est à cette occasion que les associés de la prestigieuse banque repèrent Messier. C'est une tradition chez eux. Depuis longtemps ils s'assurent la collaboration des grands commis d'Etat. Messier présente le profil parfait et rallie sur son nom, fait rare chez Lazard, l'unanimité des voix des vieux associés-gérants. Leurs motivations ne sont pas les mêmes. Michel David-Weill, le puissant patron de Lazard, considère que le jeune conseiller technique a le profil d'un futur grand banquier. Les autres associés, pour la plupart, trouvent en Messier le contrepoids idéal à l'arrivée éventuelle d'Edouard Stern, le gendre milliardaire de Michel David-Weill. Ils lui feront bientôt un pont d'or pour rejoindre la maison du boulevard Haussmann, en l'adoubant d'entrée de jeu comme un de leurs pairs.

C'est plus que ne pouvait en rêver Messier. Il accepte tout de suite, quitte à prendre quelques libertés avec le délai de réserve habituel qui s'impose entre un passage dans un cabinet ministériel et une « pantoufle » dorée. L'appât de la réussite, encore plus que celui du gain, lui fait perdre la tête.

Le voilà, en 1988, associé-gérant à seulement 32 ans. Malgré son jeune âge, il comprend vite les règles du jeu.

Pour percer chez Lazard, il faut un carnet d'adresses bien garni et énormément de culot. Peu importe si certains associés s'amusent à l'intimider en lui expliquant que les grandes entreprises sont de leur ressort exclusif. Messier n'en a cure. Il s'installe dans un bureau, prend l'annuaire de l'X et de l'Inspection, pointe les entreprises où ses camarades officient et prend son téléphone pour leur proposer ses services. Rien ne l'arrête. A ceux qui lui répondent qu'ils sont déjà en affaires avec tel ou tel associé, Messier dit : « Naturellement je vous appelle en parfaite coordination avec mes collègues. »

Il s'inscrit dans un nombre impressionnant de cercles et de clubs, tous des aimables pièges à patrons. Ce sont ses loisirs. Pourquoi ne pas associer l'utile à l'agréable ?

C'est au cercle de l'Orchestre de Paris qu'il rencontre Didier Pineau-Valencienne, le PDG de Schneider. Celui-ci ne jure bientôt que par lui. Grâce à Pineau-Valencienne, il se lie d'amitié avec Henri Lachmann, président de Strafor-Fachom. Il se rappelle au bon souvenir de Jean-Luc Lagardère dont il a privatisé Matra, etc.

Les étés, il part en villégiature sur la côte varoise, la plupart du temps chez son ami Philippe Villin, alors directeur du *Figaro*. Cet ultra-mondain passe son temps à recevoir le Tout-Paris en vacances dans le sud de la France. Autant de dîners et de déjeuners que celui qu'on appelle désormais J2M met à profit pour agrandir le cercle de ses clients. Il réussit même à taper dans l'œil de Guy Dejouany, le patron de la Compagnie générale des eaux, en pilotant pour le groupe français le rachat d'une société américaine.

Avec la nomination d'Edouard Balladur à Matignon en 1993, Messier monte encore d'un cran. Ses affinités avec le Premier ministre seront des atouts considérables pour sa carrière de banquier. Il demandera à Nicolas Bazire, le directeur de cabinet de Balladur, de devenir le parrain de son cinquième enfant. Le Premier ministre goûte particulièrement la compagnie de Messier. Il est de toutes les fêtes, de tous les dîners intimes, de toutes les réunions... Et, bien sûr, il rafle un bon paquet de mandats pour la seconde vague des privatisations : l'UAP, la BNP...

Bref, avec le temps, Messier réussit à s'attirer l'inimitié de tous les étages de la banque du boulevard Haussmann. Les vieux associés sont certes frappés par son intelligence, mais déplorent son esprit très peu associatif. Les jeunes cadres, quant à eux, supportent de moins en moins l'air hautain de leur collègue.

Car, au fur et à mesure de sa réussite, Messier devient de plus en plus arrogant. Il est fier de côtoyer le ban et l'arrière-ban de l'establishment des affaires. Il est content de toucher de gros salaires. Il est heureux d'être reçu dans les nombreuses propriétés de Michel David-Weill. Il caresse même le rêve de pouvoir un jour lui succéder. Seulement voilà : il a fini par prendre tellement de place que ses courbettes et sa suavité ne font plus illusion. Les associés de Lazard finissent par appeler de leurs vœux l'arrivée d'Edouard Stern. Le gendre milliardaire de Michel David-Weill inquiète Messier. Stern est jeune, tout aussi connecté – la banque Stern a employé tous les grands commis de la République –, et surtout très riche. Son holding personnel, Elysées Investissements, regorge de liquidités. Pour la première fois de sa vie, Messier se trouve devant un adversaire peut-être plus fort que lui.

Lazard lui échappera. Il le sait. Messier se doit alors de changer de stratégie. Le voilà chasseur d'héritage. Car, avant d'être banquier, Messier est un fonctionnaire. A l'instar de ses brillants aînés, comme naguère Jean-Yves Haberer, il se pose en « dauphin » idéal.

Le monde a beau changer, l'establishment des affaires reste particulièrement fidèle à ses méthodes. Messier sait que, tôt ou tard, quelques patrons feront appel à lui pour assurer la relève à la tête de leur entreprise. Il est intelligent, compétent et surtout très proche d'Edouard Balladur, le Premier ministre. Cela compte. Il aimerait bien pouvoir se faufiler chez Schneider ou encore mieux à la Compagnie générale des eaux pour en prendre le jour venu la présidence. Au fond, ce n'est pas un mauvais calcul. Les deux présidents sont vieux et n'ont pas de successeurs. Du côté de Schneider, J2M n'a aucun problème. Didier Pineau-Valencienne lui voue un amour paternel.

Du côté de la Générale des eaux, l'affaire apparaît plus compliquée.

Guy Dejouany aimerait lui aussi récupérer Messier, davantage pour l'avoir à sa disposition que dans la perspective d'une éventuelle succession. Mais cet homme, qui respire la perversité comme d'autres la bonté, veut préalablement le tester. Il lui confie une affaire qui le met aux prises avec Elysées Investissements, le holding de Stern. Il s'agit d'arbitrer un différend qui oppose ses deux patrons potentiels. Tâche délicate s'il en est.

Elysées Investissements, actionnaire de la Compagnie immobilière Phénix (CIP) filiale immobilière de la Générale des eaux, souhaite sortir du capital de cette société. C'est en principe à la CGE de lui racheter ses titres en vertu d'un pacte signé entre les deux groupes. Mais Guy Dejouany n'a aucune envie de dépenser de l'argent à cette fin. La situation sera débloquée par la créativité de J2M qui passe l'examen avec éclat. Elysées Investissements cède au prix fort ses actions CIP à la Générale des eaux. Il est rémunéré en échange par les actions d'une filiale britannique de la CGE (General Cable) avec la garantie d'avoir une rentabilité de... 20 % par an pendant cinq ans. Quant aux titres CIP récupérés par la Générale des eaux, ils seront cédés aux investisseurs institutionnels.

Quelques mois plus tard, le titre CIP plonge en Bourse. Stern rit, la CGE qui a réduit sa participation souffle, et les autres actionnaires pleurent...

Cette affaire consacrera définitivement la position de Messier auprès de Guy Dejouany. Résultat : il est associé à toutes les décisions de ce patron ultrasecret.

Le jeune homme se reprend à rêver. La Compagnie générale des eaux est plus qu'une entreprise. C'est un empire riche de plus de 2 000 sociétés de par le monde. Accéder à sa tête vaut toutes les consécrations. Dès lors, Dejouany sera son client le plus chouchouté. A tel point que les esprits chagrins le gratifient du surnom de « porteur d'eau de Guy Dejouany ».

La suite de sa carrière sera écrite rue d'Anjou, au siège de la Générale des eaux. Cette perspective l'enthousiasme comme un gamin. Dès lors, il se jette corps et âme au service de la compagnie. Discipliné, il passe en revue les dossiers les uns après les autres. Il travaille dur sur la restructuration de la CIP. Il envisage un temps de refiler cette société, en faillite virtuelle, au Crédit lyonnais. Mais, heureusement pour le contribuable, la direction du Trésor y met son veto.

Il s'occupe de la Compagnie comme s'il en était déjà le président. La méthode ne comporte aucun risque : il s'enrichit, se fait bien voir par Dejouany, et prépare l'avenir. Elle finit par payer. En 1994, Jean-Marie Messier entre à la Générale des eaux pour succéder à Guy Dejouany. Paris, de plus en plus envieux de la réussite précoce de Messier, se gausse en pensant au nombre impressionnant de « dauphins » adoubés par le patron de la Générale des eaux avant d'être écartés.

C'est faire peu de cas de la clairvoyance de Messier. Celui-ci n'est pas dupe. Il a compris les ressorts de Dejouany. Il sait aussi que le patron de la Générale des eaux n'est plus en position de force pour manipuler son successeur. Harcelé par la justice qui multiplie les investigations sur les conditions d'attribution des concessions dans les municipalités, Dejouany est désormais fragilisé par la menace d'une mise en examen. Il ne peut plus s'adonner à son jeu favori : le meurtre du « dauphin ».

Ainsi, dès l'instant où il franchit le seuil de la Rue d'Anjou, Messier sait qu'il sera rapidement le président de ce groupe. D'autant plus qu'il s'est déjà assuré de la bénédiction de tous les courants politiques. Du reste, dès sa prise de fonction, il a lancé une vaste campagne de recrutement. Il a fait des yeux doux aux enfants de quelques-uns des administrateurs de la Générale des eaux – pour le cas où –, et il a fait appel à certains anciens collaborateurs de Jacques Delors – cela peut toujours servir.

Tout cela est loin maintenant. Depuis, il a fait du chemin. Promu, il a emménagé dans un somptueux appartement près du parc Monceau décoré comme chez des vieux. Devenu patron, il a réorganisé l'immobilier de la Générale des eaux, s'est imposé comme un grand des télécommunications. Entré par la grande porte dans l'establishment, il s'est assuré les services d'un photographe personnel qu'il emmène avec lui y compris lorsqu'il voyage en compagnie du président de la République.

Ce soir-là, il a toutes les raisons de respirer la puissance.

Pour le nouveau président de la Générale des eaux, la vie est en somme une fête permanente. Il négocie avec ses meilleurs amis, s'amuse et part en vacances avec eux. Bref, il passe tout son temps avec ses copains. Et puis, il aime la vie. Son coup de fourchette est légendaire. Il explique qu'il faut qu'il grossisse pour faire sérieux. Par pure coquetterie.

Cet ancien disciple de Balladur est un grand mondain. Depuis quelque temps, il fait le siège de Jacques Chirac. Il veut taper dans l'œil du Président. Celui-ci appelle de ses vœux une baisse des taux d'intérêt, J2M réagit immédiatement en publiant une série de tribunes libres dans les journaux pour formuler la même demande.

Mieux, chaque fois que Messier souhaite réaliser une opération d'envergure, il prévient l'Elysée. Comme au bon vieux temps d'Ambroise Roux et de Georges Pompidou. Il y a quelques jours, rencontrant le chef de l'Etat, il lui a appris que la Compagnie générale des eaux envisageait d'échanger sa participation dans Canal + contre une participation importante dans Havas. Une vieille idée qu'il avait déjà voulu mettre en œuvre quand il était banquier d'affaires chez Lazard. La démarche s'explique sans doute par le fait que Pierre Dauzier, le patron d'Havas, est un compatriote corrézien de Jacques Chirac. D'ailleurs, depuis l'élection de Jacques Chirac à la présidence de la République, les rapports entre Dauzier et Messier se sont réchauffés. Messier, qui naguère disait pis que pendre du patron d'Havas, n'a pas assez de mots pour louer ses qualités.

Chirac s'amuse avec Messier. Il a trop roulé sa bosse pour être dupe. Quelques semaines après cet entretien, lors de son voyage en Amérique latine, Jacques Chirac se tourne vers Pierre Lescure, président de Canal +, et lui lance : « Messier est venu me raconter l'opération Canal-Havas. J'aimerais bien savoir ce que vous en pensez, vous ? »

Sa sollicitude ne s'adresse pas uniquement au chef de l'Etat. Il tente de mettre tout le monde dans sa poche. A commencer par Jacques Pilhan, le conseiller en communication de Jacques Chirac, qu'il recrute à son tour. Mais ses attentions vont aussi à Jean-Pierre Denis, le secrétaire général adjoint de l'Elysée. C'est un de ses fans. Denis, en délicatesse avec son supérieur hiérarchique, veut quitter l'Elysée. Messier, toujours généreux en parole, lui promet la lune. Comme naguère avec ses copains balladuriens, qu'il voit de moins en moins. Il lui fait miroiter la présidence d'Havas.

Car Messier veut prendre le contrôle total de cette entreprise qui regorge de liquidités. Cela lui permettra de changer de stratégie. Les services aux collectivités représenteront alors une toute petite partie de l'activité de la Générale des eaux. Mieux, la trésorerie d'Havas lui donnera les moyens de réduire l'endettement colossal de son groupe. Il y va de l'avenir de la Générale des eaux. Il se paiera sur la bête.

Comme nombre de ses pairs, Messier n'a plus qu'une obsession : le cours de Bourse du titre de la Générale des eaux, reprenant à son compte le concept anglo-saxon de la création de valeur dont il s'acharne à utiliser le vocable anglais : « shareholder value ». Or, pour assurer une bonne progression à ses actions, il faut qu'il remette de l'ordre dans le conglomérat que constitue la Générale des eaux. D'où la prise de contrôle d'Havas, qu'il envisage de dépecer.

Jusqu'à présent, Jean-Marie Messier, en admirable communicateur qu'il est, a réussi à convaincre le marché. Il en est d'ailleurs très fier. Chaque fois qu'il croise un journaliste, un collaborateur, un analyste, il n'oublie pas de rappeler : « Lorsque je suis arrivé à la compagnie, le titre s'échangeait aux alentours de 400 francs. Aujourd'hui, il vaut près de 800 francs. C'est cela que vous devez garder à l'esprit ! »

Aussi converti qu'il soit aux méthodes de gestion anglo-saxonnes, Messier n'en demeure pas moins inspecteur des finances. Il agit et réagit comme ses brillants aînés. Son secrétariat, à la compagnie, est un véritable cabinet, avec au moins trois collaboratrices qui passent leur temps à répondre aux nombreux coups de téléphone avec un : « Bureau de Jean-Marie Messier, bonjour. » Il n'est pas encore allé jusqu'à donner le titre de chef de cabinet à sa secrétaire, mais cela viendra peut-être. Sur son propre bureau, il a installé un véritable standard téléphonique riche d'une soixantaine de lignes. Le but : brouiller les pistes.

L'une de ses toutes premières préoccupations après sa nomination à la présidence de la compagnie a été de redistribuer les bureaux. Ainsi, au premier étage de l'immeuble de la rue d'Anjou, se trouvent le bureau du président ainsi que la salle du conseil. Au second, logent les directeurs. Au troisième, les autres.

Quant à ses propres bureaux, il n'a pas lésiné sur les moyens. Dans un premier temps, il souhaitait y adjoindre un espace repos : dressing plus douche. A peine les travaux finis, il change d'avis, l'espace repos est idéal pour abriter le coin réunion. Donc, on casse le dressing et la douche. Cette fois, les travaux sont confiés à Jean-Michel Wilmotte, l'architecte en vogue qui a refait l'immeuble d'Havas rue de Ponthieu dans un style assez zen.

Le bureau du président est donc une pièce ultramoderne, munie de détecteurs de microphones, aux murs insonorisés de façon qu'on ne puisse capter les conversations de l'extérieur, des vitres pare-balles, etc. Quant au mobilier, il a été commandé chez Cassina dans des tons cuir tabac. Peu importe si les fauteuils Cassina ont des sièges trop étroits pour le patron. L'architecte commandera des pièces sur mesure...

Tout cela coûte de l'argent pour celui qui se dit obsédé par le « shareholder value ». Mais l'essentiel est qu'il dispose de bureaux dignes de lui. L'intendance suivra.

Ce soir-là, il exsude le bonheur. Peu lui importe si à certaines tables une plaisanterie fait les délices de la conversation : « Les inspecteurs des finances sont toujours fascinés par leurs aînés. Jean-Yves Haberer est un petit garçon devant Jacques de Fouchier, Michel Pébereau est un petit garçon devant Valéry Giscard d'Estaing, et Jean-Marie Messier est un petit garçon devant son miroir », Messier est désormais consacré.

41
Le E.T. des affaires

Janvier 1997. Rue d'Astorg

Dans le Tout-Paris des affaires, Gérard Mestrallet est un personnage à part. Personne ne le connaît vraiment. On sait vaguement qu'il est polytechnicien-énarque, qu'il a été collaborateur de Jacques Delors, qu'il s'est occupé de l'industrie chez Suez avant d'être envoyé en Belgique pour gérer la Société générale de Belgique.

Depuis qu'il a été nommé patron de la Compagnie de Suez, il y a tout juste dix-huit mois, il est sorti de l'anonymat. Mais Paris ne s'intéresse pas davantage à lui. Tout le monde pense que la vieille dame de la rue d'Astorg est en train d'agoniser.

L'indifférence qu'il suscite ne le dérange pas. Cela fait longtemps qu'il a dompté sa vanité. Déjà à 18 ans, ce fils de modestes commerçants a dû goûter seul sa réussite au concours d'entrée à l'Ecole polytechnique. Cela ne faisait ni chaud ni froid à ses parents. Depuis il s'y est fait. Il a tissé seul sa toile, à l'abri des regards, grâce à deux atouts : une impressionnante capacité de travail et une insatiable curiosité. Cavalier émérite, il a sauté tous les obstacles avec une belle précision et dans les temps. Il n'en tire aucune gloire personnelle.

En ce début d'année, Gérard Mestrallet s'apprête à réaliser l'un des plus beaux coups de sa vie. Le patron de Suez pense sérieusement réactiver le projet de rapprochement de son groupe avec la Lyonnaise des eaux. L'opération donnera naissance à un groupe gigantesque promis à un très bel avenir. Le défi l'enthousiasme. C'est le couronnement de près de trente ans d'efforts ininterrompus.

Poussé par la dynamique de ses succès scolaires, il a d'abord collectionné les diplômes. Grisé par les perspectives de carrières administratives qui s'ouvrent pour tout énarque, il entre à la direction du Trésor, quitte à abandonner son rêve d'enfance : devenir aviateur. Porté par l'ambition de servir la France, il se jette corps et âme dans la restructuration industrielle du pays.

Sa route croise celle de Jacques Delors, alors ministre des Finances, qui le recrute dans son cabinet. C'est l'époque où il gère les dossiers tristement célèbres de la sidérurgie et de Boussac. Le résultat n'est pas glorieux. Il n'est certes pas seul en cause. Mais l'expérience lui laisse un goût amer. Lorsque Fabius est nommé Premier ministre, Mestrallet doit plier bagage. L'Administration a épuisé ses charmes. Il a envie de respirer d'autres airs. Voilà le jeune commis d'Etat à la recherche d'un point de chute. Un temps tenté par Paribas, il change son fusil d'épaule et entre Rue d'Astorg, grâce à l'entregent de ses deux professeurs de l'X : Jean Peyrelevade et Gérard Worms. Avec le premier, les relations sont cordiales. Sans plus. Avec le second, les affinités sont nettement plus grandes. Il sera son mentor.

Un choix habile, mais qui répond bien plus à la sensibilité du jeune Mestrallet qu'à un calcul politique. Au fond au début des années 1980, personne ne savait qu'un jour Gérard Worms serait appelé à diriger la compagnie. Pas même Mestrallet.

Il sera payé de retour. Cinq ans plus tard, en 1989, Worms, nommé président de Suez, l'envoie faire ses classes en Belgique avec pour mission de redresser la Société générale de Belgique, la filiale belge de la compagnie. Un passage obligé avant de revenir Rue d'Astorg et de prétendre à la succession du même Worms.

Le chemin est semé d'embûches. Gérard Mestrallet sait qu'il prend un risque énorme, ne serait-ce qu'en raison de la méfiance des Belges vis-à-vis des Français. Mais il en faut plus pour le décourager. Il est très excité par ce travail. Il ne connaît presque rien à la Belgique. Il est aussi très encouragé par sa famille. Depuis toujours, il ne prend aucune décision importante sans la soumettre au vote unanime de son épouse et de ses enfants.

C'est en Belgique qu'aura lieu son baptême du feu. Il découvre alors un autre monde : des entreprises libres de toute tutelle publique, un Etat modeste, et un esprit entrepreneurial extraordinaire. Peu après son arrivée, il demande un rendez-vous au ministre des Finances du royaume. A sa grande surprise, au lendemain de sa requête, le gouvernement réuni en entier le reçoit. « En France, il faut des mois avant de rencontrer un simple directeur de cabinet », se dit-il.

Tout n'est pas rose, bien sûr. L'establishment belge fonctionne selon des codes totalement inconnus du jeune Mestrallet. Il faudra apprendre.

Le plus dur sera pour lui d'amadouer le vicomte Etienne Davignon, le puissant administrateur de la SGB. Le vicomte, qu'on surnomme Steevie, est un personnage redoutable. L'air débonnaire, la langue bien pendue, à première vue, il a l'apparence d'un salonnard professionnel. Ce n'est qu'une impression. Dans la vie de tous les jours, il s'avère un partenaire difficile.

Habile et psychologue, Mestrallet se fait tout petit. Il traite le vicomte avec les égards dus à son rang. Peu importe si Bruxelles le surnomme le « directeur de cabinet de Davignon ». Mestrallet a besoin de Davignon pour mener à bien ses projets.

Pendant cinq ans, il travaille comme un forcené pour comprendre et dominer ce conglomérat dont les intérêts vont de la production et transformation des métaux non ferreux à la production d'électricité, en passant par la fabrication des fibres chimiques, l'immobilier, etc. Et comme si cela n'était pas suffisant, il apprend le flamand.

Le résultat est patent. Gérard Mestrallet finit par être

reconnu par la Belgique. De l'aristocratie à l'élite des affaires du royaume, tout le monde le sollicite. Bruxelles le fête et le protège. Là où les patrons français comme Didier Pineau-Valencienne ou encore Serge Dassault se retrouvent dans le collimateur de la justice belge, Mestrallet n'est pas inquiété une seconde. Au contraire. Il sera même décoré de l'ordre de Léopold II, l'équivalent du grade de commandeur de la Légion d'honneur. C'est le plus belge des patrons français.

La Belgique l'aime. Il aime la Belgique. La vie y est douce. Sa famille est heureuse.

Sa réussite ne lui fait pas perdre la tête. Contrairement à beaucoup de ses pairs, il ne change rien à son mode de vie. La seule coquetterie qu'il se permet est l'acquisition d'une propriété en Normandie « parce qu'elle était plus proche de Bruxelles ».

Depuis Bruxelles, Gérard Mestrallet garde un œil vigilant sur la Rue d'Astorg. Quoi de plus normal ? Il se trouve en tête de liste des « dauphins » potentiels de Gérard Worms.

Or, la situation se complique de jour en jour à Paris. Tiraillé entre ses grands actionnaires, l'UAP et la BNP d'un côté, et François Pinault de l'autre, Gérard Worms perd toujours un peu plus de son pouvoir. Les perspectives s'assombrissent pour le jeune Mestrallet. Hostile au projet de l'UAP, la Très grande financière (TGF), il concocte avec Etienne Davignon une solution de repli pour mettre la SGB à l'abri. Sans doute pour assurer la suite de sa carrière en Belgique. Mais il n'arrive pas à mener son projet à terme.

Certes, depuis l'élection de Jacques Chirac à la présidence de la République, il respire un peu. Le chef de l'Etat, qui avait été mis au courant du projet TGF dans les plus petits détails par son ami François Pinault, n'était pas favorable à cette opération. Du coup, Jacques Friedmann, qui tenait plus à l'avenir de ses relations avec le président de la République qu'à celui de ses projets pour l'UAP, avait laissé tomber ses grands rêves.

Rien n'est gagné d'avance. Car Michel Pébereau compte

toujours aller jusqu'au bout. Le président de la BNP se remet mal de son échec. Il a dépensé plus de 2 milliards de francs dans la perspective de la création de la TGF. Il n'est pas question pour lui d'abandonner. Aussi est-il plus décidé que jamais à faire payer cet échec à Gérard Worms en le débarquant et en le remplaçant par une personnalité plus sensible à ses arguments.

Worms tente alors une ultime manœuvre pour arracher Suez des griffes de la BNP. Il lance le projet de fusion de la compagnie avec la Lyonnaise des eaux, présidée par le très chiraquien Jérôme Monod. Un faux pas qui lui coûtera sa place.

Friedmann ne pouvait en effet accepter de voir réussir Monod là où il avait lui-même échoué. Cela faisait mauvais genre dans la Chiraquie. Jean-Louis Beffa, président de Saint-Gobain et actionnaire de Suez, ne supportait pas Jérôme Monod et ne pouvait donc se résoudre à une telle issue pour Suez. Quant à Michel Pébereau, il croyait dur comme fer à son propre projet. Il ne pouvait laisser échapper Suez.

Le poids de ces trois figures était suffisamment grand pour obtenir le départ de Gérard Worms. Mais encore fallait-il lui trouver un successeur.

A Bruxelles, Gérard Mestrallet s'inquiète. La partie s'annonce délicate pour lui. Il joue alors le tout pour le tout en misant sur deux actionnaires de Suez : Lucien Douroux, le directeur général du très riche Crédit agricole qui lorgne la banque Indosuez, et Jérôme Monod qui souhaite d'une manière ou d'une autre réaliser le rapprochement de son groupe avec Suez avant son départ en retraite. Dès lors, Mestrallet les « marquera » comme il l'a naguère fait avec Jacques Delors, Gérard Worms, et plus tard Etienne Davignon.

Calcul judicieux. Car les Friedmann, Pébereau et autres continuent à multiplier les faux pas. Après l'échec de leur première tentative au mois de juin, ils décident d'agir méthodiquement pour choisir le successeur de Worms. Un comité spécial est réuni pour nommer le futur président de Suez dans un délai d'un mois et à l'unanimité des membres. Y siègent tous les administrateurs-actionnaires, c'est-à-dire Jacques Friedmann (UAP), Jean-Louis Beffa (Saint-Gobain), Philippe Jaffré (Elf-Aquitaine), Lucien Douroux (Crédit agricole) et Jérôme Monod (Lyonnaise des eaux), administrateur historique de Suez. Par définition, cette assemblée hétéroclite ne pouvait se mettre d'accord. Les trois premiers poursuivent le projet TGF, tandis que le duo Douroux-Monod rêve de se partager la compagnie.

Michel Pébereau, reconverti en chasseur de têtes, relit attentivement l'annuaire de l'Inspection des finances avant de présenter ses candidats : Jacques de Larosière, ancien gouverneur de la Banque de France, Jacques-Henri David, ancien directeur général de la Compagnie générale des eaux, Michel Bon, président de l'ANPE, Pierre Bilger, président de GEC-Alsthom... Tous inspecteurs des finances, cela va de soi. Usant de leur droit de veto, Douroux et Monod votent contre toutes ces personnalités, comme on pouvait s'y attendre.

Pour tenir les délais, il ne reste plus qu'un seul choix : Gérard Mestrallet.

C'est ainsi qu'il accède à la présidence de Suez à 46 ans.

A force de l'avoir pris pour un inoffensif, ses challengers ont parfaitement sous-estimé le personnage. C'est qu'il a grandi, le petit Mestrallet. Initié au monde des affaires par le redoutable Etienne Davignon, il a fait acte d'allégeance à la fois au président du Crédit agricole, à qui il a presque promis la banque Indosuez, et au président de la Lyonnaise des eaux à qui il a aussi donné des gages.

Mais, pour l'heure, ce diplomate dans l'âme agit prudemment. L'une de ses toutes premières déclarations porte sur la banque Indosuez, qui restera dans le giron de Suez.

Le nouveau patron de Suez écoutera tout le monde, mais n'en fera qu'à sa tête. Pour mener ses projets à terme, il lui faut remettre de l'ordre d'abord dans le groupe, ensuite dans son actionnariat. Car il n'a aucune intention de jouer les syndics de faillite. Il veut rester longtemps à la tête de l'entreprise. Très longtemps.

C'est pourquoi, très vite, il se lance dans un vaste audit

de la maison. Les conclusions sont accablantes. Suez croule sous le poids des risques immobiliers, elle n'a pas de stratégie adaptée, il faut mettre de l'ordre dans ce bric-à-brac qui gère aussi bien des banques que des sociétés industrielles.

Il nettoie d'abord le portefeuille immobilier. Depuis le début de la crise, cette activité a coûté quelque 25 milliards de francs à la compagnie. Il s'occupe ensuite d'Indosuez. Il sait que la BNP veut relancer ses projets de rapprochement avec la compagnie. Pour la dissuader définitivement, il met en vente Indosuez et exige de l'acquéreur potentiel de régler l'addition en cash. Une manière habile de sortir la BNP du jeu au profit du Crédit agricole, la seule banque suffisamment riche pour pouvoir payer rubis sur l'ongle.

Les actionnaires de Suez tentent alors de bloquer l'opération. En vain.

Le conseil d'administration de Suez, réuni pour examiner cette question, a duré plus de trois heures. Plusieurs administrateurs ont évoqué longuement leurs souvenirs. D'autres ont négocié interminablement les virgules du communiqué. Certains enfin ont regretté que Suez n'ait pas pu trouver un terrain d'entente avec la BNP. Toujours est-il que le texte final tel qu'il a été transmis à l'issue de cette réunion comportait en tout et pour tout une dizaine de lignes, expliquant que le conseil mandatait Gérard Mestrallet pour examiner « les modalités d'une éventuelle cession de la banque Indosuez au Crédit agricole ».

Quelques jours plus tard la cession est réalisée, au prix de 11,6 milliards. Et pour remercier la compagnie, la banque verte renforce sa participation dans Suez au point de devenir son premier actionnaire.

Au même moment, à Bruxelles, Albert Frère qui suit attentivement les affaires de Suez se lèche les babines. La compagnie se retrouve avec une montagne de cash après la cession d'Indosuez. Il veut mettre la main dessus. Electrafina, une de ses sociétés, possède une part importante de Tractebel, une entreprise d'électricité. Frère, à qui il ne faut pas faire un dessin, comprend vite que Mestrallet est impatient de donner une coloration industrielle à Suez, ne serait-ce que pour dissuader encore plus Pébereau dans ses tentatives de TGF.

Il appelle Mestrallet pour lui vendre ses parts dans Tractebel. Une aubaine pour le patron de Suez. Tractebel n'est pas n'importe quelle société, c'est l'EDF belge. Suez, via la Société générale de Belgique, en possède 40 %. Le groupe n'a jamais pu prendre le contrôle de ce monument national. Mais l'offre de Frère est différente. C'est un Belge qui cède ses parts. Il faut saisir l'occasion, pense Mestrallet.

Les discussions commencent. Comme d'habitude, Frère finit par obtenir le prix fort. Le groupe de la rue d'Astorg va ainsi reverser à l'homme d'affaires belge, près des trois quarts du produit de la vente d'Indosuez, c'est-à-dire environ 7 milliards de francs. Gentleman, le seigneur de Charleroi entre alors dans le tour de table de Suez. Il est vrai aussi que le prix des actions Suez est alors particulièrement attrayant. Frère devient ainsi le premier actionnaire de Suez, à égalité avec la banque verte.

En ce début d'année, tout est donc prêt pour le grand saut : la fusion avec la Lyonnaise des eaux. Suez est en bonne posture. La Compagnie regorge de liquidités. La Lyonnaise est prête aussi. Enfin, depuis la fusion Axa-UAP, la capacité de nuisance des actionnaires-comploteurs de Suez est réduite à néant. Mestrallet peut respirer. Il sera à l'origine de la création d'un grand groupe. Certes, il n'en sera pas le numéro un. Jérôme Monod ne partira à la retraite qu'en 1998. Et encore, il pourra prolonger son séjour. Mais Mestrallet sait attendre.

Il n'attendra pas longtemps. Là encore, la chance lui sourit.

Rue d'Anjou, Jean-Marie Messier est furieux d'assister à la fusion Suez-Lyonnaise des eaux. Le groupe de Jérôme Monod est un concurrent sérieux de la Générale des eaux. Son rapprochement avec Suez lui donnera beaucoup de munitions : des fonds propres, mais aussi de nouvelles ressources. Le futur groupe risque de supplanter la CGE. Il faut empêcher l'opération.

Messier veut tenter le tout pour le tout. Il fait même travailler ses équipes sur une éventuelle OPA sur Suez. Mais le coût astronomique d'une telle opération est tel (40 milliards de francs environ) qu'il abandonne vite ce projet. De toute façon, il ne peut pas prendre à la fois le contrôle d'Havas et de Suez...

Pour autant, il ne laisse pas tomber. Le patron de la CGE exercera ses talents de nuisance en faisant pression sur certains actionnaires de Suez. A commencer par Jean-Louis Beffa. Le président de Saint-Gobain, ne peut rien refuser à Jean-Marie Messier. La Générale des eaux détient une participation importante dans son groupe. Le duo met alors au point un numéro bien réglé.

Côté cour, Beffa met des bâtons dans les roues, côté jardin Jean-Marie Messier explique à la presse qu'en tant que petit actionnaire de Suez avec 100 000 titres il sera particulièrement vigilant sur les modalités de son rapprochement avec la Lyonnaise des eaux. Gérard Mestrallet avait tout prévu sauf ce trouble-fête. Pour la première fois de sa vie peut-être, il sort de ses gonds.

Après avoir recouvré ses esprits, il décide d'abord de renforcer son tour de table, au cas où. La Cogema est alors priée d'investir dans Suez. En accord avec Jérôme Monod, il propose ensuite de redistribuer une partie de la trésorerie de Suez aux actionnaires de la compagnie, histoire de calmer les belligérants. Rien n'y fait. Ceux-ci continuent leur campagne.

Jean-Louis Beffa exige alors le départ pur et simple de Jérôme Monod à l'occasion de cette fusion. Condition inacceptable. Pour que personne ne perde la face, on décide alors de doter le futur groupe d'un directoire présidé par Gérard Mestrallet et d'un conseil de surveillance dirigé par Jérôme Monod.

Afin de ne pas en rester là, Jérôme Monod s'en ouvre à l'Elysée et demande l'intervention de François Pinault pour ramener à la raison le patron de Saint-Gobain. Lequel obtempère sur-le-champ.

Le président de la Compagnie générale des eaux fulmine. A l'extérieur, il se félicite d'avoir réveillé les actionnaires de Suez pour qu'ils réclament leur dû. En coulisses, il s'en prend vivement à Patricia Barbizet, la collaboratrice de François Pinault : « Tu diras à François Pinault que je n'ai pas apprécié son intervention auprès de Jean-Louis Beffa. »

Début avril, Suez s'éteint, Lyonnaise-Suez voit le jour. Gérard Mestrallet, quant à lui, accède à 48 ans à la présidence de l'une des plus importantes entreprises françaises. Paris commence à s'intéresser à lui.

ET LES AFFAIRES CONTINUENT...

1er juin 1997. Avenue Foch

Le baron Frère n'en revient pas. Il est surpris par la victoire des socialistes aux élections législatives. Il n'est pas le seul dans le gotha de la finance et de l'industrie. Comme tout le monde, il jouera son rôle d'homme d'affaires effarouché, reprenant les sempiternelles critiques d'usage : les impôts qui vont augmenter, les déficits qui vont se creuser, etc. Au fond de lui-même, il s'en fiche. Depuis 1981 il a bien appris l'art et la manière de faire fortune en France sous tous les gouvernements. Lorsqu'il fait ses comptes, il est plus que satisfait. Il y a de quoi. Sa fortune, qui se chiffrait en milliards de francs belges, se mesure désormais en milliards de dollars américains. Ceci, grâce à la générosité de ses copains français qui n'ont pas lésiné sur les moyens pour étoffer son portefeuille. Normal. Il ne fait des affaires qu'avec ceux qu'il appelle aimablement les chefs de maison. Ces salariés de luxe qui ne savent pas compter. Pour la plupart.

Depuis 1981, il a aussi réussi à s'imposer comme un personnage incontournable de la scène parisienne. Son ego s'en est bien tiré. Il est administrateur de toutes les entreprises qui comptent en France, il joue au tennis avec Bernard Arnault, il fait du sport tous les matins grâce au vélo que lui a offert François Pinault, il fête son anniversaire avec le président Valéry Giscard d'Estaing, il va être bientôt décoré des insignes de commandeur de la Légion d'honneur et, en plus, il vient d'entrer au très select Jockey Club où jusqu'à présent seuls les candidats munis de quatre quartiers de noblesse pouvaient accéder. Un beau pied de nez à l'aristocratie belge qui lui refuse encore l'accès à ses cénacles.

Peu lui importe. En France, on accourt à ses réceptions qui ont généralement lieu dans les restaurants parisiens où il a sa cave, c'est-à-dire L'Ambroisie, chez Jamin, chez Robuchon, ou encore chez Taillevent.

Logique avec lui-même, il continuera à défendre sa « galette » au mépris de l'intérêt supérieur de la France dont il n'a que faire. A 70 ans passés, Albert Frère ne poursuit qu'un seul but : « avoir un jour un boulevard à son nom à Charleroi [1] ».

Le reste n'a plus d'importance.

1er juin 1997. La Muette

Bernard Arnault est tout aussi étonné par les résultats des élections législatives. Il devait sans doute caresser le rêve de voir son ami Nicolas Sarkozy nommé aux Finances. Hélas pour lui, les Français en ont décidé autrement. La victoire des socialistes l'inquiète beaucoup. Mais, contrairement à 1981, il n'est plus question pour lui de plier bagage et de partir à l'étranger. Depuis qu'il a mis la main sur Boussac, son patrimoine a grossi plus de 350 fois. En 1984, il avait investi toute la fortune familiale dans Boussac, c'est-à-dire 90 millions de francs. Aujourd'hui, il possède personnellement 22,5 % d'un groupe dont la valeur boursière dépasse 142 millards de francs, soit plus de 35 milliards de francs pour lui seul... Ce n'est pas mal. Et ce n'est pas fini.

1. José-Alain Fralon, *Le Fils du marchand de clous*, Fayard, 1997.

Car d'ores et déjà, cet homme qui n'a même pas 50 ans réfléchit à une opération gigantesque qui devrait multiplier sa fortune par deux. Il songe sérieusement à lancer la création du plus grand groupe de vins et spiritueux au monde en rapprochant ses intérêts dans le champagne et le cognac de ceux des groupes britanniques GrandMet et Guinness dans le whisky et le gin. LVMH vaudra alors 250 milliards, et lui pèsera près de 60 milliards de francs. Cela ne changera rien à sa vie. Mais c'est son but. Il est trop jeune pour se contenter du train-train des affaires.

Rien n'est encore gagné. Jusque-là il a mené ses affaires en France où face à lui il n'a pas rencontré d'adversaire de taille. Tel n'est pas le cas en Grande-Bretagne. Mais l'homme fait peur. Récemment, la presse anglo-saxonne l'a comparé à Napoléon.

S'il réussit, non seulement il sera encore plus riche, mais surtout il sera le premier Français depuis Guillaume le Conquérant à avoir vaincu les Britanniques sur leur propre terrain.

S'il ne réussit pas, il fera autre chose toujours en gardant à l'esprit une nouvelle conquête et accessoirement le milliard qui va avec.

1er juin 1997. Saint-Germain-des-Prés

En ce lendemain de victoire socialiste, François Pinault éprouve des sentiments mitigés. Côté cœur, il est sincèrement malheureux pour son ami Jacques Chirac. Côté portefeuille, il est, au contraire, plus que rassuré.

Son amitié avec le président de la République commençait à freiner sa fulgurante carrière. Il ne pouvait plus s'intéresser à quoi que ce soit sans que cela provoque une levée de boucliers. Or, cet homme-là ne peut rester inactif. Lui aussi n'a qu'un seul but : conquérir et s'enrichir.

Parti de rien, Pinault a fait un beau parcours. En 1982, il pesait une centaine de millions de francs. Depuis la prise de contrôle de La Chapelle-Darblay, il a réussi à se constituer un patrimoine personnel qui, selon les chiffres officiels, se monte à une vingtaine de milliards de francs, et sans doute plus en réalité. Artémis, son holding personnel qu'il contrôle à 75 % possède 45 % de Pinault-Printemps-Redoute (PPR), un groupe qui vaut en Bourse près de 70 milliards de francs. Difficile de s'arrêter en si bon chemin.

Il y a quelques mois, il était sur le point d'arrondir davantage encore sa fortune. Le Consortium de réalisation (CDR), qui a hérité des actifs du Crédit lyonnais, avait songé à mettre en vente sa participation de 25 % dans Artémis. Naturellement, les dirigeants s'en étaient ouverts à Pinault qui avait obtenu à cette occasion un droit d'agrément sur l'identité de son futur partenaire et un droit de préemption sur l'offre de cet acheteur. Les deux parties étaient, de plus, convenues d'un accord aux termes duquel si, dans un délai courant jusqu'au 30 mai, le CDR n'avait pas trouvé un acquéreur tiers, François Pinault lui-même rachèterait cette participation pour 1,5 milliard de francs, alors que sa valeur théorique est d'environ 5 milliards.

Il était évident qu'aucun investisseur n'allait accepter de devenir minoritaire dans une société contrôlée par François Pinault. Du coup, le CDR n'avait d'autre choix que de céder cet actif à l'homme d'affaires breton. Mais, au fur et à mesure que l'échéance se rapprochait, des voix s'élevaient contre cette transaction. C'est ainsi que le député balladurien Patrick Devedjian est monté au créneau, dénonçant cette opération, et comparant François Pinault à Bernard Tapie. Il s'est ravisé vingt-quatre heures plus tard. Mais le mal était fait. L'opinion soupçonnait François Pinault d'avoir usé de ses relations avec le chef de l'Etat pour faire une bonne affaire sur le dos du contribuable.

Face à cette situation, le CDR n'a rien trouvé de mieux que de céder, le 29 mai au soir, les 25 % d'Artémis à son bailleur de fonds, l'Etablissement public de financement et de restructuration (EPFR) pour 3,5 milliards de francs. Dès lors Pinault avait le choix entre préempter l'offre de l'EPFR ou alors traîner le CDR en justice pour rupture de contrat.

Dans ce contexte, la victoire du Parti socialiste lui tire une grande épine du pied. Elle est même de nature à lui faire économiser 2 milliards de francs. Car l'ami du président de la République a décidé désormais de porter l'affaire devant les tribunaux. L'enjeu est de taille. S'il réussit à prendre le contrôle à 100 % d'Artémis, sa fortune s'élèvera à plus de 30 milliards de francs.

En attendant, il retrouve tout son enthousiasme. Il va, à nouveau, pouvoir balayer la cote de la Bourse à la recherche de nouvelles truffes.

1er juin 1997. Avenue George-V

André Rousselet porte toujours aussi beau. Cela fait presque trois ans qu'il n'est plus sur l'avant-scène de la vie parisienne. Cette absence ne l'a pas rendu oisif. Il vient de lancer un magazine spécialisé dans les programmes de télévision. L'aventure est risquée. Mais cet homme qui a tout fait dans la vie, se doit d'essayer. La presse écrite lui a toujours échappé. Depuis le lancement raté de *Sport Magazine* jusqu'à la triste expérience d'*Infomatin*, dans laquelle Rousselet a laissé quelques plumes. Pour le reste, il a tout réussi. Ses entreprises personnelles et ses stock-options de Canal + lui assurent en plus un patrimoine de plus de 900 millions de francs.

La victoire socialiste aux élections législatives le laisse de marbre. Rousselet n'attend plus rien des politiques. Il les a toujours méprisés, à l'exception notable de son ami François Mitterrand.

Malgré tout, il est secrètement content. Il sait que les socialistes vont modifier la loi sur l'audiovisuel. Cela gênera les compagnies d'eaux, qu'il déteste. Et qui sait, peut-être à la faveur d'un tel changement pourra-t-il à nouveau exercer ses talents d'entrepreneur à la télévision. A 75 ans, celui qui fut le vice-roi des ondes n'entend toujours pas dételer.

1er juin 1997. Avenue Matignon

Depuis quelque temps, l'ambiance est un peu tendue au siège d'Axa. Après la prise de contrôle de l'UAP, Claude Bébéar doit digérer cette acquisition. Et cela s'avère très délicat. L'UAP lui a permis de changer de dimension, de grossir cette entreprise qu'il a créée. Mais l'UAP est aussi très malade. C'est pourquoi, sollicité par la droite pour devenir ministre des Finances, il avait opposé un refus ferme. Chaque jour qui passe, il trouve de nouveaux cadavres dans les placards de l'UAP. Cela l'inquiète.

Autant dire qu'il n'a pas la tête à réfléchir sur les conséquences de l'arrivée de la gauche au pouvoir. Lui aussi, il a appris depuis longtemps à prospérer. Sous la gauche comme sous la droite. Ces stock-options dans Axa lui assurent déjà un patrimoine de 3 milliards de francs. Depuis, le marché a mûri, et les observateurs se sont aguerris. Il est donc absolument impératif de redresser l'UAP. Il y va de la suite de sa carrière et de l'avenir de son portefeuille.

Jacques Friedmann, désormais président du conseil de surveillance d'Axa, ne partage pas les préoccupations du président du directoire. Il est inquiet pour son ami Jacques Chirac. Il craint pour l'avenir du RPR. Il continuera à conseiller le chef de l'Etat, comme si de rien n'était. D'ailleurs, il ne fait plus que cela. Depuis l'absorption de l'UAP par Axa, il déjeune rarement en ville. Fatigué, Friedmann ne caresse plus aucune ambition. Il cherche désormais à s'acquitter de ses responsabilités le plus agréablement du monde.

Plus prosaïquement, il songe à acquérir un deuxième avion privé pour son groupe. En effet, lorsque Jacques Chirac avait emmené une délégation de chefs d'entreprise en Chine, Bébéar avait affrété son avion personnel alors que Friedmann avait pris celui du Président. Puisqu'il est désormais ambassadeur d'Axa, pour ne pas dire préposé aux inaugurations officielles, pourquoi n'aurait-il pas son jet à lui ?

1er juin 1997. Rue de Ponthieu

Pierre Dauzier est consterné. L'ami corrézien de Jacques Chirac était peut-être l'une des rares personnes de son entourage à émettre des doutes sur l'opportunité d'une dissolution. Mais s'il avait l'oreille du Président pour les affaires corréziennes, il n'avait guère son mot à dire sur le chapitre politique.

Depuis la victoire socialiste, il accuse son ami de « délinquance cartésienne ». Il compatit et comme toujours, lui restera fidèle. Simplement, il regrette.

En revanche, la nomination de Jospin à Matignon le rassure sur ses propres affaires. La perspective d'une loi sur l'audiovisuel qui devrait limiter la présence des entreprises en contrat avec l'Etat et les municipalités dans les sociétés de communication ne peut que le conforter. Si une telle réglementation est mise en place, la Compagnie générale des eaux ne peut plus prendre le contrôle total de son groupe. Ce qui lui garantit son fauteuil chez Havas. Il y est très attaché. Il est vrai que depuis qu'il a été nommé en 1986, il s'est beaucoup amusé. En dix ans, il a aussi arrondi sa fortune. Ses stock-options lui ont assuré une centaine de millions de francs. Ce qui n'est pas maigre. Et par un concours de circonstances exceptionnel, il a réussi à se débarrasser tour à tour de Jérôme Monod, de Jean-Marc Vernes, d'André Rousselet et plus récemment de Serge Tchuruk. Une performance méritoire. Désormais, il a affaire à Jean-Marie Messier. D'ores et déjà, Paris le donne comme fini. Voilà dix ans que cela dure.

Dauzier écoute. Il continue à passer pour un patron inoffensif. Il n'en a cure. La vanité n'est pas son fort. C'est sans doute la clé de sa réussite.

Juste après le premier tour des élections législatives,

alors que la pespective de la victoire socialiste se précisait, il a été la cible d'une offensive de charme de la part de son principal actionnaire, Jean-Marie Messier. Dauzier s'en amuse. Il n'est pas dupe. Il ne souhaite qu'une seule chose : quitter Havas après l'avoir fusionné avec Canal +. Ce sera son ultime pied de nez à cet establishment parisien qu'il méprise tant.

Après, ce fou de littérature rêve de couler des jours heureux à la Villa Médicis. Ou dans la France profonde.

1er juin 1997. Rue d'Anjou

Jean-Marie Messier n'en croit pas ses oreilles. La victoire socialiste aux élections législatives le traumatise. Un court instant. Aussitôt ses esprits retrouvés, il réfléchit à ses futures manœuvres. Ses salaires mirobolants – 17 millions de francs annuels – ses stock-options qui grossissent sa fortune, ses affinités chiraquiennes, tout cela risque de lui nuire. Il faut donc agir et vite.

Son premier coup de téléphone sera pour Gérard Mestrallet. Il est essentiel de passer par pertes et profits ses propres gesticulations à l'occasion de la fusion entre Suez et la Lyonnaise des eaux. Jean-Marie Messier n'a pas oublié que Gérard Mestrallet est un proche de Jacques Delors.

Dans le même temps, le président de la Générale des eaux lance une campagne de presse, multipliant les interviews. Que dit-il ? Il explique qu'à la CGE tout le monde travaille 37 heures par semaine – habile, à l'heure où les socialistes envisagent de réduire le temps de travail –, il assure aussi que, Rue d'Anjou, les collaborateurs n'ont pas de coloration politique. Dont acte.

Peu lui importe. Pour cet adepte du « shareholder value », un bon patron d'entreprise privée se doit d'entretenir d'excellentes relations avec les hommes politiques au pouvoir.

1er juin 1997. Rue d'Astorg

Gérard Mestrallet est épuisé. Depuis l'annonce officielle de la fusion Suez avec la Lyonnaise des eaux, il parcourt le monde entier pour présenter et vanter les mérites du nouvel ensemble aux investisseurs internationaux. Il est tellement fatigué qu'il voit à peine la tourmente parisienne après la victoire socialiste aux élections législatives. Il a fallu que Jean-Marie Messier se rappelle à son bon souvenir pour qu'il mesure enfin l'ampleur de ce séisme dans l'establishment des affaires.

Au fond, il est content. Il a toujours été culturellement proche de la gauche. Quant aux conséquences de cette échéance électorale sur ses affaires, il ne s'en inquiète pas outre mesure. D'un naturel optimiste, il a décidé de faire confiance au pragmatisme de la nouvelle équipe. Enfin, il est aussi satisfait de voir ses copains occuper les postes les plus importants de la République. Cela renforcera ses positions, non pas tant vis-à-vis de Jérôme Monod qui se place toujours au-dessus des querelles de ce type, mais surtout par rapport aux cadres supérieurs de la maison, souvent très proches du RPR.

Ses préoccupations sont ailleurs. Il a réussi à sauver Suez d'une mort lente et inévitable. Les actionnaires de Suez ont perdu beaucoup d'argent. Désormais, il n'a qu'une seule idée en tête : faire prospérer Suez-Lyonnaise des eaux.

1er juin 1997. Rue d'Antin

La victoire socialiste aux élections législatives inspire une réflexion macro-économique à André Lévy-Lang. Le président de Paribas s'inquiète, comme beaucoup d'autres professionnels, de la réaction des marchés boursiers, source principale des résultats de la maison.

L'État-major de la compagnie de la rue d'Antin, quant à lui, demeure indifférent. La maison ressemble désormais à une vieille dame, fort belle dans sa jeunesse, qui ne suscite guère d'appétits. Les temps ont changé depuis 1981 où, au sommet de la gloire, les plus brillants esprits de la République s'écharpaient sur l'avenir de cette maison. Depuis, Paribas a beaucoup perdu de son éclat. Personne n'a plus peur des socialistes. Même l'Etat ne voudra plus de Paribas.

Il ne reste quasiment plus rien dans cette maison. Le Crédit du Nord a été cédé, le portefeuille de participations substantiellement allégé, mais rien n'y fait. Le marché ne croit pas à l'avenir de Paribas seul. La réputation professionnelle d'André Lévy-Lang et celle de Michel François-Poncet ont été quelque peu ternies. On les aime bien cependant. Il suffit de regarder les principaux actionnaires. Ceux-ci, fervents défenseurs du « shareholder value », font manifestement une exception pour le cas Paribas. Ils ont réussi à vendre au prix fort leurs actifs les moins rentables à la maison de la rue d'Antin. Au total, ils sont gagnants. D'où leur indulgence.

Tel n'est pas le cas des autres actionnaires qui n'ont rien gagné depuis la privatisation. Mais ceux-là ne sont pas importants. Ce sont les petits.

1er juin 1997. Boulevard des Italiens, siège de la BNP

Michel Pébereau est atterré par les résultats des élections législatives. Cette fois, contrairement à 1981, la victoire socialiste ne lui coûtera pas sa place, mais risque de le freiner dans ses ambitions d'entrepreneur. Il y a tout juste quatre ans, il rêvait de conquérir Paris. Résultat : rien.

Jusqu'à présent, toutes ses tentatives se sont soldées par des échecs retentissants. Pis, elles ont coûté au bas mot

5 milliards de francs à ses actionnaires. Du coup, le titre BNP a chuté en Bourse. Beaucoup trop pour le prestige de Pébereau. Mise sur le marché à 240 francs en 1993, l'action se négocie toujours au même niveau.

Il ne lui restait plus qu'à mettre la main sur une banque publique à l'occasion de sa privatisation. Mais voilà que la victoire socialiste lui vole cette dernière illusion, croit-il. Pour celui qu'une certaine presse surnommait « Maestro Pébereau » le coup est rude. Ce n'est pas de sa faute. Aussi intelligent soit-il, le capitalisme libéral n'est pas sa tasse de thé. Il est plus à l'aise dans le capitalisme technocratique promis à la disparition.

1er juin 1997. Neuilly

Jean Peyrelevade se frotte les mains. Apparemment, il est ravi de la victoire des socialistes. Ce fin psychologue qui parvient toujours à retourner les situations les plus délicates en sa faveur, a-t-il raison d'être si heureux ? A priori, pour un militant socialiste nommé à son poste par la droite, il est plus difficile de manœuvrer avec un gouvernement de gauche. Les socialistes pourraient toujours débarquer Peyrelevade de la présidence du Crédit lyonnais. Ce ne sont pas eux qui l'ont nommé. Il a des amis au PS, mais aussi beaucoup d'ennemis...

Est-ce si important ? Il faut compter avec la passion de Jean Peyrelevade pour les rapports de forces. Cet homme-là est né pour se mesurer. Habile, celui qui exigeait d'Alain Juppé une recapitalisation de 12 milliards pour le Crédit lyonnais, a revu – opportunément – ses prétentions à la baisse, entre les deux tours des élections. Il ne demande plus que 5 milliards. Et bientôt plus rien.

Pure tactique. Naturellement, il n'est pas question pour l'Etat d'apporter un centime au Lyonnais. En revanche, à la faveur d'une ouverture partielle du capital, des investisseurs extérieurs peuvent entrer au capital du Crédit lyonnais sous prétexte de renforcer les fonds propres de la banque. C'est le rêve secret de Peyrelevade. Car il n'est obsédé que par une seule idée : conduire la privatisation du Crédit lyonnais.

Depuis qu'il est entré dans les affaires, toutes les entreprises qu'il a dirigées ont disparu. L'UAP d'abord, Suez ensuite. Il n'est pas question qu'il lâche le Crédit lyonnais. Il l'a sauvé. Il mérite d'y rester.

Au fond, il aurait pu se mettre à son compte. Il aurait alors pu faire une fortune colossale. C'est son regret des jours pairs. Les jours impairs, il est ravi d'appartenir au sérail.

1er juin 1997. Rue Rémusat

Cela fait longtemps que plus personne n'a vu Jean-Yves Haberer. La dernière fois qu'il est sorti de son abri, c'était au début de l'année, à l'occasion de l'enterrement de Jacques de Fouchier, l'un de ses rares amis. Tout le monde s'attendait à voir un homme triste, déprimé, cassé. Au contraire. Il portait beau, le regard toujours aussi méprisant, l'air toujours aussi suffisant. Les circonstances ne se prêtaient certes pas aux effusions.

La disparition de Fouchier l'a profondément atteint. Durant des longues années, il fut son maître, son complice, et pour finir son confident. Le fondateur de la Compagnie bancaire l'avait beaucoup soutenu. Peu avant sa disparition, il lui avait dit et répété en substance : « Vous n'êtes pour rien dans le drame du Crédit lyonnais. Lorsque vous avez pris la présidence de cette maison, ses fondations étaient sérieusement lézardées en raison de toutes les erreurs commises par vos prédécesseurs. Depuis Bloch-Lainé, jusqu'à votre arrivée, le Crédit lyonnais avait été géré par des incapables. » Cela avait beaucoup rassuré Haberer. D'ailleurs, depuis quelque temps, Paris commence aussi à prendre sa défense, sur le même thème.

« Haberer paie pour toutes les erreurs commises par les autres inspecteurs des finances qui se sont succédé au Lyonnais. »

Naturellement, Haberer, trop attaché à l'Inspection n'a jamais voulu prendre à son compte cet argument. Ses prédécesseurs, à l'exception notable de Jean Deflassieux, sont tous des inspecteurs des finances, de François Bloch-Lainé à Jean-Maxime Lévêque, en passant par Claude Pierre-Brossolette. Peut-être sortira-t-il du bois un jour.

Quoi qu'il en soit, tout le monde a été responsable. La catastrophe du Lyonnais a coûté une centaine de milliards de francs au contribuable, à laquelle il faut ajouter la gestion de la faillite de la banque par l'Etat, qui a elle aussi coûté une centaine de milliards de francs.

Dans le palmarès des inspecteurs des finances qui ont coûté le plus cher à l'Etat, Jean-Yves Haberer arrive largement premier avec un score de plus de 200 milliards de francs en incluant le coût de l'emprunt Giscard où, pour 6,5 milliards de francs levés en 1973, l'Etat a dû rembourser quelque 92 milliards de francs en 1988. Il est suivi par François Heilbronner, l'ex-président du Gan, qui revendique plus de 20 milliards de francs de pertes, par François Bloc-Lainé, l'ex-patron de la banque Worms (15 milliards de francs)... sans parler de tous ceux qui, d'une manière ou d'une autre ont dilapidé le patrimoine public ou se sont tristement signalés à la tête des entreprises privées. Au total, l'élite de la nation a coûté près de 500 milliards de francs à la collectivité, sans compter le prix de leurs études, assumé par les mêmes contribuables.

Une performance ! D'autant que ces sommes faramineuses ont été, pour l'essentiel, jetées par la fenêtre. Du côté des profiteurs, Bernard Tapie a payé.

De l'autre côté, Jean-Yves Haberer fait figure de bouc émissaire. Tous les serviteurs de l'Etat-actionnaire, si déplorable gestionnaire, continuent de vaquer à leurs occupations, en toute tranquillité et en toute impunité.

La République est décidément bonne fille !

REMERCIEMENTS

La plupart des personnages de ce livre m'ont régulièrement ouvert leurs portes depuis une dizaine d'années. Qu'ils en soient remerciés.

Je tiens tout particulièrement à exprimer ma reconnaissance à Bernard Arnault, Pierre Dauzier, Michel François-Poncet, Albert Frère, Jacques Friedmann, André Lévy-Lang, Gérard Mestrallet, Jean-Marie-Messier, Pierre Lescure, Michel Pébereau, Jean Peyrelevade, François Pinault, André Rousselet, Marc Viénot et Gérard Worms.

Une pensée particulière pour Jacques de Fouchier et Jean-Marc Vernes, décédés depuis.

Je tiens également à dire ma gratitude à Jean-Claude Fasquelle et Jean-Paul Enthoven, sans qui ce livre n'aurait pas vu le jour.

Enfin, il me faut remercier Yves Messarovitch, pour sa patience et Franz-Olivier Giesbert, pour ses conseils.

Sans oublier Jean-Pierre Decaens, Jean-Pierre Pouchet et Georges Dersy.

TABLE

Cet ouvrage a été réalisé par la
SOCIÉTÉ NOUVELLE FIRMIN-DIDOT
Mesnil-sur-l'Estrée
pour le compte des Éditions Grasset
en octobre 1997

Imprimé en France
Dépôt légal : octobre 1997
N° d'édition : 10451 – N° d'impression : 39974
ISBN : 2-246-53031-8